罗代国◎主编

活力语文
[HUOLI YUWEN]

实践探究

哈尔滨出版社
HARBIN PUBLISHING HOUSE

图书在版编目（CIP）数据

活力语文实践探究 / 罗代国主编 . -- 哈尔滨 : 哈尔滨出版社 , 2024. 7. -- ISBN 978-7-5484-8063-1

Ⅰ . G633.302

中国国家版本馆 CIP 数据核字第 2024GL5494 号

书　　名：**活力语文实践探究**
HUOLI YUWEN SHIJIAN TANJIU

作　　者：罗代国　主编
责任编辑：韩伟锋
封面设计：智诚源创

出版发行：哈尔滨出版社（Harbin Publishing House）

社　　址：哈尔滨市香坊区泰山路82-9号　　　邮编：150090

经　　销：全国新华书店

印　　刷：武汉颜沫印刷有限公司

网　　址：www.hrbcbs.com

E-mail：hrbcbs@yeah.net

编辑版权热线：（0451）87900271　87900272

开　　本：710mm×1000mm　　1/16　　印张：18.25　　字数：319千字
版　　次：2024年7月第1版
印　　次：2024年7月第1次印刷
书　　号：ISBN 978-7-5484-8063-1
定　　价：90.00元

凡购本社图书发现印装错误，请与本社印制部联系调换。

服务热线：（0451）87900279

《活力语文实践探究》编委会名单

序　言 / PREFACE

滋兰树蕙　行者恒远

我们需要拥有一个共同的、优质的语文课堂，来培育学生的语文核心素养，并努力促进每位学生个性的全面、自由发展。随着新一轮课改的不断深入，众多语文流派和主张纷纷涌现，比如，"大语文""微语文""真语文""语文味""青春语文""诗意语文""情智语文""生命语文""绿色语文""绿化语文""本色语文""本真语文""正道语文""和美语文""白描语文""魅力语文""非常语文""正版语文"等，以及"海量阅读""群文阅读""整本书阅读""素读""裸读""微写作""大作文""序列作文""快速读写"等，再加上"导读派""情感派""管理派""思维派""语感派""目标教学派"等，这些在教改实践中出现的具有显著风格和区域影响的教学派别各有所长，各具特色，不断探索教育新境界，追求有效、有价值的教学策略和教学境界，实属难能可贵。但我们真正需要的是拥有一个共同的、优质的基础，来培育学生的语文核心素养，促进每一位学生全面而有个性的发展，这个共同基础就是"活力"。"活力"是语文核心素养的本质和特征，语言的建构和运用、思维的发展和提升、审美的鉴赏和创造以及文化的理解和传承均应凸显活力。

"活力语文"的基本内涵：一是体验语文，强调言意统一，学用语言，让学生领悟到语文的真善美和情理趣。二是实效语文，强调联系生活，讲求实效，让语文牵手生活，变课本语文为生活语文，努力提高教学效率。三是人文语文，强调以生为本，发展个性，提高学生的审美情趣和人文素养。四是生命语文，强调厚实底蕴，提升素养，启迪和丰富学生的人生智慧，为学生的未来发展奠基。"语文素养"包括必要的语文知识、丰富的语言积累、熟练的语言技能、良好的学习习惯、深厚的文化素养以及高雅的言谈举止，语文关键能力是语言能力，而思维能力可整合到语言能力中，因为语言是思维的物质外壳，是思维的载体；审美情趣和文化修养可整合为人文修养，人文修养为语言能力导向，为语言能力提供不竭的力量源泉。

活力语文读写教学一直是我们语文教学实践的重要组成部分。近年来，我们积极开展阅读教学课题研究，旨在通过科学的方法和手段，提高学生的阅读能力和语文素养。通过阅读教学的相关课题研究，如整本书阅读教学研究、群文阅读理解研究等，我们尝试新的教学方法和策略，强调阅读的多元化、个性化，鼓励学生主动阅读、深入思考，培养学生的批判性思维，引导他们通过阅读发现自我、理解世界，从而提升他们的语文素养和综合素质。一是文言文阅读，我们在培养学生的古文素养和传统文化底蕴方面进行了积极的研究和探索。二是现代文阅读，我们探讨了如何通过课堂教学和课外阅读相结合的方式提高学生的阅读能力。三是整本书阅读，我们重视整本书阅读的教学价值和教学方法，在学生阅读能力的提升、阅读策略的构建和学生精神成长等维度上进行了深入的研究和探索。四是读写结合，我们大力开展读写一体、读写互促方面的实践探索，着力提高学生的语文整体综合素质。

我们一直致力于活力语文作文教学的研究。优化学生的作文体验，让学生更愿意写作，更好地促进高中作文教学，提高学生写作能力和写作素养，是活力语文追求的目标。特别是在"三新"背景下，作文教学更加关注学生语文核心素养的培养，更加注重思维的发展与提升。我们基于部编版高中语文新教材开展作文教学序列化内容设计和教学实践的探索与思考，期望建立一个系统的写作计划，一个循序渐进的训练序列，一套核心目标明确的教学设计案例，优化写作教学效果，以利于学生写作方法和写作能力的训练与建构。

活力语文实践活动包括课堂内外的各种形式，如阅读比赛、书法比赛、朗诵比赛、演讲比赛、红色教育基地游学活动等。组织学生参加各种形式的语文实践活动，就是让学生践行活力语文教学理念，更好地了解社会、了解文化，提高学生的综合素质和社会责任感。

活力语文教学评价是指按照一定的教学目标，运用科学可行的标准和方法，对教学活动的过程及其结果进行测量和价值判断的过程。活力语文教学评价更关注学生在语言、思维、文化、审美等方面是否凸显了活力，是否能够体验语文，实现言意统一，用语言领悟到语文的真善美和情理趣；是否能够实现实效语文，能够联系生活，讲求实效，变课本语文为生活语文；是否以生为本，发展个性，提高学生的审美情趣和人文素养；是否实现生命语文，厚实学生的语文底蕴，提升语文素养，启迪和丰富学生的人生智慧。活力语文强调促进学生全面发展、教师不断提高和课程不断发展的评价体系，在综合评价的基础上，更关注个体的进步和多方面的发展潜能。

语文是生活的，语文是快乐的，语文是美丽的，语文是人生的，语文是深刻的，语文是崇高的，语文是生命的，语文是创造的。我们坚持"相互成就，共同成长"的理念，以课题引领为特色，以课程建设为核心，倡导"活力"语文，打造"喜欢＋需要"的高效课堂，追求有效有价值的教学策略和教学境界，促进师生全面而有个性的发展。多年来，我校语文教研组结合学生实际和学科特点，坚持不懈地致力于全面提高学生语文素养，不断探索课堂教学改革和语文综合实践的新路子、新方法，积极有效地开展各项教研活动，有力地推进了学科课改实践，科组建设和发展卓有成效，得到了领导、同行和社会的高度赞誉。

本书由罗代国担任主编，陈雅琪、刘秋霞、刘婷婷为副主编。各章撰写人分工如下：罗代国负责全书策划、统稿并撰写第一章，陈雅琪、纪瑾雯撰写第二章（约4万字），刘秋霞、万春晓撰写第三章（约6万字），张兴星、曹晶晶撰写第四章（约5万字），刘婷婷、蒋为撰写第五章（约4万字）。

罗代国

2024 年 1 月

目 录 / CONTENTS

活力语文教学管理

　　我们需要拥有一个共同的、优质的语文课堂，来培育学生的语文核心素养，并努力促进每位学生个性的全面、自由发展。随着新一轮课改的不断深入，众多语文流派和主张纷纷涌现，比如，"大语文""微语文""真语文""语文味""青春语文""诗意语文""情智语文""生命语文""绿色语文""绿化语文""本色语文""本真语文""正道语文""和美语文""白描语文""魅力语文""非常语文""正版语文"等，以及"海量阅读""群文阅读""整本书阅读""素读""裸读""微写作""大作文""序列作文""快速读写"等，再加上"导读派""情感派""管理派""思维派""语感派""目标教学派"等，这些在教改实践中出现的具有显著风格和区域影响的教学派别各有所长，各具特色，不断探索教育新境界，追求有效、有价值的教学策略和教学境界，实属难能可贵。但我们真正需要的是拥有一个共同的、优质的基础，来培育学生的语文核心素养，促进每一位学生全面而有个性的发展，这个共同基础就是"活力"。

　　"活力"是语文核心素养的本质和特征，语言建构与运用、思维的发展与提升、审美鉴赏与创造、文化传承与理解均应凸显活力。"活力语文"的基本内涵：一是体验语文，强调言意统一，学用语言，让学生领悟到语文的真善美和情理趣。二是实效语文，强调联系生活，讲求实效，让语文牵手生活，变课本语文为生活语文，努力提高教学效率。三是人文语文，强调以生为本，发展个性，提高学生的审美情趣和人文素养。四是生命语文，强调厚实底蕴，提升素养，启迪和丰富学生的人生智慧，为学生的未来发展奠基。

第一节　活力语文教研组管理

　　语文是生活的，语文是快乐的，语文是美丽的，语文是人生的，语文是深刻的，语文是崇高的，语文是生命的，语文是创造的。我们坚持"相互成就，共同成长"的理念，以课题引领为特色，以课程建设为核心，倡导"活力"语文，打造"喜欢＋需要"的高效课堂，追求有效、有价值的教学策略和教学境界，促进师生全面而有个性的发展。多年来，我校语文教研组结合学生实际和学科特点，坚持不懈地致力于全面提高学生语文素养，不断探索课堂教学改革和语文综合实践的新路子、新方法，积极有效地开展各项教研活动，有力地推进了学科课改实践，科组建设和发展卓有成效，得到了领导、同行和社会的高度赞誉。

一、推进课程改革，创新语文教学

（一）教研组简介

　　我校高中语文教研组是宝安区乃至深圳市颇具实力的先进教研组，多次获评"优秀教研组""示范教研组""优秀文学社"等，在教学改革、学科活动、社团建设、普通高考等方面屡创佳绩，湖北大学《中学语文》、北京师范大学《新课程报·语文导刊》《特区教育》等多家媒体曾专题报道我校语文教研组建设的经验和成就。

　　我校高中语文教研组现有教师36人，全部达到本科学历。其中硕士12人，本科24人；高级职称13人，中级职称20人，初级职称1人，未定级2人；国家级骨干教师1人，南粤优秀教师2人，市级优秀教师8人；男教师18人，女教师18人；50后教师2人，60后10人，70后6人，80后16人，平均年龄37.6岁，是一支年龄结构合理，干劲十足，富有朝气和活力，团结向上的优秀集体，呈现出年轻化、高学历、宽地域、泛文化等特点。

　　我校高中语文教研组是个温馨的集体。在我校语文教研组，老教师能得到尊重，中年教师能得到重用，年轻教师能得到关怀。个人的长处能得到发挥，个人的不足能得到包容。我们提倡每位教师学做五种人：一是热爱生活，做一个有激情的人；二是业务精良，做一个有本事的人；三是淡泊名利，做一个有合作精神的人；四是勤于读书，做一个学问渊博的人；五是尊重同行，做一个谦虚好学的人。语文教研组人才济济，大家互相尊重，互相照顾，优势互补，互为激励，形成了浓郁的民主、合作氛围。这种特色不是社会上庸俗的人际关系的翻版，而是在育人的价值需求和迎接现代挑战的背景下的一种共同的理想追求，它既融入了传统读书人的儒雅气质，又接受了现代思想的洗礼。

近几年来，语文教研组教师在学校"同心教育，成功成才"办学理念的指导下，在"因材施教，教学相长"教学理念的引领下，抓住有利时机，加大学科宣传整合力度，调整教学策略，极大地激发了学生学习语文的积极性。

根据学校发展规划，语文教研组积极响应学校"一年一小步，三年一大步，五年有质的飞跃"的号召，确立语文教研组五年发展目标为：建设成有鲜明特色、有先进理念、有高效教学方法和教学模式、有突出教学成绩的教研组；建设一支业务过硬的师资队伍，形成骨干教师群，培养几个在本地乃至全国有影响力的名师；提炼教研组理念，打造教研组特色，进一步完善教学保障，建立健全、规范、科学的教研组标准和管理制度；构建并完善校本课程体系，促进语文教学工作的可持续发展；提升语文整体教学水平，教学、教研同步发展，教学高效，科研促教；提高语文教学质量，保障高考成绩稳步攀升，把语文组打造成深圳市品牌教研组。

（二）教学理念

教学理念，是关于教学活动的理想追求和坚定信念，是学科文化的精髓和灵魂，是指导学科教学的理论基础。教学理念，可以为教研组指明发展方向，是教研组统一教学思想、形成教学合力的黏合剂；教学理念，代表着教研组的教学高度和教学深度，促成教研组内强技能，外树品牌。我校明确提出了"因材施教，教学相长"的教学理念，在学校教学理念的旗帜指引下，语文教研组从文化传承和学生实际出发，通过不断提炼、论证，最终形成了自己的教学理念。语文教研组的教学理念是以体验语文、实效语文、人文语文、生命语文为内核的"活力语文"。其基本内涵是：

1.体验语文：言意统一，学用语言

语文的核心精髓是来自于生活的，它急需到生活中去验证。无论是名言佳句，无论是诗词歌赋风景描写，无一不是来自生活，在生活里魅力四射。我们要让学生体验生活，感受那些东西是如何化为文字，化为思想的，这些文字和思想又是如何去指导实践，陶冶情操的。《基础教育课程改革纲要（试行）》在关于课程改革的目标中明确指出，要"加强课程内容与学生生活以及现代社会和科技发展的联系"。《普通高中语文课程标准（实验）》特别强调："应拓宽语文学习和运用的领域"，"语文教师应高度重视课程资源的开发与利用，创造性地开展各种活动，增强学生在各种场合学语文、用语文的意识，多方面提高学生的语文能力"。"生活"是人类一切实践活动的总称，教学活动是人类生活的一部分，离开生活的教学活动是不存在的，而语文教学作为最基础的学科，更离不开生活，生活中处处有语文，也处处用到语文，语文教学生活化，这是"大语文教学观"的要求。正如美国教育家华特所说"语文的外延与生活的外延相等"，语文能力除了在课堂上和课本中培养之外，还要在生活中养成。学校生活、社会生活、家庭生活的方方面面都是可开发利用的资源。走进生活，语文便是生活，生活便是语文。生活有多宽，语文就有多广。现代著名教育家陶行知就非常重视学生与生活的关系，他曾提出"生活教育理论"："生活即教育""社会即学校""教学做合一"。在新课标理念的指导下，我们在教学实践中有意识地让学生接触丰富的语文学习资源，重视各种语文学习的实践机会，引导学生做生活的有心人，学会观察生活、记录生活、思考生活，尝试在生活中学语文、在生活中用语文，进而改变生活，创造生活，变课本语文为生活语文。

我们认为，学语文就是学语言，"言意统一"的语文教学观，就是使学生能学得语言精髓，接受语言熏陶，学会语言表达，使学生能据"言"得"意"，能以"言"达"意"，让每个学生能够品味和运用语言。"学用语言"是语文教学的工具性所在，是语文教学的基础属性，也是"语文味"之所在。本校生源属于全市中下水平，学生的语言能力较差，特别是阅读量少、阅读能力差，严重制约了学生语文素养的发展。语文教研组坚持"学用语言"的原则，重点关注语言的学习和运用。"学用语言"范围很广，包括用词、造句、修辞手法的运用、表现手法的运用、篇章结构、谋篇布局等。"学用语言"要细一点，通过丰富积累，训练表达，培养习惯等措施，让学生发现语言之美，品味语言之美，运用语言之美，让学生把美的语言牢记在脑海里，铭刻在心坎上，融化在血液中。

语文教研组在言意统一教学观的引领下，深入开展"四四五"高效智慧课堂研究。"四四五"是一种课堂结构与操作的基本要求，它强调课前学生主动发现问题，课中师生互动解决问题，课后反思升华拓展问题，概括起来讲就是"四能""四会""五要求"。"四能"指能参与、能表达、能合作、能质疑，"四会"指会合作、会讨论、会探究、会实践，"五要求"指自主观察、自主探究、自主合作、自主发展、自主评价。

语文"四四五"高效智慧课堂的核心理念是言意统一。我们奉行的宗旨是：改变原有传统模式，杜绝课堂霸权主义；重视学法，以"学"为主，引导学生自主完成学习任务，扭转教师满堂灌的局面；培养学生全员参与、主动参与、自主、合作、探究的意识。我们坚持以下原则：把学习的时间、空间还给学生；把学习的自由、快乐还给学生；把学习的方法、效率教给学生。要求教师转变自己的教学观、学生观和评价观，让学生享受自由表达与展示的权利、随时质疑和争辩的权利、自选学习内容和安排活动的权利、偶尔出错或"越轨"的权利以及自我评价和同伴评价的权利。

语文"四四五"高效智慧课堂将自主参与、合作探究和小组竞争引入课堂，充分调动学生学习的积极性、主动性，给课堂注入了无限生机，让学生充分享受到学习的成功与乐趣。学生动起来了，课堂活起来了，效果好起来了，课堂呈现出一派生动活泼的景象，大大提高了教学的效率与质量。

2. 实效语文：扎实丰实，讲求实效

实效语文强调"五实"。一是"扎实"。教学目标、内容、方法、过程等都要扎扎实实地着眼于学生未来学习和生活的需要。要善于在"牵一发而动全身"的"一发"上使劲"牵"一"牵"，训练到位，而不是在一堂课上力求尽善尽美，进行全景式的教学。教学活动不在多，而在精；不在流光溢彩，而在扎扎实实。对学生来说，至少要学到东西，再进一步锻炼能力，进而发展到良好、积极的情感体验，产生进一步学习的强烈需求，真正实现"一课一得，得得相连""得法课内，得益课外"。二是"平实"。课堂的价值在于通过师生碰撞，相互讨论，生成新的东西。心中只有学生，教学追求原汁原味，而不是进行刻意修饰和雕琢。三是"真实"。语文教学应该是真实的、不粉饰的、值得反思的、可以重建的。只要是真实的，就是有缺憾的。语文活动必须是学生真实的活动，学生真正投入到语文活动之中。四是"丰实"。语文教学应该具有生成性，一节课不完全是预设的结果，而是在课堂中有教师和学生的真实情感、智慧的交流，这个过程既有资源的生成，又有过程状态的生成。这样的课可以称为丰实的课，内容丰富，给人以启发。五是"充实"。语文教学有内容，有针对性，适合学生学习。语文教学要让学生走出教师的范围，走出教材，走出课堂，在语文实践中提升能力。

实效语文追求"四个高效"。一是教学主体的高效，谁来教？谁来学？为什么教？为什么学？学而不厌，诲人不倦。态度决定高度，素养高度决定高效程度。人是目的，教学是为了"人"，而不是或者不仅仅是为了"分"。二是教学内容的高效，教什么？为什么教这些（学情怎样，目的怎样）？适合的教育是最好、最有效的教育，教学设计要考虑"学生喜欢"和"学生需要"，要把握学生最近发展区和潜能发展区的关系。三是教学方式的高效，怎么教？怎么学？为什么这么教学（理论支撑是什么）？万法唯心，大道归一。怎么学决定怎么教。教师适应学生，教法适合学生，教学内容要适宜、适当。教学流程要科学有序，而非散乱无章；教学过程要遵循"准备律""效果律"和"练习律"；课堂教学中学生参与度要高，兴趣要浓，思考度要深，而非死气沉沉，也非乱嚷乱叫；教学要有学法指导，而非只顾知识和内容的传授；自主、合作、探究要有实效，而非走过场。四是教学策略的高效，比如采用小组合作、竞争、评价等教学机制；运用随机应变，与时偕变等教学机制；重视人格魅力、言谈举止、气质修养等身教策略；落实技能、技巧、细节等教学艺术。语文教学要尊重学生知识、能力、体验的起点；教学重点的确立首先要符合学生实际、符合文本内容，而非追求教学的独特性；教师的讲解，要讲规律性知识，而非死的、浅层次的大家都明白的知识；教学要着眼启迪人生智慧与理想，而非仅仅传授知识；教学要着眼人生发展，而非只顾眼前的考试；课堂教学要有思维的碰撞和认识思维能力的提升，而非表面热闹；教学内容应是有机联系的整体，而非单打独斗的"单课"教学。高效课堂的核心价值关注人生发展，启迪人生智慧。

3. 人文语文：以生为本，发展个性

《普通高中语文课程标准（实验）》将语文课程的性质定义为："语文是最重要的交际工具，是人类文化的重要组成部分。工具性与人文性的统一，是语文课程的基本特点。"这一定义在确定语文学科的工具性同时，首次提出了语文的人文性。这种由语文单一性（工具性）向双重性（工具性和人文性）的转变，标明了语文课程鲜明的时代特征、丰富的人文内涵、全新的教学观念、全新的价值取向。语文的工具性告诉我们语文"是什么"，语文的人文性则告诉我们语文"应该怎样"，只有两者和谐统一，积淀在人的意识里，才可能造就"立体"的人、高素质的人。"人文语文"本着语文教学以学生为本、以人为本的理念，在不偏废语文学科工具性的同时，依托"文"来体现人的人生观、审美观、价值观，彰显语文教学的人文色彩，培养学生的人文素养。《普通高中语文课程标准（实验）》明确指出："语文课程具有丰富的人文内涵和很严密的实践性。应该重视语文的熏陶作用和教学内容的价值取向，尊重学生在学习过程中的独特体验。"语文的教学内容，就选文看，从必修课的五个模块到选修课的五个系列，大多是文学艺术类，其次是论述类和实用类，几乎涉及人文科学各个方面。这一课程内容决定了其课程性质"是最重要的交际工具，是人类文化的重要组成部分"，是"工具性与人文性的统一"。

目前世界各国的课程改革无一不把目标指向学生的发展，指向以能力和个性为核心的发展。这里所说的能力，一般包括：信息收集和整理的能力、发现问题和思考问题的能力、分析问题和解决问题的能力、终身学习和创新的能力、生存和发展的能力。这里所说的个性，一般是指：自信、进取、诚实、正直、认真、坚强、勇敢、严谨、求实、宽厚、谦虚、关心、合作、乐观、奉献、批判、创新等良好个性品质，这也是一个人美好的道德品质，是人性中淳朴善良的品德，这就告诉我们，教师的职责不仅仅是引导学生学到知识，提高各方面的能力，同时也要在其中让学生体悟到如何做人、如何做一个人格健全的甚至是完美的人。语文教学专家于漪曾说："学语文就是学做人。"如果学生能从能力的发展中学到做人的道理，那他们必定是受益终身的。教师应树立学生是学习和发展的主体的观念，倡导自主、合作、探究的学习方式。教师不以权威自居，学生不唯命是从，建立起民主、平等的新型师生关系。在语文课堂上让学生体验到平等、自由、民主、尊重、信任、友善、理解、宽容、亲情和关爱，并在不断的激励、鞭策、鼓舞、感化、召唤、指导和建议下，形成积极的、丰富的人生态度和情感体验。

在新课程实施的今天，"以生为本""师生平等""一切为了学生"等各种理念已深入人心，耳熟能详，以生为本的理念在我们的课堂上已得到充分的体现与发扬。教师少讲精讲，让学生动手动脑，亲身体验，自主探究，先学后教，以学定教，从而提高课堂效率；语文能力是在语文生活和语文实践中形成并发展起来的，让学生到生活中去积累，把阅读教学从课堂延伸到课外，引导学生主动参与收集和积累活动，不但激发了学生的学习兴趣，提高了语文素养，也使苍白的课堂教学变得活力四射、内容丰富。

4.生命语文：厚实底蕴，提升素养

"生命语文"，就是以生命为出发点，遵循生命的本质属性，与生活牵手，让生命发言，让语文进入生命、唤醒生命，并内化为深厚的文化底蕴和丰富的人格内涵，是为帮助学生认识生命的美丽和宝贵，探索生命的方向与意义，提升生命的质量与品位，使生命变得更加美好、更有力量、更有意义而进行的语文教育。学生的本质需要是求发展，语文教育理应满足学生人生发展的需要。《中国21世纪议程》第6章"教育与持续发展能力建设"中明确指出："提高受教育者的可持续发展意识，将可持续发展思想贯穿于从初等到高等的整个教育过程中。"毫无疑问，语文教育自然要按照人的发展需求，引导学生去观察社会、体悟人生，引导学生关注、参与社会，实现自我人生发展和完善，学会现代人所需要的本领——阅读和基础写作，从而"知人论世"，为学生人生的可持续发展打好基础。

　　"生命语文"的教学理念与新课标关注学生人生发展的精神是一致的。我国教育部制定的新课标，其核心就是要树立起"一切为了学生发展"的观念，《普通高中语文课程标准（试验）》指出："语文素养是学生学好其他课程的基础，也是学生全面发展和终生发展的基础"。语文教学应充满生命活力和创新活力，通过培养学生听、说、读、写、思五种能力，为学生人生发展奠定语文基础，厚实底蕴，提升素养，发掘潜能，培育想象力和创造力，启迪和丰富学生的人生智慧，构建学生人生发展的精神家园。

　　语文教育和教师有责任从人才学战略高度考虑学生素质培养的问题，这样才与人才的发展和国家的发展战略相一致。人才的成长，绝不是语文课能完成的，但是，语文课要吸收人才学的观点，围绕育人的目标设计教育教学程序与方略，在培养听说读写能力的同时，在学语言形式的同时，还要挖掘语文中人的精神因素和潜能，培养学生的创新精神，提升其精神境界，启迪和丰富其人生智慧。

　　"生命语文"概念包含了两方面的要素：为生命而为的语文教育和用生命而为的语文教育。前者立足于学生生命意识的唤醒，侧重在课程实践中教育学生认识生命、热爱生命、敬畏生命，本质上属于教学目标的实践活动；后者则立足于"生命语文"课程的建构，重点在于教师在相对清晰的课程目标引领下，以一种积极的、主动的态势，努力开发"生命语文"所应有的课程内容，努力探索"生命语文"所指的教材内容和教法内容。课外阅读、课堂教学、生命写作这三大板块，构成了校内"生命语文"教育研究的三大主阵地，丰富的课外活动也是不可或缺的。

　　"生命语文"的特点，一是与生活牵手，具有突出的生活性；二是让生命发言，具有突出的生命性。生命语文的特征具体表现为"四度"：

　　——"温度"，指师生关系的构建，课堂氛围的营造，教育情境的创设。

　　——"高度"，指语文教育的目标设置，主张以受教育者本身的利益为中心来设定语文教育的目标，让学生开发潜能、完美人生、完善人格，成为世界公民。

　　——"深度"，指语文课文的文本解读，一个层面是具体实在的文学层面，叩问作品文本意义的生成过程，另一个层面是博大精深的哲学层面，揭示人的自我存在，探索人生的价值意义，展开对生存世界的理解。

　　——"宽度"，指师生由教材走向课程资源，由课堂走向日常生活。生命语文的根本目的是用语文唤醒生命意识；用语文丰富生命内涵，包括丰富的内心世界，深厚的文化底蕴，多彩的生命体验；用语文提升生命质量，拓展生命的宽度，锻造生命的厚度，发掘生命的深度。

"生命语文"在教育方法上强调教材、学生、教师的互动，认为语文教学的"本"应从新课程目标的三个维度来分别定义，即：知识与能力——以文为本；过程与方法——以读为本；情感态度价值观——以人为本。根系庞大的树木往往更为枝繁叶茂，立足以上三本，语文之树就会常青。

教学理念的改变带来了教学行为的改变，近年来，语文教研组教学行为的改变主要落实在探究式课堂教学上。探究式课堂教学过程是在教师的启发诱导下，以学生独立自主学习和合作为前提，以教材为基本探究内容，以学生周围世界和生活实际为参照对象，为学生提供充分自由表达、质疑、探究、讨论问题的机会，让学生通过个人、小组、集体等多种解难释疑尝试活动，将自己所学知识应用于解决实际问题的一种教学尝试。在探究式课堂教学中，教师是一个组织者，教师又是一个引路人，教师也是一个参与者。我们的教学结构包括：

（1）重视课前学习准备

一是明确学习目标，利于达标反馈。学习目标要科学、合理、可测，坚持以学生为主体，三维统一协调，做到"五个符合"：符合新课程标准，符合"三维目标"的要求，符合思维规律和认知规律，符合"四四五"教学模式的要求，符合教师、学生和学习内容的实际。二是做好学习准备，进入学习状态。可以是复习旧知、课前小测、情境导入以及课前读书等，目的是收心入境，酝酿情绪。学习准备阶段要重视创设情境氛围，情境之于知识，犹如汤之于盐，盐要溶入汤中才能被吸收，知识也要融入情境之中，才能显示出活力与美感，才容易被学生理解、消化、吸收。情境分为：实践体验类，如实物、图片、视频、材料；语言描述类，如朗读、讲述、书信、角色；实际操作类，如活动、体验、表演、考察；动机驱动类，如激励、问题、疑惑、愤悱。

（2）提高课堂学习实效

一是发挥学案引领作用。学案既是引导学生读书、体会、思考、与生活实际挂钩的路线图，更是学生学习活动的导航仪。教师的引领作用，在很大程度上是由精心设计的学案来实现的。我们强调，编制"四四五"学案要符合新课程标准，符合"三维目标"的要求，符合思维规律和认知规律，符合"四四五"教学模式的要求，符合教师、学生、学习内容的实际。

二是鼓励小组合作竞争。"四四五"课堂重视合作学习和小组讨论，按照"同组异质，异组同质"的原则，根据学生各自不同的学业成绩、心理特征、性格特点、兴趣爱好、学习能力、家庭情况等，组成学习能力相当的学习小组，组内成员一般以异质为主，使小组成员之间具有一定的互补性和个性化，同时注意保持小组之间的同质，以便促进组内合作和组间竞争。学习过程中要善于开展生生、师生间的思维交锋，每节课开展1-2次小组讨论，讨论前要有独立思考，讨论时要有明确分工，讨论后要有全班交流展示。小组之间的竞争可以采用计分和颁奖的方式，也可以采用"看哪个小组（同学）表现最好""看哪个小组（同学）得到的掌声最多"的方式，提倡精神奖励为主，旨在让学生体会到学习带来的成就感。

三是优化课堂学习过程。"四四五"课堂把学习过程分为自主观察、自主探究合作和自主发展评价等环节，突出学生自主学习的主体性，强调先学后教、以学定教、因材施教、言意统一。自主观察阶段，通过创设情境，引导学生运用感性思维，初步感知文本，发现语言之美，自主探究合作阶段，重点品味，局部研究，领悟语言之美；自主发展评价阶段，学习表达（模仿创作），运用语言之美。整个学习过程从感性认识到理性认识，再到具体实践，符合认知规律。根据我校实际，"四四五"课型主要有新授课、复习课和讲评课三种，其中新授课主要包括初步感知、探究规律、迁移运用等环节，复习课主要包括整理结构、典例剖析和变式练习等环节，讲评课主要包括自主整理、疑难分析、针对训练等环节。

在此扼要介绍"四四五"讲评课的基本思路和原则。讲评课（含试卷讲评、作业讲评和习题讲评）与新授课、复习课一起，构成"四四五"课堂的三大基本课型。特别是在综合复习阶段，讲评课成为最常用的课型。然而，它有什么规律性？如何操作？从以往经验来看，逐题订正答案、就题论题式的讲评方式，效果极差，效率很低，早被淘汰。我校讲评课强调：一般性问题，通过小组讨论、互帮互学来解决；重点问题，通过教师引导、借题发挥来解决；薄弱环节，通过补充考练、强化训练来解决。

具体来说，自主观察阶段，主要是核对答案、独立反思（教师出示答案，让学生独立核对，回归课本，独立思考，同桌商量。时间要短，2-3分钟即可，因为做题时已经独立思考过了）；接着分批研讨一般试题（将试题分成一般问题、重点问题，小组合作充分研讨，搞清一般问题，为什么这样做对、那样做错。然后提出全组解决不了的疑难问题，教师将题号写在黑板上）；接着各组质疑、他组答疑（在教师主持下，各组提出本组的疑难问题，由其他组帮助解答，优者奖分；教师适时追问、点拨、规范、强调）。

自主探究合作阶段，教师备课时一定要抓住本次考试的重点题，不管分值大小、正答率高低，凡重点问题都要重点讲解，联系相关基础知识和同类试题，深入讲练，总结解题经验，以备再考。通过典例分析，联系相关基础知识，深刻理解，融会贯通，触类旁通；通过联系同类考题，总结解题规律（思路、经验、方法）。

自主发展阶段，进行变式练习，深化拓展，由会做达到创造。

自主评价阶段，总结通过本次考试，发现了哪些薄弱环节；凡不深不透、似懂非懂、易混易错、半生不熟的知识点，都要进行查漏补缺、强化训练。师生可以再出几个变式题，进行补练，也可开展智力竞赛；还可以出一两道较难的题，挑战极限，历练创造能力。以上办法可以灵活掌握，变通活用，目的是提高效率，实现考后 100 分。

例如作文讲评课，先是自主观察，自我整理（审题、看文章、评语），阅读范文；然后自主探究，查找作文失分原因，对范文进行分析；接着自主合作，交流讨论观点，深入分析作文规律；自主发展阶段，评价范文、尝试改写补写、展示交流；自主评价环节，反思存在问题，提出改进方法，落实针对练习。

四是重视培养问题意识。问题是学习过程的逻辑起点，没有问题就没有学习。语文"四四五"课堂重视培养学生的问题意识和质疑精神，全面促进学生学习能力和综合素养的提升。这就要求上课教师做到尊重差异，因材施教；让学生找回自我、自主发展；营造轻松、平等的心理环境；打造自然、和谐的学习情境；实施灵活、开放的教学评价。

（3）抓好课后研究反思

一是学习研究，重视练习巩固，课外拓展。二是学习反思，落实书面反思和错题档案。

（4）坚持少教多学，顺学而教

"少教"是指教师的教要退出课堂教学的中心，让学生有更多的学习时间与空间，最终达到"教是为了不教"的教学境界。教师不是学生学习活动的主宰者，而是学生学习的指导者。教学应该严格区分教学和管理，"少教"的题中之义，是提倡"教学退，管理进"。我们反对有教无学，反对重教学轻管理，主张教师在教学方面要退到指导者的位置，把学生的学习推向教学的中心；在管理方面，教师又要树立组织者的意识，改革并加强对学生学习的管理，帮助学生将自主学习落到实处。

"少教"的关键在"限教"。一是限制教的时间，把课堂时间还给学生。二是限制教的时机，先学后教，教师指导要以学生学习为基础，因学施导，因考施教，因材施考。三是限制教的内容，凡学生自己能学会的，教师不教，学生自己学不会但通过合作学习能够学会的，教师也不教。四是限制教的方式，教师的教主要采用激励式、启发式、讨论式教学，实现艺术地教，科学地教，民主地教。

"多学"是指把学生的学习活动推向课堂教学的中心。学生作为学习的主体，这是不以人的意志为转移的客观事实。人的主体性，其内涵包括自主性、能动性和超越性。真正的学习，应该是学习者对经验、知识的重新解释和重新组织。通过新课程、新理念的学习，多数教师已认识到学生的主体地位，已开始尊重并发挥学生的能动性和超越性。但是，从学生方面看，其主体意识还有一个唤醒的过程。只有激活学生的自主性，才能唤醒学生的主体意识，才能更充分地发挥学生在学习活动中的主体作用。

"多学"的关键是"让学"，"让学"的关键在于"归还"。一是归还学生的学习时间，教师不得以教的名义随意挤占学生的学习时间。二是归还学生的学习平台，课堂要构建小组学习共同体，为学生的合作和展示提供平台，课堂要变"教师表现的平台"为"学生表现的平台"。三是归还学生阅读教材的权利，让学生自己对教材进行深加工，让学生亲身经历并体验从"生活世界"到"科学世界"的探究过程。四是归还学生对教师指导的选择权。鼓励学生勤学善问，教师要因"问"施"导"，顺学而教。

少教多学，抑讲扬学，顺学而教要厘清以下问题：

一是学案导学。教师退到导学案背后指导学生自己学习，这给学生留出了更多的学习时间和学习空间，无疑是一个重大的进步。但时下不少导学案只是改头换面的"满堂练"，与以往的"满堂问""满堂讲"并无本质区别。经过探索思考，我们认为学案导学要注意三点：

——导学案要去习题化，要力戒繁琐，要引导学生到教材中去，到生活中去，到创造中去，决不能把学生引向导学案里来做习题。

——导学案要学程化，要把学习方法和学习策略巧妙地融入正能量学生学习活动的设计中去，要引导学生养成对学习本身进行总结和反思的良好习惯。

——导学案要情景化，要求教师要打通教材内外、课堂内外，打通"生活世界"和"科学世界"，精选蕴含有教学价值的"学习课题"的学习载体，营造探究情景，引导学生自己去提出问题、分析问题、解决问题。

二是合作学习。不少教师以为凡学习都必须是合作，于是个体学习在课堂中消失了。新课堂提倡三大学习方式，每种方式都有相对应的另一种学习方式。自主学习对应他主学习，合作学习对应个体学习，探究学习对应接受学习。他主学习和接受学习是被新课堂摒弃的，而个体学习却是学习的基本形式，是合作学习的基础。语文课堂不仅不应该摒弃个体学习，还应该加强个体学习。一堂好课要掀起合作学习的高潮，更要有充分的个体学习做铺垫。真正的合作学习，必须有一个较为复杂的、可以分解的"学习课题"，小组成员能够自觉自愿地承担团队的学习任务，要有充分的个体探究，而且对个体学习成果进行交流、提炼、整合。

三是教学评价。为了推行课堂改革，某些人以"教师讲不如学生讲（学）"为由，矮化甚至否定教师的作用，要求教师完全从课堂退出，剥夺教师的授课权。这缺乏学理依据，也经不起实践检验。"师退生进""抑讲扬学"不是退出而是推出，是把学生推向课堂教学的中心，推向自主学习的境界，"师退"是为了"生进"，"抑讲"是为了"扬学"。我们评价一堂课，主要从设计、实施和效果三个层面进行分析，而不是机械地以"一节课只讲 × 分钟"或者有没有学案为标准。评价一个老师是否优秀，也不宜仅仅看某次考试成绩是否优秀，至少要从备、教、辅、改、研，以及学生、同事、学校等方面综合评价。为了使评价公平公正，教研组、备课组应落实好各项常规工作，在考试说明、评卷安排以及质量分析方面避免疏漏。

四是微课助学。微课是教师针对学生学习的重点、难点、疑点、易错点精心设计制作而成的，以微视频方式呈现给学生，学生可以多次反复观看学习，以突破学习的重难点。教师要积极参与微课的制作，建立微课资源库，为微课助学提供保障。

（5）分层教学，淡化统一。

新课程改革的实施，强调教学必须面向全体学生，同时，要正视学生的个体差异。传统教学最大的弊端是强调统一，忽视个性，一刀切，齐步走。学生的知识状况、兴趣爱好、智力水平、潜在能力、学习动机、学习方法等存在差异，这些都是教师必须了解与掌握的；我们不但要因材施教，也要量体裁衣。对学生进行分层教学，是使全体学生共同进步的一个有效措施，也是使因材施教落到实处的一种有效的方式。

一是学生分层。学生分层应当是成绩差异的分层，而不是人格的分层。要明确学习成绩的差异是客观存在的，分层次教学的目的不是人为地制造等级，而是采用不同的方法帮助同学提高学习成绩，让不同层次的同学最大限度地发挥潜力，缩小差距，实现班级整体优化。分层要尊重学生，通过师生磋商，实行动态分层。教师应向学生宣布分层方案的设计，讲清分层的目的和意义，统一师生认识；指导每位学生实事求是地评估自己，通过学生自我评估，完全由学生自愿选择适合自己的层次；最后，教师根据学生自愿选择的情况进行合理性分析，若有必要，在征得学生同意的基础上作个别调整之后，公布分层结果。这样使部分学生既分到了合适的层次上，又保留了"脸面"，自尊心也不至于受到伤害，也提高了学生学习语文的兴趣。我们在语文分层教学中重视以下原则：

——水平相近原则：在分层时应将学习状况相近的学生归为"同一层"；

——差别模糊原则：分层是动态的、可变的，有进步的可以"升级"，退步的应"转级"；

——感受成功原则：在制定各层次教学目标、方法、练习、作业时，应使学生跳一跳才可摘到苹果为宜，在分层中感受到成功的喜悦；

——零整分合原则：教学内容的合与分，对学生的"放"与"扶"，以及课外的分层辅导都应遵循这个原则；

——调节控制原则：由于各层次学生要求不一，因此在课堂上以学、议为主，教师要善于激趣、指导、精讲、引思，调节并控制好各层次学生的学习，做好分类指导；

——积极激励原则：对各层次学生的评价，以纵向性为主。

教师通过观察、反馈信息，及时表扬激励，对进步大的学生及时调到高一层次，相对落后的同意转层。从而促进各层次学生学习的积极性，使所有学生随时都处于最佳的学习状态。我们按 2：5：3 的比例将学生分为 ABC 三个层次：A 为跃进层，是基础扎实，接受能力强，学习方法正确，成绩优秀的学生；B 为发展层，是基础和智力一般，学习比较自觉，有一定的上进心，成绩中等左右的学生；C 为提高层，是基础、智力较差，接受能力不强，学习积极性不高，学习上有困难的学生。

二是教学分层。首先我们坚持在备课过程中结合班级中不同层次的学生实际情况，从教学目标、教学内容、教学时间、教学步骤、教学方法上对 ABC 层的同学分别提出不同的要求，教学过程要根据学生情况设置"全体""提优""补差"三条线索，在课堂容量上针对学生接受能力的不同提出不同的要求，在课堂提问上也要考虑到学生智能的差异；其次是作业分层、辅导分层。作业的数量和难度设置应该考虑学生的心理承受能力和实际知识水平，尽量减少差生的作业量，减少到能够回答。优秀学生的作业量反而应该适当增加，增加到能够体验到挑战成功的愉快感。我们认为个别辅导是课堂教学的延伸和补充，对于后进生，我们采取"面批"作业的方式；对于中等生，我们采取"互批、面批"的方式；对于优秀学生，我们采取"免批、抽查批或者集体批"的方式来处理。

三是评价分层。评价对提高学生的学习积极性很重要。我们在分层评价方面的做法是：对学困生，要多给予鼓励评价，肯定他们的进步，使他们看到希望，消除自卑，在原有基础上有所提高；对中等生，多采用激励评价，找出其差距，指明其努力目标，促使他们积极向上；对优等生，采用竞争性评价，坚持高标准，严要求，促使他们谦虚、严谨、努力拼搏。经过一段时间的学习，要对进步明显的学生提高一个层次，对有退步的学生则提醒、鼓励、关心，帮助其分析原因，树立信心。

近年来，我校语文教研组坚持"因材施教，言意统一"的学科教学理念，结合学生实际和学科特点，致力于全面提高学生的语文素养，不断探索课堂教学改革和语文综合实践的新路子、新方法，积极有效地开展以"活力语文"为导向的各项教学教研活动，有力地推进了语文学科的课改实践，教研组建设和发展卓有成效，得到了领导、同行和社会的高度赞誉。

（三）教研组特色

1.教学特色

教研组教师努力做到"三强"（教育教学能力强、教育科研能力强、运用现代化教学手段能力强）"四能"（驾驭教材的能力、指导学生学习的能力、应用现代技术的能力和研究性学习能力）的同时，逐渐形成了语文学科的教学特色：

（1）用教育的热情激励学生

我校语文教研组是一个人文气息浓厚、弥漫诗书之香的教研组。这里既有国家级骨干教师荣誉称号获得者，也有南粤教坛新秀和省市级语文骨干教师，还有"语文报杯"全国中学生作文大赛特等奖获得者辅导教师；这里有高考辅导的行家，也有课程改革的里手……大家在一起，以谈论诗文翰墨为乐，以纵古论今为荣，这种人文氛围，这种对文学的痴迷和热爱，激励着每一个学生，也使教师们自觉而快乐地、有创造性地开展各项工作和活动，引领学生们健康成长。

这个教研组，凭借着团结拼搏、无私奉献、勇于探索、与时俱进的精神，创造了西中语文教育一项又一项的奇迹：作为一所城市化以后由乡镇中学转变而成的街道办中学，2007年至今，语文单科成绩均有高分出现。如2007年何双辉同学以原始分132分的佳绩勇夺宝安区语文高考单科状元，2008年高考，邓莉莉同学更以137分的优异成绩荣获2008年高考语文单科省状元，刘璐同学也以132分的优异成绩夺得宝安区第二名。2009-2016年我校高考语文全市前500名人数一直稳居市区前列。2007年我校获深圳市高考卓越奖，语文平均分（原始分）94.8分，位列深圳市第13名，宝安区第二名。2008-2016年我校连续8年荣获深圳市高考工作先进单位，语文在其中功不可没。2007年11月，大榕树文学社社刊《大榕树》在"全国第二届优秀校报校刊评选"活动中，以优异的表现荣获全国特等奖，《宝安日报》、"宝安电视台"对此做了专题报道；

2008 年 11 月 28 日，《大榕树》再被评为"年度全国示范校园文学社刊"，大榕树文学社也同时被评为"年度全国百佳校园文学社刊"……西中语文教师都以真诚的情感赢得了学生的敬爱，学生因为喜欢他们的老师而爱上了语文学习。

全体语文教师都能从学生的发展出发，备学生、课标、教材、教法和学法，落实"严、勤、实、活、细"的教学常规要求，把知识"磨进去"。"严"就是要求教师做到"严中有爱，公平第一"；"勤"就是要做到"勤情相通，勤中有乐"；"实"就是要"工作务实，实中有获"；"活"就是要"方法灵活，活而不乱"；"细"就是要做到"繁中有细，细系不分"。把知识"磨进去"的理念，含义就是八个字："感受 - 感动 - 感激 - 互动"，简称"三感一动"，富有精神、情感和智慧的内涵。

我校提倡创建"生命·生活·发展"型课堂。即课堂要充满生命力，课堂要体现生活化，课堂要充满成长发展气息。充满生命力的课堂，表现为尊重生命的独特、关注生命的生成、善待生命的自主及关照生命的整体和谐；生活化的课堂，表现在教学目的上是为了生活和服务生活，表现在教学内容上是指要面向学生生活和社会生活实际，表现在教学活动中是必须根据学生已有的知识和经验实施有效教学；充满成长发展气息的课堂，要求教师不仅要充分挖掘学科教材中所蕴含的三维目标教育的静态因素，更要注重在课堂教学过程中利用动态生成的教育因素来促进学生的发展。

语文是软体学科，短时间的努力未必见成效，语文的进步是一个螺旋式上升的渐进过程，有些急于求成的学生看不到显现的成绩，就会把语文边缘化。所以，从某种程度讲，语文情感比语文知识更重要，我校教研组的每一位语文老师都是语文心理老师，当有同学测试考差了或略显惰性时，老师就找他谈谈心，激励学生学好语文。

（2）以灵动的课堂吸引学生

在紧张的教学中，课堂是我们保证教学质量的主阵地。如何上好每一节语文课，如何让学生热爱语文课，是我们一直不懈探索的问题。我们形成的共识是，语文课应该教出语文的特点、语文的味道和语文的美感，在探索的过程中老师们逐渐形成了自己的教学风格。例如罗代国老师形成了"点拨 - 探究"式语文教学模式。其作法是：在充分发挥教师主导作用的前提下，以挖掘人的创新潜能、弘扬人的主体精神为宗旨，以运用主体的、和谐的、民主的课堂教学方法促进学生认知、情感、技能的全面发展。刘建雯老师正在构建"交往式语文教学"新模式。黄芳老师一直致力于"能力递进、自学指导"新模式的构建。罗代国老师则以"板块式作文"的模式研究为标志，探讨高考作文训练与写作的规律性、规范性、时效性、操作性，已总结出一套行之有效的模式与方法，并在实际教学中初见成效。范又贤老师以构建大语文观为目标，将语文教学和社会观察、人生思考、生活体验紧密结合，将语文教学和国际文化民族精神心理的探寻紧密结合，指导学生拓展视野、广泛阅读、涵养语文的浩然之气。范又贤老师在教学中提倡"教读"两翼法："教"注重情感与审美的结合，形成生动大气的个性特长；"读"提倡大"言"小"读"，即语法"言读法"，病句"言读法"，大小阅读"言读法"。郭海龙老师与时俱进，转变教学观念，觉得技法的变化尽管可以活跃课堂，却难以使学生获得语言能力的终身效益，于是，他开始探索教学的改革，逐渐形成了自己"情景创设—探究—提升"的教学思路。他注重教学情境的创设，以自己雷厉风行、快捷高效的鲜明个性去影响并培养学生的语文观。

2010年至今，语文教研组"四四五高效智慧课堂"探究有声有色，在宝安区乃至深圳市均产生一定影响；"探究 - 验收 - 落实三段式语文教学"正在扎实有序推进。近年来，深圳市罗代国名师工作室大力倡导"预学感知 - 导学品悟 - 固学运用"的活力语文教学模式。

——预学感知阶段，通过创设情境，引导学生运用感性思维，强调通过独学、互学、共学等形式，自主观察、自主探究，初步感知文本，发现语言之美。

——导学品悟阶段，重点欣赏，局部研究，强调通过互学、独学、共学等途径，自主合作、自主探究，深入品味、领悟语言之美。

——固学运用阶段，学习表达，模仿创作，强调通过互学、独学、共学等途径，自主发展、自主评价，运用语言之美，创造语言之美。

"活力语文"课堂把学习过程分为预学感知、导学品悟和固学运用等环节，突出学生自主学习的主体性，强调先学后教、以学定教、因材施教、言意统一，整个学习过程从感性认识到理性认识，再到具体实践，符合认知规律。根据我校实际，"活力语文"课型主要有新授课、复习课和讲评课三种。其中新授课主要包括初步感知、探究规律、迁移运用等环节。复习课主要包括整理结构、典例剖析和变式练习等环节。讲评课主要包括自主整理、疑难分析、针对训练等环节。

"亲其师，信其道。"正是因为有一大批这样敬业爱岗又风格各异的优秀教师为学生引路导航，西中的学子才会在新课改的航船上乘风破浪，屡创辉煌。

（3）营造浓厚的读书气氛来熏陶学生

我们的学生长期以来习惯于听分析、等答案，他们大多并不真的明白该读什么书，该如何读书，又该怎样利用案头的书籍使其成为有价值的资料，自学遇到困难时，该怎样寻找资料尽可能多地自行解决问题。而事实证明，一味地依赖于教师的知识传授，依赖于课堂上有限的教学时间，是无法真正培养学生的学习能力，使其最终达到学会学习的目标的。

面对如此现状，我组开展了"图书进课室"活动：语文老师推荐60本适合学生阅读的图书，由图书馆借给班级，要求高一、高二年级各班利用每周一节的阅读课开展名著阅读；文学社开办社长博客，用以发表学生读书后的感想；开设读书讲座，由语文老师或专家担任主讲。此外，提倡各班要有班报班刊，《读者》《时文选粹》《青年文摘》《第一时间》《作文素材》等深受学生的欢迎。2007年起，我校开办"西乡中学国学论坛"，传播经典文化，每周安排一名老师主讲，取得良好效果。此外我们坚持举行"国学读书征文"活动，以此推动学生读书热潮。2009年起，我们坚持开展"沐浴书香，健康成长"读书月活动，旨在丰富我校学生校园文化生活，提高学生文化素质，营造和谐的校园文化氛围，引导全体学生以书为友，养成良好的自主读书习惯，与书为伴，与书为友，在浓郁的读书氛围中多读书，读好书，真正体验到"我读书，我快乐"，营造文明优雅的学习氛围，打造书香校园。2012年至今坚持开展"图书进课室"系列活动，该活动累计5000多人次获书法、征文、朗诵、演讲、话剧、默写、知识竞赛等级奖，每学期还评出"文学之星""阅读之星"和"书香班级"，达到了预期的效果。语文教研组组织参加2011-2012年全国中语会"创新杯"征文大赛，获一等奖180多项，二等奖230多项，三等奖190多项，受到组织单位的高度肯定；2012年至今，我校学生在区级以上作文竞赛中荣获等级奖100多项，成绩突出。

（4）通过丰富的综合实践活动锻炼学生

我们一直重视学生的综合实践活动。早在1995年，我们就成立了风华文学社，后更名为"大榕树文学社"。从初创至今，屡获殊荣。2001年，文学社荣获"全国文学社团百面旗"荣誉称号；2003年，被评为"首届深圳市中学十佳文学社"。2007年11月在"全国第二届优秀校报校刊评选"活动中，大榕树社刊以优异的表现荣获全国特等奖，《宝安日报》、"宝安电视台"对此做了专题报道；《特区教育》《新课程报》、湖北大学《中学语文》等多家报纸杂志介绍或发表了文学社及其社员的事迹和佳作；2008年11月28日，《大榕树》再被评为"本年度全国示范校园文学社刊"，大榕树文学社也同时被评为"本年度全国百佳校园文学社团"。2010年至今，我校文学社、国学社在陈欣、刘妮、陈雅琪、邓向宁等老师的主持下积极开展工作，会员保持在120人以上，文学社社刊、社报定期印发，各项活动有声有色。

学校十分重视学生的综合实践活动。学校不仅每学年安排5万元资金用于文学社活动和社刊的出版，而且定期安排学生参加综合实践活动。近年来，我们先后举行了高中戏剧表演比赛、"素质工程，青年争先"电视辩论赛、现场作文大赛、诗文诵演大赛、阅读分享演讲大赛以及形式多样的语文综合实践活动。在学校的大力支持下，"书法社""小品主持班""文学社""国学社""演讲社""戏剧社"等语文社团定期开展活动，学生综合素质得到全面提升。

（5）以统一的范式规范教学活动

语文教研组严格按照常规开展语文教学活动，对备课、上课、作业布置批改、课外辅导、选修课、考核与评价、教学研究活动等方面做了明确的规定，强调教师上课必有"5件套"（教案、学案、反思、课件、练习），规定学生作文次数、教师听课次数。强化集体备课，发挥备课组的合力，取长补短，协同攻关，研究教材和教学用书，研究教法和学法，讲求实效，实现资源互补，优化组合，备课成员根据新课程出现的困惑，深入研读《高中语文课程标准》《考试大纲》《考试说明》，针对新教材新课标编写适应我校学生实际的资料和配套练习。集体备课时严格遵循"自备—集备—复备"的流程，用"纸备"规范"口备"。在同年级教学中做到"四统一"，即统一内容、统一进度、统一测试、统一练习，改变过去单打独斗、各自为教的局面，发挥集体的智慧。

我们本着"为学生走向成功人生、为学生终身学习和发展奠基"的培养目标，将语将语文课堂教学传统教法与多媒体教学手段相整合，着力培养学生整体语文素质，进行自主、合作、探究式教学，注重语文学法指导，强化高考知识渗透。高中三年的语文教学是一个不可分割的严密有序的整体，我们在教学中树立全局观念，在授课内容、授课进度上把高一、高二、高三作为一个整体，即将高考的目标、内容、要求分解到各个阶段，逐一安排每学期相应的教学目标、任务、重点，从而订制一套贯通整个三年的分层梯进、连续统一的教学计划，并以此来统帅每学期的小授课计划。计划周全，目标明确，措施具体。语文课程必修课与选修课的开设科学合理。计划制订好了，"教"就有章可循，才能做到井井有条，张弛有序，避免单兵作战、主观随意的弊端。

教研组组织好青年教师规范课、中年教师研究课，骨干教师示范课等课型展示，保证公开课质量，积极探索教学方式的转变策略，让教学方式转变的理念真正落实到课堂教学中，打造教研组的软实力。我们坚持听课评课制度，充分发挥公开课的研讨示范作用。尤其狠抓评课活动，倡导"民主研讨，和谐进步"的风气，听必有评，评必有果，评者要敢讲，多说短处，不说或少说长处；听者要善听，有则改之，无则加勉。通过听课评课，取长补短，从而有效地营造了课内课外的教研气氛。我们积极完善学分评定办法和考试文化，规定书写不达标不准评为"三好学生"，大型考试要求命题人提供考试说明、样卷、考卷、讲评卷和巩固卷，教考互促，研究考试，超越考试。

2. 教研特色

教学改革是一个永恒的话题。我们在语文新课改的推进过程中务必做到的是思想上认识到位，行动上付诸实践，思想行动都高度统一到《高中语文新课程标准》所确定的语文课程教学的三维目标（知识和能力、过程和方法、情感态度和价值观）上。我们要求教研组每位老师时刻用三维标准去检测反思自己教学的全过程，从根本上改变原先语文教学只抓"双基"的单一思路。

语文教研组教研特色是：问题课题化，课题课堂化，课堂校本化，校本规范化。具体来说：

（1）问题课题化。新课程的核心理念是"一切为了每一位学生的发展。"它倡导"自主、合作、探究"的教学方式，注重学习过程、学习方法、情感态度和价值观等。关注全体学生，让每位学生都能有不同程度的发展。但新课程下的语文教学呈现出不少令人担忧的状况，很大一部分老师由于种种原因，对新课程的理解和把握没有到位，一方面忽略了原有学困生的心理和知识结构现状，严重地妨碍了学困生的发展；另一方面，我校近年由于扩招，生源质量逐年下滑，学困生数量逐年增加。我校生源质量一直位居深圳市中下游层次，学困生转化一直是学科教学和研究的重中之重。基于以上背景，我们将问题转化成课题，生成了"语文学困生转化""分层教学，分层励进""断尾计划"等研究课题，并均已启动实施。语文学困生的教育与转化是各学科共同面临的问题，研究成果对其他学科亦具有借鉴和指导意义。

（2）课题课堂化。语文教研组先后申报区级以上教改课题6项，主要有郭海龙老师的《新课程背景下用言意统一理念进行文言文教材整合"，罗代国老师的《自主创新写作高效课堂的构建》，范又贤老师的《语文课堂小组合作学习有效策略研究》，杨光亮老师的《高中语文课堂"四四五"教学模式探究》，卢嘉诚老师的《语文作业的改革研究》，梁文先老师的《言意统一的语文教学》，刘建雯老师的《言意统一的论述文阅读教学研究》，另有全国中语会"十二五"国家级重点课题"读写互动，思维领先""自主创新写作高效课堂的构建""高中语文读写互动研究"相继开题实施，基本形成了个人－校－区－市－国家级的课题网络。为落实课题课堂化，我们将语文课题细化为作文教学研究、课堂教学研究、学习习惯研究、学习心理研究、朗读教学研究、思维训练研究等子课题，这些课题都是紧扣课堂教学展开的。强化教法，重视学法，走继承与创新的发展道路，鼓励教学改革，百花齐放，如黄芳老师运用"渗透法"，将高考考点下移至高一高二，使学生基础异常坚实；刘建雯老师坚持"入境法"，突出思路教学和领悟教学，效果显著；范又贤老师探索"养成教学"，使学生语文能力与人文品格共同成长；罗代国老师的"写三遍"作文教学法凸显生本理念，使学生自主作文能力明显提升。

（3）课堂校本化。校本教研是一个过程，是学校校本办学的一个重要内容，不应该把校本研究看作是一个结果，更不应该把校本教研作为一种形式。这个过程包括：理论提升、深化认识、寻找问题、分析解答、反思提高等环节，是一个良性的、有效的循环圈。我们在语文教学课堂上设计小型的演讲赛、诗文朗诵赛和小组辩论赛等，在课程拓展环节上尽量把课堂交给学生，通过学生的小组代表发言、学生作品展示、小型课本剧、访谈等形式，让学生动脑、动手、动嘴、动情；同时充分发挥广大教师的作用，及时计划、及时总结，鼓励老师们结合教学实际，积极撰写论文，刚性规定每学期每人上交1篇论文或经验总结。加强校本教材建设，积极开发课程资源，共同搞好校本教研，我们先后编写了校本教材《早读文本》《三维设计粤教版语文（必修1）》《三维设计粤教版语文（必修2）》《议论文写作教程》等，同时把大榕树文学社社刊《大榕树》也纳入校本教材建设的范畴。

（4）校本规范化。根据新课标的要求，我们以《深圳市西乡中学语文教研组五年发展规划》《深圳市西乡中学语文教学指导手册》《深圳市西乡中学语文学习指引》为指针，加大教学研究和教学改革的力度，努力创设良好的语文教学环境，进一步提高高中语文教学质量。具体要求为：集体备课有力度，按照学校编排的集体备课时间，雷打不动；主备人、教案、练习，样样齐备；精编资料有梯度，根据学生的学情，筛选资料，加以改造，形成一定的梯度，使不同层次的学生享受到成功的喜悦；课堂教学有效度，坚持"以生为本，以学为主"的课改理念，倾听学生的反馈意见，努力提高语文教学成绩；学生反映竖指头，通过高一高二的语文成绩对比，学生都有不同程度的进步，高三学生螺旋式上升，高考成绩超过高中入学成绩；质量分析有架构，质量分析内容包含成绩、成绩分析、补差教案、补差习题等4个要件，备课组统一架构；错题分析不能漏，通过模块和单元分析诊断，发现问题，及时配备扶差习题纠错，滚雪球式前进；档案补差心有数，每次的质量分析都一式二种三份，电子版纸质版并存，备课组及个人各留一份，对目标生的情况了如指掌；巩固落实滚雪球，教师遵循由易到难的原则，对学生常犯的毛病，反复滚动，坚决歼灭知识死角，不留盲点；驾驭课标有深度，对课标逐字逐句研读，了然于心，集体备课时先备课标，明确方向，教案、练习先解读课标，有的放矢；人人都能做研究，每位语文老师做到"三能"，一能做教研组的《新课程语文学困生研究》的课题研究，二能做学生成绩分析研究，三能做高考分析研究。

每次大考小测后必然分析总结，这是教学的例牌，但分析到什么程度，却需要勇气和功力。罗玉平校长独创了一套功能齐全的成绩分析评价系统，该系统从总分到单科分，从分数段到分数线，从目标数到达标数，从达标率到吻合率，勾画了了，拨雾见天，一目了然，优劣自见。每次召开成绩分析会，我们都以表上的数据事实为依据说话，重在找差距，不是遮遮掩掩地评，而是评得深刻入骨，通通透透，评得口服心服，催人奋进。学校领导靠前指挥，反复强调要掌控"三率"（基础题的得分率、易做题的得分率、选择题的得分率）。做好质量分析和补差档案工作，大考小测都有补差档案，补差档案包含成绩分析表、错题摘录、补差题、补差教案、反思过程与整改方案等内容，扶差措施反复滚动。

3. 管理特色

（1）制订发展规划，完善制度建设

根据学校发展规划，语文教研组积极响应学校"一年一小步，三年一大步，五年有质的飞跃"的号召，确立语文教研组五年发展目标为：建设成有鲜明特色、有先进理念、有高效教学方法和教学模式、有突出教学成绩的教研组；建设一支业务过硬的师资队伍，形成骨干教师群，培养几个在本地乃至全国有影响力的名师；提炼教研组理念，打造教研组特色，进一步完善教学保障，建立健全规范、科学的教研组标准和管理制度；构建并完善校本课程体系，每位教师能独立开设一门具有较高学术水平的选修课，促进语文教学工作的可持续发展；提升语文整体教学水平，教学、教研同步发展，教学高效，科研促教；提高语文教学质量，保障高考成绩稳步攀升，使语文教研组成为深圳的品牌教研组。在这样的基本目标下，我们制订了语文教研组发展规划，从教研组建设，学生发展，教师发展，课程建设，重点课题研究，教研组研究成果的宣传等方面进行了规划。目前，我们正按照规划展开有序的研究。通过教学研究，语文教研组在教学效果、教师发展、课程建设方面都有了比较大的发展。在制订发展规划的基础上，我们先后讨论制定了《语文科教学发展规划》《语文教学基本规范》《语文新课程课堂教学评价表》《语文学科课程发展规划》《语文备课组活动要求》《青年教师培养规划》《语文学分认定方案》《语文学科教学研究制度》等各项制度。

（2）运用现代技术，创新管理方式

我校是"全国现代教育信息技术实验学校"，多年来，在学校的校本培训中，老师们运用现代教育信息技术的能力大大提高。语文教研组利用这一优势，依托网络，创新管理与教学方式。语文教研组利用学校网站，建立语文教学资源库，汇聚、管理教学资源；开通了教研组QQ群，便于老师们及时交流教研信息、教学资料；开通了博客，作为教研组教学教研平台，大家借此发布教学论文，交流教学心得，开展师生互动，进行在线辅导。

（3）开展课题研究，促进专业成长

语文教研组坚持科研兴教，质量立教，教研氛围浓郁。语文教研组有四个层次的语文教学研究活动，第一层次是市级以上课题，包括全国中语会重点课题，第二层次是深圳市和宝安区立项课题，第三层次是校级课题，第四层次是教研组课题。语文教研组有集体研究的重点课题，也有教师申报的个人课题。

我校已于2011年10月20日被中国教育学会中学语文教学专业委员会"十二五"重点科研课题《创新写作教学研究与实验》课题组确定为基地学校。2016年又被中国高等教育学会教师教育分会确定为《优秀传统文化与写作教学研究》课题实验学校，按照全国中语会和总课题组的要求，语文教研组积极参加课题研究，先后申报区级以上教改课题7项，形成了全员全程参与教研，"人人有课题，个个做研究"的良好局面。近年来，语文教研组先后荣获区级以上教育科研成果200余项，荣获区级以上学科竞赛等级奖近600项。其中2012年参加全国中语会"创新杯"教育科研成果大赛，在教研论文、教学设计、教学课件、教学实录、录像课评比及作文指导等项目上硕果累累共取得一等奖50人次，二等奖12人次，共计62人次获奖，受到全国中语会和总课题组高度肯定；此外，教研组充分发扬特区人敢于创新的精神，指导学生创作时在立意、文体、语言、结构等方面大胆创新，一大批佳作脱颖而出，其中徐聿钟等87人荣获一等奖，方少良等117人荣获二等奖，林千裕等96人荣获三等奖，300名同学在全国性比赛中同时荣获等级奖，充分展示了我校语文教学的实力，也赢得了主办单位的高度关注和好评。

语文教研组在学校和市区教研室的大力扶持下，围绕学校的中心工作，坚持学习并积极践行新课程和素质教育理论，扎实开展教育科研活动，认真探讨高中语文教育规律，努力提高自身思想素质和业务技能。语文教研组结合本校实际，努力完善语文学科"四四五"高效智慧课堂教学模式，通过集体备课、评课、改课、赛课等活动，教师业务技能进一步增强；通过开展丰富多彩的语文竞赛活动，学生语文学习兴趣和语文素养进一步提高；通过开展教研组整体综合性教改课题，教学质量进一步提升。

在研究新课程、把握新课改的过程中，语文教研组积极参加各级各类学习、培训活动。刘日光老师的《〈林黛玉进贾府〉教学设计》被作为课改实践案例收入市教研室《高中语文教学设计与案例》中；罗代国、范又贤、梁文先、郭海龙、黄芳、杨光亮、曹晶晶、刘婷婷等老师的多篇论文也分别在全国、省级报刊上发表。语文教研组深入学习新课程和素质教育理论，坚持"言意统一，教学相长"理念，积极开展"四四五高效智慧课堂"的研究探索，取得了初步成果。2012 年 5 月 29 日，我校刘建雯、仲光月老师执教"四四五"展示课，近 200 人来校听课指导，深受好评。2012 年 11 月 7 日宝安区教改成果展示活动在我校举行，饶声琼、范又贤、纪瑾雯老师的展示课深受好评。我们面向全区举行的"'四四五'高效智慧课堂"论坛，受到与会专家和老师的充分肯定。2014 年及 2016 年，我校万春晓、余思翼老师代表宝安区参加全市青年教师基本功大赛，分别取得市一等奖和三等奖。语文教研组现有南粤优秀教师 2 人，深圳市名师 1 人，宝安区名师 3 人，宝安区名师培养对象 2 人，14 人获得过市级以上行政部门颁发的荣誉称号。

学校实施名师工程，采用培养激励和精神激励的措施。我校提拔语文教研组刘日光、伍光军、杨险峰、刘辉潭、郭海龙、万春晓等老师担任学校行政工作，成立语文教研组名师工作室，实施青年教师培养工程，贯彻落实《深圳市西乡中学师徒结对方案》，发挥经验丰富的老教师和名教师的传、帮、带作用，鼓励并促使青年教师实践"一年立足，三年成才，六年成名，九年成家"的成长目标。仅在 2013–2016 学年，语文教研组名师工作室结成 5 个对子，刘日光 – 纪瑾雯、罗代国 – 刘秋霞、黄芳 – 陈欣、范又贤 – 饶声琼、刘建雯 – 张兴星；新教师培养共结成 7 个对子，杨险峰 – 李青、刘秋霞 – 蒋为、刘辉潭 – 余思翼、饶声琼 – 陈雅琪、黄洪忠 – 钟琳、杨光亮 – 黄瑜丹、宋克勤 – 万春晓。培养对象认真撰写个人发展规划和学习总结，积极参加各项教学科研研讨活动。语文教研组努力营造学术研究的民主氛围，将教研教改向纵深推进，整体水平有了质的飞跃，敬业合群、拼搏奉献已蔚然成风，教研组涌现出一批教学思想新、教学水平高、教学效果好的教学能手，30 岁以上的语文教师人人都获得过市级以上的奖励和荣誉，罗代国老师荣获深圳市名师称号，范又贤、卢嘉诚老师入选宝安区名师（名班主任）。

（4）落实教学常规，聚焦课堂教学

为使备课组集体备课落到实处，教研组要求各备课组严格执行"三定""四备""五统"的工作规定。

——"三定"即是定时间、定内容、定中心发言人。

——"四备"即是备教材、备学生、备教法、备学法。

——"五统"即是统一教学进度、统一目的要求、统一重点难点、统一作业练习、统一测试考试。

备课、上课、批改作业和辅导学生，这些花去了我们日常教学工作的大部分时间。无论教育改革怎样进行，落实课堂教学的每一个环节，是对每一位教师最起码的要求。每学期初，根据宝安区教科培中心的统一部署，结合新课标的要求，我们各备课组都制定了严密的授课计划，教学内容安排到"周"。每一单元授课前，在备课组集体研究的基础上，我们再把授课内容细化到"天"，量化到"节"。在集体备课过程中，每个单元都安排中心发言人，从单元教材的理解、教学目标的把握，到教学重点、难点的落实，重、难点突破的方法等进行探索。然后其他老师对照新课程标准、高考大纲的要求进行思维的碰撞，智慧的交流，最后达成共识，形成基本教法。通过备课组集体讨论研究后，我们做到在教学过程中统一进度、统一资料、统一复习、统一考试。在每一节课前，各任课教师再结合自身的特点和本班学生的实际情况，分层分类组织教学。高三备课组针对我校的生源状况，借鉴历年高考备考的得失，念好"小、准、深"三字要诀，确立了"小处切入，以小破大，抄小路赶大道"的备考思路，小步快跑，一练一得，得得相加，节节攀升。语文教研组根据我校教学实际情况，坚持分层布置多种多样的语文作业，通过摘抄优秀诗文、限时快速作文、制作手抄报、撰写读书心得，每日积累一句名言、一首名诗、一则论据、书法分段过关等卓有成效的作业形式，既夯实了学生的语文基础知识，又训练了学生的创新能力，全面提升了学生的语文综合素养。从而真正实现"因材施教，促进学生发展"的教育教学目标。

为了提高课堂教学效率，实现有效性教学，我们坚持每周至少进行一次集体备课，重点研究本周的教学任务，统一思想，加强集体协作，按照"资源共享、个人加减、课后反思"的思路，要求每周推出一个教案蓝本，集体讨论，个人加减，并在课后进行集体反思，实现"一课一反思"。语文教研组要求每人每学期执教一节公开课，既有配合学校工作而进行的规范课、示范课、研究课，也有教研组、备课组层面的同课异构、异课同构、微课大赛等，效果良好。公开课教学立足"家常"和"原汁原味"，重视实用与实效，提倡"推门"听课，每学期要求教师们互相听课10节以上。语文教研组成员来自全国各地，大家都有一定的实力，都有自己的教学特色，但是也有自己的缺陷。鉴于此，我们注意扬长避短，通力合作。老教师率先垂范，中年教师不甘落后，青年教师当仁不让，语文教研组能够成为一个求真务实、讲求高效、充满活力、和谐向上的优秀集体，与大家的通力合作是分不开的。这些年来，随着我校招生人数的增加，加上我校所处的地理位置的局限性，学生的入学质量出现下降的趋势，但我校高考成绩却能够一年一个台阶，连年被评为深圳市高考进步奖、卓越奖、高考工作先进单位等，这当中有我们语文教研组的一份功劳。近两年，语文科成绩无论是在高考中，还是在宝安区各学年的统考中都保持在宝安区前列。

（5）整合教学资源，开发校本课程

语文教研组以大语文教学观为指导，积极整合语文教学资源，拓宽语文教学渠道，丰富语文教学内容。根据语文学科特点，开展综合性学习，我们采用重点突破的方法，由老师结合地方特色、个人专长、学生兴趣，每个学期重点开展1-3项综合性学习活动，并将教学案例存档、交流。结合课题实验，重点以课外阅读活动的开展为抓手，向家长发倡议书，争取支持。组织课外阅读兴趣小组，扎扎实实指导学生开展课外阅读活动，通过举办以阅读为主题的手抄报比赛、书法比赛、书签制作比赛等，激发学生的兴趣，我们还开展了"好书伴我过假期"的主题阅读活动。

在资源整合利用方面我们主要开展了以下几方面的工作：图书进课室，建立班级图书馆；利用短焦投影机进行课前三分钟诵读或演讲；定期培训语文科代表和学习骨干；建立学科网站、博客、QQ群；建立语文教研组专用展示栏；创办《大榕树》校报、校刊；定期聘请校内外专家讲学、讲座；定期开展研究性学习指导；定期与兄弟学校和研究单位交流；定期举行语文读书月和学科竞赛；定期开展学科专题学习研讨活动等；成立语文教研组名师工作室。其中对语文科代表的培训主要从职责定位、早读要求、候课要求、作业布置、作业检查、资料整理、学科竞赛以及语文学习总结交流等方面进行具体细致的指导，实践证明，这对语文老师有效开展学科教学工作提供了有力的支持。我校语文教研组重视考情研究，把握高考发展的脉搏。我校办学的口号是"低进高出，优进特出"，每年高考的成绩都要上一个新台阶。语文教研组坚持高一夯实基础，高二积蓄力量，高三强化冲刺的科学备考体系。我们平时都能主动研究与高考有关的资料，每月都按学校的要求，做一份语文高考（或模拟）试卷，确保自己与高考形势同步发展，及时把握高考的最新信息。另外，每送完一届高三毕业班，毕业班的老师们都要认真进行反思，把自己在教学中的得与失，经验与教训及时总结，并在学校教研组中进行研讨。

教材是我们执行新课标，达成教学目标的重要载体。几年来，我们根据"以研促教，以教促改，研教改三位一体"的工作思路，找准课改与研究课题的结合点，积极开发校本课程。语文教研组发扬"全员参与、集团作战、同心同德、荣辱与共"的精神，针对本校教学实际，开发与本校教学实际相适应的校本课程，及时解决了教学过程中出现的实际问题，促进了学校老师专业水平的发展。语文教研组根据《普通高中语文课程标准（实验）》的基本精神、学生需求以及教师学科优势三方面的因素，设置高中语文必修课程、选修课程和校本课程。语文教研组严格按照广东省教育厅《关于开展普通高中新课程实验工作的通知》的要求，开齐开足了必修模块（人教版《语文》必修1—5），达到了课程标准的教学要求。我们也按照《广东省普通高中选修课开设指导意见》的要求，发挥教师的专业特长，开设了《中国现代诗歌散文欣赏》《外国诗歌散文欣赏》《中国古代诗歌散文欣赏》《先秦诸子选读》《中国小说欣赏》等模块选修课。此外，我们根据学生的需求和教师的特长，开设了《中外著名电影欣赏》《品读随笔》《课外阅读指导》《文化作文》等校本课程，这些课程贴合学生实际，满足了学生个性化需求，深受学生欢迎。

（6）完善教学评价，促进个性发展

语文教研组按照《普通高中语文课程标准》和《广东省普通高中语文模块教学与考核要求》的相关规定，对每个模块的教学都进行了相应的考核评价，对聆听、表达和综合实践活动都进行考查，且合格率达到95%以上。对教师的课堂教学评价以"教学不能忽视基础性""教学设计要保证课程模块的整体性""强调关注学生的差异性""强调学生在教师引领下对知识的自主建构性""课堂教学的开放性与动态生成性""关注课堂教学的情感性"为基本原则。

教师的发展性自我评价包括以下内容：职业道德、专业知识、教学能力、人文素养、合作能力、教科研能力。对老师的评价还包括学生和家长对语文老师的评价。在评价过程、操作方面，教研组能做到清晰、规范、有效，以"人的发展"为本。在评价的过程中，我们坚持用发展的眼光看待师生，评价学的行为、教的行为，以激励师生自我发展、自我完善。

　　语文教研组的教学评价改革主要表现在：注重发挥评价的激励功能；实行评价指标和评价主体的多元；关注学生发展的过程。此外，在对语文课堂教学质量评价中，我们根据执教者的身份适当调整评价标准，以促进教师个性化地发展。对于一般的青年教师，评价重在教学设计的目标性、逻辑性，教学操作的规范性、技巧性等方面，以促使他们较好适应教学工作，达到"会教"；对于骨干教师，评价重在教学过程构建的创新性、开拓性，教学操作的艺术性和个性化，以促进他们进入教学改革的前沿阵地，形成自己独特的教学风格，成长为学科教学的领路人。在听课评课过程中，教师们不仅评价他人的教学质量，同时也在针对自身做出适当的评价和调整，经常写教学反思。近年来，老师们的课堂教学质量不断提高，范又贤、刘建雯、万春晓、余思翼等老师都承担了区、市级公开课，课堂教学质量受到了一致好评。

　　教师能够指导学生正确地自我评价，评价时能够根据学生的差异进行评价，把握了量和质的关系，现状和发展的关系，内在和外在的关系。

　　学生评价包括对学生综合素质的评价和学生模块学习过程的自我评价。对学生综合素质的评价包括以下内容：道德品质、公民素养、学习能力、交流与合作、运动与健康、审美与表现；对学生语文综合素质的评价包括以下内容：语言文字基础知识、阅读鉴赏能力、听话理解能力、说话沟通能力、写作表达能力、文学创作能力、语文人文素养等方面。

　　我们通过学习讨论，制定了我校"高中语文一节好课的标准"：

　　——以情激情，以情激趣。强调厚实底蕴，提升素养，围绕"一语三文"（语言、文学、文章、文化）的学习，让学生领悟语文的真善美和情理趣。课堂充满文化气息和语文味、人情味、书卷味，课堂氛围民主和谐，内化、积淀和生成文而不野，雅而不俗，活而不乱，情趣盎然，学生始终被精彩的课堂教学活动所吸引，学生在整个学习活动中，享有人文关怀，感悟语言文字的魅力，领会运用语言文字的智慧。

　　——联系生活，彰显活力。强调牵手生活，唤醒生命，通过丰富多彩的语文实践活动，打通语文与生活的联系，变课本语文为生活语文。好课要充满活力和张力，能"透过墙壁看世界"，具有很强的开放性和延展性，好课的一个重要标志，就是能凭借课文中的一个点加以延伸转换，使之与课堂外、现实中的实际生活结合起来，通过实践性的活动，让学生生成和建构起一些新认知能力。好课要能开阔学生语文学习视野，让课内外、校内外、学科间、知行间相互沟通，有机整合，培养学生尊重和理解多元文化的品格，拓展学生学习空间和成长空间，使不同层次的学生得到充分的、自主的、个性化的发展。

——读写互动，言意统一。强调言意统一，学用语言，让学生据"言"得"意"，以"言"达"意"，让学生发现语言之美、品味语言之美、运用语言之美、创造语言之美。因材施教，因人施教，面向全体，尊重学生的个体差异和独特感受，在读写活动中引导学生勤于思考，善于质疑，敢于发表独立见解，倡导创新思维方式，鼓励学生自主探究，培养合作精神。

——扎实丰实，讲求实效。强调夯实基础，培养能力，课堂教学有课核，有意义，有效率，有生成，为学生的未来发展奠基。语文课堂要返璞归真，体现一种"简约之美"，简简单单教语文，扎扎实实促发展，教学目标简明，教学内容简约，教学环节简化，教学方法简便，教学媒介简单，教学用语简要，彰显出教师的大气度、大智慧，体现出教师丰厚的修养和教学艺术。

——顺学而教，自主发展。强调以生为本，发展个性，提高人文素养，重视培养学生自主学习的能力和习惯。好课要有先进的教学理念和教育思想做指导，教学流程科学，课堂流程设计符合学生年龄特征及认知规律，符合学科逻辑，堂上真学、真思、真练、真会，学生的主体地位切实落实，教师的主导作用恰如其分，师生互动，交往自然、和谐、融洽，学生主动参与学习的方式多样，学生学习情致高昂，学有兴趣，求知欲强，学得轻松，也学得实在，不同程度的学生能充分享有学习的成就感和幸福感。

同时，我们还制定了我校"高中语文好教师的标准"：

——激情，用教育的热情激励学生。站在为学生走向成功人生、为学生终身学习和发展奠基的高度，从学生的发展出发，备学生、课标、教材、教法和学法，落实"严、勤、实、活、细"的教学常规要求，把知识"磨进去"。创建"生命·生活·发展"型课堂。即课堂要充满生命力，课堂要体现生活化，课堂要充满成长发展气息。

——灵动，以灵动的课堂吸引学生。语文课应该教出语文的特点、语文的味道和语文的美感，坚持因材施教、言意统一，立足于"学生喜欢"和"学生需要"，努力形成自己的教学风格。

——底蕴，营造浓厚的读书气氛来熏陶学生。积极开展"图书进课室"活动，开展名著阅读；开设读书讲座，由语文老师或专家担任主讲；坚持举行"国学读书征文"活动，以此推动学生读书热潮；坚持开展"沐浴书香，健康成长"读书月活动，引导全体学生以书为友，在浓郁的读书氛围中多读书，读好书，营造文明优雅的学习氛围，打造书香校园。

——实践，通过丰富的综合实践活动锻炼学生。重视学生的综合实践活动，举行戏剧表演比赛、电视辩论赛、现场作文比赛、诗文诵读比赛、现场书法大赛、汉字听写大赛等，全面提升学生综合素质。

——范式，以统一的范式规范教学活动。严格按照常规开展语文教学活动，从备课、上课到作业布置批改，从课外辅导到选修课，从考核与评价到教学研究活动等，都要做到规范、实用，有章可循，避免单兵作战、主观随意的弊端。

（四）教学效果

经过 40 年的积淀和发展，尤其是新课改的积极探索和实践，我校高中语文教研组在普通高考、学科竞赛、教育科学研究等方面取得骄人成绩。具体情况如下：

1. 课程达标方面

我校语文教学已达到了《普通高中语文课程标准（实验）》所规定的课程目标，也达到了《广东省普通高中语文模块教学与考核要求》所规定的要求。三年共完成 5 个必修模块和 4 个选修模块学习的学生达到 100%，所有学生都获得相应的 10 个必修学分和 8 个选修学分。语文课组开设了丰富多样的语文选修课程，比如《文化作文》《品读随笔》《"三式"作文训练》《主题阅读》等。根据教师特长和学生的需要，语文课组开设了丰富的微型课程，比如《中国传统节日文化》《中国传统茶文化》《高二议论文分点式训练》《李白诗歌专题阅读》等。课程均有规范的管理，学生按照规定完成了选修任务，获得了规定的学分。同时，语文课组还开展了丰富多彩的社团活动和兴趣小组活动，各种语文选修能满足学生个性化发展需求，相关课程管理规范有序。

2. 学业水平方面

语文教研组严格依照《广东省普通高中语文模块教学与考核要求》的规定进行终结性测验和抽测考试笔试，合格率均达到相关要求。为了使所有学生的语文素养都在原来的基础上有新的发展，语文教研组还有针对性地组织了培优班和提高班学习，对后进生和优秀生进行专门辅导，这些辅导都收到了理想的效果，语文学习后进生的转化率达 80% 以上，优秀生培养率高于市平均水平。为了提高学生的语文学习水平，各班还成立了语文学习兴趣小组，进行转差和培优工作。语文教师有针对性地对学生进行辅导，学校和语文教研组进行跟踪管理，要求教师如实填写学生情况，存在问题，补差或者提优措施，效果等。经过努力，取得了比较好的成绩，不少学生在高考、区统测和各级语文竞赛中崭露头角。

多年来我校高考语文科全市前100名人数稳居市区前列，高考语文平均分也稳中有进。我校连续9年获得深圳市"高考工作先进单位"，已有12名学生考上北京大学、清华大学、香港大学等名校，高考成绩逐年提高，体现了"低进高出，高进优出，优进特出"的办学特色，上述成绩的取得，离不开语文教研组的突出贡献。

3. 充分发展方面

语文教研组在学校的大力支持下，开展了丰富多彩的综合实践活动，各类语文社团纷纷涌现，第二课堂精彩不断，校内外大型语文实践活动给一批批的学生提供了充分发展和展现自我的舞台。我校大榕树文学社以"创设书香校园，丰富文学内涵，打造文学底色"为宗旨，积极开展丰富多彩的校园文学活动。文学社、国学社有自己的网站和指导老师，积极举办讲座，协同语文教研组开展各类语文活动。青春诗社集合了一群热爱诗歌朗诵和热爱诗歌写作的文学爱好者，追求奔放青春与文学热情的相互交会，以灿烂的笔写就精彩，用动人的嗓音来讴歌生活。演讲兴趣小组积极协助语文教研组举办了"祖国在我心中""同心迎大运，朗诵展英姿""我心目中的宝安"等演讲比赛，还协助各年级举办了"逆境出人才还是顺境出人才"等辩论赛活动。语文教研组经常组织各社团成员及其他语文爱好者赶赴现场聆听名人报告，还利用教师节、中秋节、母亲节、父亲节、国庆节、读书日、禁毒日等契机开展校内征文活动。2011-2012年，语文教研组连续两年组织学生参加了全国中语会"创新杯"作文竞赛，成绩斐然。

我校坚持教学相长，"让师生成功成才"的办学理念，通过岗位成才和校本培训，教师教学能力和教育科研水平明显提高，语文教研组队伍整体综合素质和整体实力进一步增强。近年来，陈欣、刘秋霞等年轻教师迅速成长，多次执教区级以上公开课；刘建雯、范又贤等中青年教师积极参加教育科研比赛并取得优异成绩。2009年至今，语文教研组教师基本都已荣获市区高考备考优秀个人、高考工作学科先进个人、优秀教师、优秀班主任、名教师、教坛新秀等荣誉称号。

（五）今后努力方向

四十年的风雨历程，几代人的艰辛创业，深圳市西乡中学已发展成为校风良好、质量一流、声誉日隆的优质学校。我校语文教研组在教学实践中不断成熟，取得了很好的成绩，但在巨大的成绩和荣誉面前，我们清醒地看到：在新的发展征途上，我们任重而道远。通过对教学水平的自评，我们更加理性地审视自己，反思自己，发现我们还有一些不足之处。我们清醒地认识到，在新课程改革理念下，如何实现"轻负担、高效益"的语文课堂教学；在市场经济大潮与社会环境的冲击下，如何实现传统道德教育与现代化人格教育在语文教育中的共融；如何最大限度地实现教师教学的个性化与学生自主学习的个性化等等，都是常研常新的课题，也是我们语文教研组当前需要进一步探究与完善的课题。我们懂得，只有教师与时俱进，不断发展，才能引领学生朝着未来不断发展。

我们的努力方向：

——继续加强教师队伍建设。坚持"引进、整合、提高"的队伍建设思路，打造一支师德高尚、业务精湛、结构合理、充满活力的高素质专业化的教师队伍。特别是在名师工程和学科骨干教师、学科带头人的培养方面，还要花大力气，下大工夫，争取在三年内培养出一批在教学和科研领域里有建树，在本地乃至省内有名望、有影响力的优秀教师。

——加大教学科研和校本课程开发力度。在继续提高师资队伍整体素质的基础上，狠抓教学科研工作，开展全方位，多元化、立体式的研究探索，鼓励教师在遵循高中新课程基本设计思想下，结合实际，设计有特色的校本课程和教学计划，把基础型课程，拓展型课程，研究型课程有机地结合起来，闯出"成功－成才教育"的新路子，更高效地培养人才、输送人才。

——进一步提炼和打造学科教学理念和特色。教研组教师的思想境界大大提高，教研组的教研氛围越来越浓，老师们的科研意识也不断增强，很多教师都形成了自己独特的教学风格。与之相应，学生学习的积极性也大大提高，学科的教学成绩在逐年提高。我们还要继续学习和掌握先进的教育理论、教育思想，运用科学发展观，指导和拓宽成才教育的途径和内容，完善成才教育的机制，创新成才教育的方法和手段，精心打造成才教育品牌，力争在高考研究、自主学习、教学评价、资源整合等方面形成独到的特色。

我们真诚期望各位专家给予我们更多的指导和帮助，以实现学校的可持续发展。

（六）自评情况

根据本教研组教育教学开展情况及取得的成绩，本着实事求是的原则，我们对照深圳市教科院《关于举行深圳市中小学示范学教研组评选活动的通知》和《深圳市中小学学科示范教研组评选评价表》，进行了全面、认真、客观的总结，经认真对照自查，自评得分 98 分。敬请各位专家予以评估。

（说明：本文为 2017 年深圳市中小学学科示范教研组评选自评报告，执笔人罗代国。限于篇幅，相关统计表已删略。）

二、深圳市建设普通高中新课程新教材实施学科示范基地申报书

（一）申报基础

1.科组情况介绍

深圳市西乡中学高中语文科组是宝安区乃至深圳市颇具实力的先进科组，多次获评"优秀教研组""示范教研组""优秀文学社""优秀教师读书会"等称号，湖北大学《中学语文》、北京师范大学《新课程报·语文导刊》《特区教育》等多家媒体曾专题报道西中语文科组建设的经验和成就。近三年来，语文科组学习新课标，推进新课程，在语文学科特色课程建设、教育教学改革、语文考试评价体系、语文相关社团活动、师资队伍建设方面，均有优异表现。全组现有在岗教师33人，全部达到本科学历。其中硕士14人，本科19人；正高级职称1人，市名师工作室主持人1人，区名师工作室主持人3人，高级职称12人，中级职称14人，初级职称7人；国家级骨干教师1人，南粤优秀教师2人，市级优秀教师8人。

2.特色课程建设

（1）彰显科组教研特色

我们的教研特色是：问题课题化，课题课堂化，课堂校本化，校本规范化，成果辐射化。我校生源质量一直位居深圳市中下游层次，学困生转化一直是学科教学和研究的重中之重。我们将问题转化成课题，生成了区级以上研究课题12项，基本形成了个人 – 校 – 区 – 市 – 国家级的课题网络。我们的校本教研包括理论提升、深化认识、寻找问题、分析解答、反思提高等环节。科组鼓励教师结合教学实际积极撰写论文，积极开发课程资源，先后开发了校本教材《品读随笔》《文化作文》等市级"好课程"。

（2）近三年来语文科组课题成果

语文科组依托《普通高中课程标准》（2017版），在课题方面取得以下成果：宝安区教育系统第三批名校（园）长，名师工作室终期考核中，罗代国名师工作室考核结果为优秀；2019年语文科组罗代国老师深圳市课题《中华优秀传统文化与底蕴作文实践研究》顺利结题；2020年语文科组陈雅琪老师主持的区级课题《基于专题的整本书阅读教学研究》、曹晶晶老师主持的区级课题《高中语文交际语境下的写作教学研究》等顺利结题。2021年饶声琼老师主持的区级课题《高中语文"阅读式写作"探究与实践》顺利结题。现阶段语文科组进入中期研究阶段的区级课题有：刘婷婷老师主持的区级课题《高中语文群文阅读教学策略》、钟琳老师主持的区级课题《基于对思辨能力

的理论认知而展开的思辨性阅读与表达教学研究》等。

（3）近三年来语文科组论文成果

近三年论文发表情况：万春晓老师的《巧借工匠技法，搭建文章骨架》等论文发表在核心期刊；刘婷婷老师的《小称呼，大讲究》《创新作文教学初探》《国学社经典诵读活动设计方案》在第三届优秀科研成果评审中获得国家级奖项；饶声琼老师的《基于阅读的"十分钟速写"写作教学实践》发表在省级刊物《新课程报》；刘婷婷老师的《趣谈古诗文中的称谓》发表在省级刊物《新课程报》；刘建雯老师2018年9月的论文《高三语文特色复习研究》获得中国管理科学研究院教育科学研究所颁发一等奖。

3.教育教学改革

（1）整本书阅读教学实践

近三年来，语文科组积累了较多整本书阅读教学实践案例。陈雅琪老师执教"《四世同堂》的人物群像及语言探究"的区级公开课，在2021届高二（2）班、（7）班开展了"《乡土中国》思维导图课""杜甫专题阅读课"等课程；张兴星老师在2021届高一（11）班、（17）班开展了《解忧杂货店》阅读实践活动，在2021届高二（3）班、（15）班开展了《唐诗三百首》专题研读等活动，并在全区做了"《四世同堂》整本书阅读教学设计"的专题报告；杨险峰老师在2020届高一（8）班开展了《红楼梦》《高老头》的整书本阅读研讨活动；刘建雯老师在2021届高一（2）班、（15）班组织学生进行《四世同堂》读中导课；罗代国老师在2022届高一（2）班、高一（8）班开展了《红楼梦》的整书本阅读研讨活动；曹晶晶老师在2021届高二（1）班、（12）班开展了《简单的逻辑学》整本书阅读研讨活动。

（2）群文阅读和专题教学实践

近三年来，西中语文科组在群文阅读和专题教学方面也积累了丰富的实践案例。蒋为老师在2022届高一（10）、（18）班开展《中国现当代诗歌赏析》专题阅读汇报课的专题研讨活动；刘建雯老师执教《中国现当代诗歌赏析》朗诵指导课；黄瑜丹老师在2020届高一（4）、（7）班开展了改编课本剧、诗歌专题朗诵会、花样诵读、思维导图展等公开课的研讨；陈雅琪老师在2018届高二（16）、（17）班分别开展了"东野圭吾专题阅读课程""杜甫专题阅读课程"，在高三（16）、（17）班开展了《从课内到课外，如何读懂散文》，在2019届高一（6）班、（7）班开展了"中国现当代诗歌专题阅读课程"；黄芳老师在2020届高一（1）班、（3）班组织学生进行《论语》课前五分钟研习、"中国女性服装发展历程"研究、影视欣赏与阅读等开放性的专题研究研讨活动；

卢嘉诚老师在 2020 届高一（2）班开展了"走进鲁迅""姓氏源流与文化寻根"等研讨活动。

（3）探索出部分专题教学模式

其一，探索出长篇小说专题阅读教学模式。以情节、人物、场景、语言为抓手，开发出"《红楼梦》专题阅读课程""红楼故事我来讲""《红楼梦》经典场景赏析课""《四世同堂》专题阅读课程""《四世同堂》人物群像及语言探究""名家笔下的北平""小说主题探究课""手抄报制作分享课"等课型课例。其二，探索出学术著作专题阅读教学模式。以作者提出的概念和观点、文本结构和纲目、语言特点和论述逻辑为切入点，开发出"《乡土中国》专题阅读课程""《乡土中国》思维导图展""《简单的逻辑学》：常见逻辑谬误""《简单的逻辑学》：三段论""质疑观点辩论赛"等课型课例。其三，探索出传统文化经典专题阅读教学模式。以积累文言阅读经验、提高审美能力、弘扬传统文化为目标，开发出"杜甫专题阅读课程""《唐诗三百首》专题阅读课程""《史记》人物评析专题读书会""《弟子规》专题阅读活动课"等课型课例。编写出版了与整本书阅读教学紧密相连的《经典文化知识大讲堂》一书，以及中学语文经典教材阅读范本《经典文言短篇精炼》一书。

（4）在线教学创新及特色

疫情期间，语文科组线上授课也取得了一定的成绩。教研组张兴星老师开展了一系列以当下现实、热点新闻、中国抗疫等为主题的语文课程，荣获深圳市在线教育先进教师。教研组张兴星、陈雅琪、卢贤娇、钟琳等老师率先运用共享文档进行网络教学，开展在线实时作文探究课，钟琳老师率先使用石墨文档进行作文资料存储。

4.考试评价改革

语文科组在考试成绩考评之外，还推出了科举晋级制、学习过程积分制等评价方式，成绩评价、过程性评价、学习成果展示评价等，多维度评价学生学习语文情况。

（1）科举晋级制

科举晋级制主要是一种学习过程性评价，把学生的学习过程分为几个阶段：童生—秀才—举人—进士—探花—榜眼—状元。语文组张兴星、陈雅琪、曹晶晶老师开展"科举晋级制"，从作业、考勤、课堂发言、小组活动等各方面记录学生全面的学习情况，以晋级奖励的方式鼓励学生积极参与，有效参与到学习中来。学生按照阶段获得积分，并得到晋级勋章。一个阶段学习结束时，学生不仅获得了考试成绩的反馈，同时也能获得相应的一枚勋章，而晋级勋章则反映出学生具体的学习过程。

（2）学习成果可视化评价

主要是通过各种各样的展示活动（辩论赛、演讲、手抄报、课件制作、小组汇报、飞花令、摘抄笔记等），让同学们展示自己的学习成果，并将成果进行量化。比如阅读量统计量化，写作量统计量化，语文活动参与后成果积累量化等等。通过这样的量化方式，对学生的语文学习情况进行反馈评价。

5. 语文相关社团活动

科组坚持开展丰富多彩的语文综合实践活动，各类语文社团纷纷涌现，第二课堂精彩不断，校内外大型语文实践活动给一批批的学生提供了充分发展和展现自我的舞台。我校榕芽文学社、国学社、戏剧社、演讲社等以"创设书香校园，丰富文学内涵，打造文学底色"为宗旨，积极开展丰富多彩的校园文学活动。2019年我校榕芽文学社开展各类型活动，荣获"深圳市优秀学生社团"称号。2020年在第九届湾区杯"阳光少年"诗文朗诵大赛决赛中，由语文组指导的学生朗诵节目《少年·相信自己》荣获宝安区一等奖。

6. 师资队伍建设

语文科组老中青结合，老教师传经送宝保持活力，中年教师独当一面绽放活力，青年教师激情成长彰显活力。近三年来，教研组成员参加区级以上公开课、讲座情况如下：

2018年12月，在宝安区高中语文整本书阅读教学研讨活动中，陈雅琪老师上了一节题为"《四世同堂》研讨课"的公开课；2020年3-5月，黄立邦、陈雅琪、梁文先、刘婷婷、曹晶晶、张兴星等老师总计7节课被选录入市教科院腾讯课堂精品课课程内容，并由深圳市教科院颁发授课证书；2020年5月，张兴星老师执教区公开课《外卖被偷引发的时评课》；2020年5月，梁文先老师执教线上公开课《伶官传序》（区级）；2020年，我校语文科组四位教师录制的市级优质课在学习强国·深圳慕课栏目上线，四门课程分别是：杨险峰老师执教的《提炼"核心概念"来立意》、刘婷婷老师执教的《林教头风雪山神庙》、陈雅琪老师执教的《〈四世同堂〉整本书阅读与研讨》、钟琳老师执教的《但问西东——比较阅读〈理想国〉和〈论语〉》。

（二）工作计划

1. 工作目标

语文科组以新课程新教材实施为核心，深化育人方式，改革推进普通高中语文课程，引导学生在真实语言运用情境中，积累语言经验，提高运用语言文字的能力，培养学生对祖国语言文字的理解和热爱，培养中学生养成高尚的审美情趣，积累丰富的文化底蕴。进而，为传承和发展传统文化、增强民族凝聚力和创造力方面做出贡献，为培养全面发展的社会主义建设者而贡献语文人的力量。

2. 实施路径

第一阶段：组建团队，任务驱动。在三个备课组组建团队，同步推进新课程、新教材实践和研究，把新课程中要求的语文学科核心素养（语言建构与运用、思维发展与提升、审美鉴赏与创造、文化传承与理解）分解到不同的任务群，三个备课组实践研究不同的任务模块和专题研究。每个团队在一段时间内确定要讨论的任务目标，在这个目标下，进行教学设计、研讨、实践和总结。如高一年级本学期开展《新闻评论群文阅读专题》学习，高一备课组就由刘婷婷、钟琳、程霞辉老师搭建专题研究团队，完成群文阅读的教学实践任务。

第二阶段：聚焦课题，目标导向。依托科组诸多课题，以契合新课标的目标为导向，深入研究新课程、新教材。我校语文科组罗代国老师市级课题《中华优秀传统文化与底蕴作文实践研究》、陈雅琪老师主持的区级课题《基于专题的整本书阅读教学研究》、曹晶晶老师主持的《高中语文交际语境下的写作教学研究》均顺利结题。以上结题的课题进一步延伸，老师们继续深入实践新课程、新教材的教学研究活动。

第三阶段：专题推进，多维成果。在前期的实践教学中，我校语文科组已经探索出长篇小说专题阅读教学模式、学术著作专题阅读教学模式、传统文化经典专题阅读教学模式。这些探索出的课型课例、专著形式新颖，给学生充分的活动空间，极大地激发了学生的阅读兴趣，体现出新课程新教材新理念，并形成研究成果，为后续教学、研究提供了翔实有效的案例，也帮助老师多维呈现吻合新课程理念的教学成果。

第四阶段：三年循环，全面铺开。三个备课组一起实践，将新课程新教材的实施，在三个年级全面铺开。三年循环，也就意味着新课程教学设计、案例积累、多维成果能够不断迭代发展，推陈出新。而三年循环过程中，语文科组依托新课程、新教材而完成的教学案例和研究，将进一步发挥语文课程的育人功能，推进语文课程深层次改革，促进学生语文学习方式的转变，构建开放、多样、有序的语文课程。

3. 重点突破

突破一：教学内容的突破。新课程新教材，意味着教学内容直接变化。要实现教学内容的突破，首先要熟悉新课程新教材，通读熟悉教材，了解教材的变动，了解教材的单元群文设计、学习任务群。对新教材单元调整、教材内容安排、学习任务群的设计做到心中有数。其次，在熟悉新课程新教材的基础上，要静下心来，潜心钻研教材，还要"走出去"，向校内外名师名家拜师学艺，尽快理解新教材、新课程的教学安排和设计思路，真正做到理解新教材"新"的内涵和意义。

突破二：教学方式的突破。以往的单篇教学、老师"一讲到底"的教学方式，早已经不适合新课程新教材的理念。群文阅读、学习任务群学习以及整本书阅读，都意味着教师要转变教学方式。这也意味着老师们在教学方式上要有所突破，可以选择更多样的教学范式。教师可以开展"专题式教学"，根据单元主题、文章、作家甚至学生特别有感触的知识点，来对新教材进行二次开发，确立新的专题或主题，在具体的专题学习中提高学生的语文综合素养。教师可以开设更多学习情境，将辩论赛、演讲、话剧（戏剧）等形式带入课堂，让语文学科核心素养在多样性的教学范式中得到体现。

突破三：学习方式的突破。新教材、新课程的教学内容发生变化，教师教学方式发生变化，也意味着学生学习方式发生转变。突破点就体现在学习方式的灵活多样和选择上。比如学生可以利用网络、建立虚拟课堂，在网络环境中，开展语文学习，学生可以借助网络进行很多交互性的语文实践活动。我校张兴星、陈雅琪老师在整本书阅读《四世同堂》实践教学中，就运用网络搭建了学习讨论论坛，利用网络论坛跟帖、发言。再比如学生还可以走出课堂，在课堂外进行大量的语文学习，例如参加学校记者站、文学社、参观团、研究小组、撰写调查报告、创办校园报刊……而这些学习实践，跟以往的课堂学习方式是更加多元的。

突破四：评价机制的突破。教学内容发生变化，教学方式、学习方式都发生了改变（突破），评价方式也一定要发生改变和突破，突破以往以成绩论"英雄"的考评方式，多维度评价学生学习语文情况。语文科组不仅要优化考试成绩考评，还要搭建语文学习过程性评价、学习成果可视化评价。

突破五：搭建团队。科组要在这三年内，建设成由新课程新教材统摄下的具备先进理念、有高效教学方法和教学模式、有突出教学成绩的科组团队；建设一支业务过硬的师资队伍，形成骨干教师群，培养几个在本地乃至全国有影响力的名师；每个教师能独立开设一门具有较高学术水平的选修课，能够完成一次专题教学设计，或群文阅读设计，或整本书阅读教学设计。最终使得语文科组成为名副其实的深圳市普通高中新课程新教材实施语文学科示范基地。

4.学科示范方向

语文科组经过团队讨论、分工，将未来三年科组发展方向确立为六个方向。其中前三个是大方向，全科组、三个备课组协作建设；后三个为小方向，由相关老师负责建设。

方向一：新课程、新教材统摄下的情境化写作教学。核心成员：罗代国、饶声琼、刘婷婷、曹晶晶。在学习任务群写作任务指导下，关照人文主题，通过精心创设基于生活的真实情境，激发学生的写作欲望和动机，先解决"为什么写"的问题。在此基础上，让学生积累写作资源和素材，解决"写什么"的问题，最后，教师根据学生认知水平，提供策略性和程序性写作知识，引导学生实现由读到写、由审美到鉴赏到创造的转化。

方向二：中等学校基于深度学习的整本书阅读教学策略研究。核心成员：黄瑜丹、陈雅琪。结合以往的整本书阅读教学实践，继续深入研究，在整本书阅读教学策略研究中，围绕三个概念开展：中等学校、深度学习、专题教学。

方向三：基于任务群教学的中国革命传统作品阅读研究。核心成员：刘建雯。开展阅读研究的措施：设计可操作课程，打通课内外教学壁垒，打通学科间壁垒，采用开放式的多情境的阅读方式，可以设计专题研究性学习活动，可以跨学科开展革命传统教育活动，纵向横向作品关联研讨，红色作品阅读量调查，作品诵读会等来实现对中国革命传统的传承，立德树人，增强文化自信的育人功能。该课程重在创设多样学习，整合学习内容，运用多种学习方法，调动多种学习资源，旨在阅读研讨"红色经典"中的典范语言，深刻论辩，突出的时代精神，在进一步发展语言运用能力，思维能力和审美鉴赏能力的基础上，陶冶性情，坚定志向，树立正确的世界观和人生观。

方向四：思辨性阅读与表达教学研究。核心成员：钟琳。研究目标：在理论研究和实证研究的基础上，结合学情，将思辨能力的基本要素与思辨性阅读与表达教学有效融合。课题的研究目标在于探索高中思辨性阅读与表达的有效教学方法和策略，让思辨性阅读与表达的教学有章、有法、有序、有效。其一，课题成员在教学实践中，结合新课标和部编版新教材，继续丰富课题的思辨能力理论框架，逐步对课题的理论基础达成共识，提升理论素养，进而提升课题的理论与实践价值和意义。其二，针对部编版新教材"思辨性阅读与表达"任务群 3 个单元，结合课题的理论基础，展开有序的教学设计，构建有效的教学方法和策略。其三，在清晰认知"思辨性阅读与表达"任务群及其他任务群的学习目标与内容的基础上，渗透融合、衔接延伸，构建相应的专题性学习课程，结合作文教学和年级辩论赛，丰富课题的实践价值。此外，该课程还可以进一步将课题组成员的研究成果化点为线，让思辨性阅读与表达的教学有章、有法、有序、有效。

方向五：（中等学校）高中语文群文阅读教学策略。核心成员：刘婷婷。这一发展方向，从学生层面进行学生阅读现状的调查与分析，利用访谈等调查研究法，了解学生真实阅读过程中存在的困难，寻求高中生自主阅读的发展规律并为学生提供阅读方法的指导，提供培养阅读兴趣和上好阅读课的积极有效的途径。从教师层面，通过座谈、研讨总结教师在教学实践中的困惑，共同探讨通过群文阅读为学生提供结构化阅读的思维方法。教师通过学习，明确群文阅读课型的类型结构与实施策略，从语言、思维、审美、文化四个大的维度搭建不同侧重点的群文阅读课型体系，形成研究群文阅读工具策略与群文阅读课堂教学组织策略。

方向六：古诗词教学研究。核心成员：梁文先、梁雅晴。内容包括：在语文课程标准指导下的高中古诗文教学与考试评价实践研究和生命教育在高中语文古诗词教学中的渗透策略。

（三）预期成果

科组预期在这三年内，形成以下成果：

1. 课题的申报与研究

科组成员积极申报市、区级课题，以课题促进基地建设。依托新课程新教材，申请1个以上省级、市级课题、3个以上区级课题。结题是另一个开始，争取让已经结题的关于整本书阅读、群文阅读、传统文化等区级课题，进一步深入研究。

2. 校本课程开发与实践

科组计划开设一系列校本课程。依托新课程新教材，每个备课组都能够独立开发校本课程，科组教师争取做到每一位老师开设一门校本课程，或者完成一项专题教学设计，课程可以是群文阅读，可以是专题研读，也可以是整本书阅读教学实践。其中，新课程、新教材统摄下的情境化写作教学、中等学校基于深度学习的整本书阅读教学策略研究、基于任务群教学的中国革命传统作品阅读研究、思辨性阅读与表达教学研究等方向，不仅要做好课题研究，还要开发为校本课程，在学校内成为有生命力的课程。

3. 新教材教学资源库

依托学科示范基地，研究出可供参考的新课程教学案例，建立语文科组新课程、新教材阅读教学资源库，实实在在地为一线教师提供真正值得借鉴的操作性强的"教参"，便于今后高效地推动新课标新课程的教育教学活动。目前新高一备课组已经设计出必修上、必修下大单元教学设计。三年时间，科组可以形成我校语文新教材教学资源库。

4. 学生阅读体系

通过转变教学方式和学习方式，构建开放、多样、有序的阅读课程，促进学生语文学习方式的转变，多维度呈现学生学习语文的成果，帮助学生建立多样的、系统的阅读体系。

5. 学生多维度评价体系

语文科组预计将搭建三种以上考评体系和方法。依托新课程新教材，优化考试成绩考评，构建语文学习过程性评价，打造学习成果可视化评价。

（四）保障措施

1. 学校组织保障

学校非常重视科组学科建设工作，学校领导非常支持新课程新教材的实施和推进。蔡景贤校长等主要校领导主抓科研，还专门制定了《科研工作奖励条例》、科组建设奖励规定，为学校学科建设、学科科研工作的开展提供了制度保障，注入了活力。

2. 教师团队力量

全组现有在岗教师33人，全部达到本科学历。其中硕士14人；正高级职称1人，高级职称12人；国家级骨干教师1人，南粤优秀教师2人，市级优秀教师8人。老中青相结合，名师荟萃，这些教师均有丰富的教学经验，有较强的教育科研意识和一定的教育科研能力。单就年龄来说，大部分成员正是年富力强做新课程、新教材研究和实践教学的最佳阶段，有较强的教科研水平，为推动新课程新教材示范基地实施提供了有力保障。

3. 科组学习环境和态度

学科教师积极参与省市区新课程新教材实施示范校经验交流，积极参与全省市的新课程新教材培训活动，并且组建了我校语文教研组新课程核心团队，由核心成员推进新课程新教材示范基地的推进。

（五）区教育行政部门推荐意见

深圳市西乡中学语文科组是宝安区先进科组，该科组多次获评"优秀教研组""示范教研组"。近三年来，该科组学习新课标，推进新课程，在语文学科特色课程建设、教育教学改革、语文考试评价体系、语文相关社团活动、师资队伍建设方面，均有优异表现。科组有多项市级、区级课题顺利结题；多位老师实践新课程、新教材教学研究活动，并多次承担市、区级公开课、讲座等工作；该科组积极尝试新的评价方式；科组教师在近年来的市、区级各类比赛中成绩优异，屡获奖励。疫情期间，该科组也积极实践线上教学，积累大量教学案例，承担市、区级视频录制课、公开课等工作，受到区内学校的好评。同意推荐。

（说明：本文为 2020 年深圳市建设普通高中新课程新教材实施学科示范基地申报书，执笔人张兴星。限于篇幅，相关统计表已删略。）

第二节　活力语文名师工作室建设

　　我们秉持"滋兰树蕙，行者恒远"的理念，致力打造"师风可学，学风可师"的优秀教师团队。我们坚持以联合研讨、网络教研、课题研究、外出学习等活动为载体，积极开展创新型研究的学术活动，充分发挥辐射引领作用。我们坚持课题引领，围绕"活力语文"这一理念，扎实开展教学型、研究型和学习型教研，不断淬炼、提升工作室理念，全力打造、彰显科组特色，努力夯实、提高教学效果，造就一支师德高尚、业务精湛、结构合理、充满活力的高素质专业化的骨干教师队伍，特别是在名师工程和学科骨干教师、学科带头人的培养方面，绵绵用力，久久为功；在教学科研和校本课程开发方面坚持开展全方位、多元化、立体式的研究探索，鼓励参训教师以课程、课题、课堂为抓手，在高考研究、自主学习、教学评价、资源整合等方面形成独到的特色。

一、相互成就，共同发展，滋兰树蕙，行者恒远

　　根据《深圳市基础教育系统"名师工程"实施方案（2014 年修订）》（深教〔2014〕454 号）、《深圳市中小学名师工作室建设与管理实施方案》（深教〔2011〕287 号）、《关于做好第二批深圳市中小学名师工作室建设工作的通知》（深教〔2015〕294 号）和《关于第二批深圳市中小学名师工作室挂牌组建工作的通知》（深教〔2015〕566 号）等文件精神，经本人申请和上级评审，深圳市罗代国名师工作室于 2016 年 3 月 16 日正式挂牌成立。

（一）开展教育教学研究的成果及成效

　　1. 指导、研究教学问题，提高课堂教学效益

　　（1）打造"好课堂"。开展课堂教学研究，形成对"好课"的共识。通过集体备课和听课、评课、赛课等途径，打造"生命·生活·发展"活力语文课堂，创建"学生喜欢的学科，上学生喜欢的课"。①重视课前学习准备。一是明确学习目标，利于达标反馈。二是做好学习准备，进入学习状态。②提高课堂学习实效。一是发挥学案引领作用。二是鼓励小组合作竞争。三是优化课堂学习过程：自主观察阶段，通过创设情境，引导学生运用感性思维，初步感知文本，发现语言之美；自主探究合作阶段，重点品味，局部研究，领悟语言之美；自主发展评价阶段，学习表达（模仿创作），运用

语言之美。四是重视培养问题意识。五是评价促学，微课助学。③抓好课后研究反思。一是学习研究，重视练习巩固，课外拓展。二是学习反思，落实书面反思，错题档案。"四能"即能参与、能表达、能合作、能质疑。"四会"即会合作、会讨论、会探究、会实践。"五要求"即自主观察、自主探究、自主合作、自主发展、自主评价。

（2）经营"好课程"。积极参加深圳市和广东省"好课程"开发、遴选活动，要求成员、学员结合自身特长至少开出一门选修课程，认真编写课程计划与教案，鼓励教师编写校本教材。

（3）设计"好作业"。坚持分层作业，分层励进，精编、精选学科资料，加强教学资料、资源的开发与管理，减负增效，提高作业与训练的效益。落实教学常规的各个环节，注重习惯养成。

（4）实施"好课题"。积极开展课题研究，牢牢树立"教学即研究"的观念。加强课题研究，积极申报市、区及全国性重点课题及学科小课题。

（5）培养"好教师"。加强学习研究，提升教师素质。认真抓好师徒"结对子"工作。要求培养对象认真撰写个人发展规划，积极参加各项教学科研研讨活动。

（6）建设"好团队"。本工作室围绕"聚焦课堂，狠抓落实，以研促教，提升素养"的要求，特别重视教学和教研常规工作的落实，发挥名师工作室的带头、辐射作用。具体措施：聚焦课堂，落实教学常规；落实科研常规，积极撰写教学论文和经验总结；开展学科活动，营造学科氛围；请进来，走出去，拓宽视野。

2. 加强教育教学理论学习和研究

（1）认真学习先进理念，坚持"理念先行"。结合新课程和素质教育理念，组织成员学习相关理论文章，丰富完善本工作室"活力语文"教学理念的内涵，力求理念先行。

（2）落实教学型教研。教研以"课例"为载体，围绕如何上好一节课而展开，贯穿在备课、设计、上课、评课等教学环节之中，落实教学的有效性、实效性。

（3）重视研究型教研。教研以"课题"为载体，以课题研究小组为主，研究成果的呈现形式为课题研究报告、校本课程、研究性学习成果等。

（4）开展学习型教研。以"师徒结对"为载体，以读书和思考为主线，加强观摩、交流，通过学习提高教学水平和专业素质，进一步提高科组整体综合素质。

3. 成员、学员的结对帮带及成效

（1）制订规划，搭建平台。制订工作室三年规划，学年培养计划（包括培养目标、培养内容、培养形式、培养步骤、考核评价等）；负责指导培养对象制订自我发展计划；指导、协调工作室人员设立个人博客。主持人要认真制订工作室成员三年规划和学年计划，定期举行工作室成员例会，检查落实工作进度和要求，做好年度工作的总结并推广研究成果。

（2）聘请导师，学习交流。负责聘请导师，指导成员、学员的结对帮带，组织外出学习和交流，组织集体外出学习须按有关规定报批、审批与备案，要求学习结束一周内上报学习交流总结材料。工作室组成人员要积极参加各项教研活动，做到"四落实"（时间、地点、成员、内容），并进行动态跟踪和记录档案。结对安排：唐少玲（赵振宇、邱晓莉）；刘文军、李鑫(尹花苹、李慧芳、黄明珠、王颖)；刘日光、范又贤（刘秋霞、仲光月）；罗代国、刘建雯（卢嘉诚、万春晓、刘辉潭）。

（3）日常管理，经验推广。主持人制定本工作室日常管理制度，负责业绩考核评价；负责工作室的经费使用和管理；总结教育教学经验，传播推广先进教育理念和方法。每学期至少开展1次名师示范课活动，1次成员示范课活动和1次学员课堂达标活动。开辟、管理工作室博客和QQ群，实现优质教学资源共享。

（4）形式多样，讲求实效。本工作室设计理论学习、专题研修、实践探索、自主发展四个模块，以名师讲座与示范课、专题研讨、现场评课指导、发表论文、教学反思、课题研究、出版著作、观摩考察等形式对学员进行培养，并设立博客和QQ群、微信群进行互动交流。同时以教育教学研讨会、报告会、学术论坛、论文专著等形式向全区辐射、示范，展现相关工作过程、工作策略及工作成果。

（5）重视过程，考核评比。本工作室采取考查、考评相结合的方式，到学校听课、座谈、浏览网页、查阅档案资料现场考查，依据名师工作室开展活动情况、名师工作室学员的培养规划实施情况、名师工作室教育教学管理科研成果等进行全面的综合考评。任职期间，主持人、成员和学员实行年度考核，每年写出书面工作总结。任期届满时，由宝安区教育局专家指导小组进行终结性考核评估。

（6）工作室满意率调查及改进措施。2018年9月以来，工作室组织学员、成员开展满意度抽查。其中刘建雯、万春晓、刘秋霞、仲光月、卢嘉诚、唐少玲、李鑫、刘文军、范又贤的满意率均达到100%，罗荣满意率98%，刘辉潭满意率96%，李慧芳满意率97%，全体平均满意率99.25%。改进措施：切实加强课堂教学改革，努力提高教学的民主性和开放性；推进师生互动，使学生形成自主，探究，合作的学习习惯；提倡教学形式的多样化，积极推进教学方法和手段的现代化，有效组织教学及学生有效学习；认真学习新课程标准和新教材，贯彻落实新课程标准和新教材的教学要求。坚持启发式教学方法。

（二）名师工作室骨干（成员）培养情况

1. 工作室骨干（成员）队伍培养计划及其实施情况

（1）培养目标。本工作室以科学发展观为指导，以名师为品牌，以网络为载体，打造教育教学管理实践研究平台，联合一批有共同教育理想和追求的优秀语文教师，开展创新型研究的学术活动，努力把本工作室建设成特色鲜明、理念先进、成绩突出的骨干教师团队，培养几个在本地乃至全国有影响力的名师；提炼教学理念，教学、教研同步发展，发挥工作室的带头、辐射作用。一是带出一批骨干教师，引领本工作室全体组成人员积极参加教育教学科研活动，本培养周期内培养 1~2 名区级以上名师，2~3 名区级以上名师培养对象，培养 1 名正高级或特级教师。二是完成 1 项课题研究，工作室全体组成人员在本培养周期内应主持或参加至少 1 项区级以上课题研究，或开发 1 项语文学科校本课程，力争形成对我区中学语文教学有重大影响的研究成果。三是开展系列培训活动，每学年至少开展 2 次教学科研活动，如学术报告会、名师论坛、公开课教学、专题讲座、课题研究、送培活动等，知行合一，提升工作室师资团队学科专业素养和教育教学能力，带动我区中学语文学科的建设与发展。四是建设一批学科资源，开发一批优秀教学设计、导学案、课件、微课、试题(创新作业)等学科资源，完成 1~2 部学科专著，逐步建立专题研究网站，包括工作室博客、QQ 群、微信群等，开展专题论坛和在线交流，扩大资源的辐射面与受益面。

（2）实施情况。基础准备阶段（2015 年 12 月—2016 年 3 月），申报、遴选工作室成员，组建工作室；制定名师工作室工作方案；建立健全工作室规章制度；创建网页及 QQ 群。具体实施阶段（2016 年 4 月—2018 年 9 月），调查研究新课程教学中存在的共性问题，确定研究课题；撰写课题研究方案并开展课题研究；定期召开工作室成员的调度会，有计划地开展工作；定期开展网上培训、论坛、答疑等活动；举行几次交流研讨会（论坛、课堂教学、专题讲座等形式）。总结验收阶段（2018 年 10 月—2018 年 11 月），对工作室三年来的工作进行全面、系统地梳理，形成有价值的文献汇编，一定数量的精品课例等，组织召开工作室成果验收会，并邀请相关领导参加。

2. 工作室成员成长档案和各类业绩成果

（1）名师工作室是名师破茧成蝶的场所，是名师的充电器、加油站。在这里，名师提升自己的思想、提高自己的素养、提炼自己的特色，最终形成自己独有的教学风格，为他人树立榜样，对他人进行引领。2017年底，工作室主持人罗代国通过广东省正高级评审，反响强烈。

（2）名师工作室是教师成长的孵化器，是教师成长的摇篮。名师出高徒，在名师工作室里，名师对教师直接的、具体的指导，言传身教，能使教师受益更多、成长更快。工作室成立以来，工作室教师群体业务能力迅速提高，教学业绩突出，许多人成为学科骨干，刘日光、卢嘉诚还被提拔为中层干部。

（3）名师工作室是教学思想的集散场地、教学方法的交流场所、教学资源的快递中心。本工作室不仅拥有专属的办公室，还拥有自己的教研博客和QQ群，及时发表和共享教研论文与教学资源。

（4）名师工作室是教研与教学的结合体，是教学改革的试验田。工作室教师团队围绕文化作文、群文阅读和"活力"语文等专题深入研讨，集思广益，边教学，边探讨，边改革，成绩喜人，2018年7月参加在陕西师大举行的第二届全国课题年会，工作室荣获全国一等奖11项，二等奖9项。

主要业绩成果：①主持人罗代国2017年12月顺利通过中小学语文正高级职称评审。②2017年5月，工作室成员唐少玲被评为宝安区第三批名师工作室主持人，卢嘉诚被评为宝安区第三批名班主任工作室主持人，范又贤被评为宝安区名班主任，万春晓被评为宝安区中青年骨干教师。2015年12月，刘建雯、范又贤、卢嘉诚被评为西乡街道名教师。③工作室成员李鑫成功当选为2017年宝安区"年度教师"，并入选深圳市教育局组织开展的"2017年深圳市'年度教师'巡回报告活动"团队成员。④工作室成员刘日光调任宝安区教科院高中教研室主任，卢嘉诚提拔为学校中层干部。⑤主持人罗代国2016年至今已出版专著5部，出版的专著被国家图书馆收藏。⑥2018年3月至5月，主持人罗代国开发的深圳市"好课程"《品读随笔》和《文化作文》顺利通过优化验收。⑦2017年7月12日，工作室成员唐少玲被评为宝安区高层次教育类人才。⑧本工作室主持人及成员、学员卢嘉诚、范又贤、刘建雯等多次参加学校组织的帮扶支教和同课异构活动。⑨工作室成员李鑫获评2018年宝安区十佳教学能手，并荣获宝安区现场命题比赛一等奖。⑩2017年5月，工作室成员唐少玲、刘日光、刘文军顺利完成宝安区首批"未来教育家"培养项目。

（三）名师工作室开展课题研究情况

1.工作室课题的开题、过程开展和结题情况

（1）2016年8月，罗代国主持的中国高等教育学会教师教育分会"十三五"科研

课题《中华优秀传统文化与现代语文课堂教学实践研究》批准立项，并确定为课题实验学校，课题批准号2016128-2016-7，课题实施时间为2016年8月至2019年8月。课题立项以来，全体主研人员先后于2016年7月和2018年7月参加了全国总课题组举行的课题年会，本课题组积极选送课题阶段成果参加全国评比，仅第二届年会就荣获教育科研成果全国一等奖19项，由于成绩突出，罗代国老师被评为课题优秀主持人和优秀学术指导。

（2）2016年11月18日，罗代国主持的《中华优秀传统文化与写作教学实践研究》被批准为深圳市教育科学规划2016年度立项课题，课题批准号ybfz16037，课题实施时间为2016年12月至2019年12月。课题立项以来，全体主研人员积极开展课题研究，2017年10月28日，课题组在惠州南昆山举行市级课题《优秀传统文化与写作教学研究》研讨培训会，对课题工作进行了阶段总结。工作室坚持以课题为抓手，通过课例开发、专题研讨、名师讲堂等形式聚焦课堂，完成了一批有较高质量的研究报告、专业论文及专业著作，开出了具有较高质量的校级以上公开课，开发一批优秀教学案例和教学资料，工作室教师团队整体综合素质明显提高。针对课题研究的进程、状况及存在问题，课题组将再次开展问卷调查，并与上次调查进行比对，全面了解学生对本研究的意见、建议、心理感受、接受程度以及需要教师提供的帮助等方面的思想情况，找出存在的问题，提出优化意见，争取把课题研究成果推向深入。

（3）2016年10月，工作室学员黄瑜丹主持的《高中语文课外阅读课课程实施研究》被批准为宝安区教育科学规划2016年度立项课题，课题批准号2016-191，课题实施时间为2016年10月至2018年10月。课题实施以来，课题组认真研读课外阅读方面的优秀研究书籍、论文和优秀课例，定期举行研讨活动，探讨各类文本课外阅读的教学方法，并进一步明确本课题实施研究的目标、任务以及教学内容、手段、顺序；进一步厘清了教师在课外阅读课程中的教学方式和角色，厘清学生在课外阅读课程中的学习方式以及具体的阅读实施效果评价、集体阅读氛围和态度等。2018年5月31日，课题组成员张兴星老师执教了一堂别开生面的整本书阅读汇报课，高二（7）班、（9）班106名同学在行政楼三楼信息大厅展示《解忧杂货店》小论文研究成果，接着，吴泓老师在四楼会议室举行"如何做好整本书阅读的课程设计"的专题讲座，高度评价了张兴星老师的这节小论文汇报课，指出针对新课标、新教材、新试题的变化，高中语文教学应该多做这方面的尝试，很有必要进行课外阅读课程化的研究和探索，以全面提升学生的语文核心素养。

（4）2017年3月，工作室成员刘建雯主持的课题《高三语文特色复习研究》被批准为中国管理科学研究院教育科学研究所立项课题，课题编号JKS80669，经总课题组专家委员会评审，该课题已完成预定研究任务，于2018年9月批准结题。

（5）2017年3月，工作室成员刘文军主持的宝安区"十二五"规划课题"语文作业的改革研究"完成各项研究任务，被批准结题。

2. 课题研究活动研究成果推广情况

本工作室除在宝安区高中语文教师QQ群介绍推广课题、论文和专著等成果外，还利用市、区教研活动机会展示、介绍工作室课题研究成果。①罗代国主编《品读随笔》，国际标准书号ISBN978-7-5681-3018-9，CIP数据核字（2017）第095304号，该书2017年4月由东北师范大学出版社出版，并被国家图书馆收藏。②罗代国主编《言意统一的语文教学实践》，国际标准书号ISBN978-7-5171-2250-0，CIP数据核字（2017）第045552号，该书2017年4月由中国言实出版社出版。③罗代国著《言意统一的语文教学理念》，国际标准书号ISBN978-7-5171-2260-9，CIP数据核字（2017）第053358号，该书2017年5月由中国言实出版社出版。④罗代国著《文化作文教程》，国际标准书号ISBN978-7-2985-5，CIP数据核字（2017）第077098号，该书2017年5月由东北师范大学出版社出版，并被国家图书馆收藏。⑤罗代国、鲁力著《经典文化知识大讲堂》，国际标准书号ISBN978-7-5171-2800-7，CIP数据核字（2018）第126712号，该书2018年8月由中国言实出版社出版。⑥卢嘉诚、王蕾编著《分类培养、精准指导学生成长案例集》，ISBN978-7-206-15451-5，CIP数据核字（2018）第221674号，该书2018年9月由吉林人民出版社出版。

（四）名师工作室教育教学成果完成和推广情况

1. 工作室专题研究报告、论文论著

三年来，工作室出版论著6部，开发深圳市"好课程"2项，开发深圳市中小学继续教育课程1项，发表省级以上论文12篇，省级以上论文获奖16篇。①罗代国的《"圈画评议改"作文升格法》在《语文课内外》2018年11期发表，国际刊号ISSN1672-1896，国内刊号CN51-1649/G4。②罗代国的论文《"我爱我家"主题系列教育活动研究》，在《考试周刊》2017年第36期发表，国际刊号ISSN1673-8918，国内刊号CN22-1381/G4。③刘日光的论文《高中语文课程视域下的"整本书阅读"》在《语文建设》2018年第7期发表。④李鑫的《以典促读据典品词析典论事》在《语文月考》2016年第2期发表。⑤李鑫的论文《推进班级课外阅读的三种有效途径》在《中学语文教学参考》2016第5期发表。⑥李鑫的论文《四读法"教〈关雎〉兼谈古典诗歌的教法》在《师道》2016第5期发表。⑦李鑫主论文《基于研究性小论文写作的〈西游记〉名著阅读实践》在《中学语文》2018年第5期发表。⑧李鑫的论文《初三，我们一起读过的十本书》在《师道》2018年第4期发表。⑨刘辉潭的论文《我的作文我做主》在《知识文库》2016第8期发表。⑩刘辉潭的论文《新课改下高中语文"整本书"阅读教学有效性初探》在《科学导报》2018第8期发表。⑪刘建雯的论文《理念更新，趣味关联》在《新课程》2018年第6期发表。⑫卢嘉诚的论文《巧用智慧导学子，张弛有度做教育》在《教育学》2018年8期发表。⑬万春晓的论文《中华优秀传统文化在语文教学中的渗透和弘扬》在2018年7月获中国高等教育学会教师教育分会教研论文一等奖。⑭罗代国的论文《优秀传统文化在写作教学中的运用》在2018年7月获中国高等教育学会教师教育分会教研论文一等奖。

2. 开放性专题讲座、报告会、研讨会、公开课的完成情况和效果、影响力

本工作室除在宝安区高中语文教师QQ群介绍推广课题、论文和专著等成果外，还利用市、区教研活动等机会展示、介绍工作室成果，主要有：（1）2016年8月25日，在宝安区高中"暑期教育周"培训活动中，主持人罗代国老师面向区内外老师，作了题为"追求作文训练的实效性"的专题讲座，深受好评。（2）2016年10月9日，主持人罗代国老师面向区内外老师，作了题为"'品读随笔'写作指导"的专题讲座，并上示范课，深受好评。（3）2017年5月18日，主持人罗代国老师面向区内外老师，作了题为"事实还需巧辩"的专题讲座，并上示范课，深受与会老师好评。（4）2018年3月8日下午，"2018年宝安区语文示范科组教研展示活动"在我校高中部举行，全区语文科组长、备课组长、兼职教研员、我校及兄弟学校语文老师100多人参加了本次活动，罗代国老师作了题为《聚焦课堂，夯实常规，以研促教，提升素养》的发言，介绍并推广了罗代国名师工作室在深圳市"好课程"遴选、论著、课题研究等方面的主要成果。（5）2018年5月11日，作为特约专家，主持人罗代国老师担任惠东中学新课标实操研讨活动主讲专家，作了题为"基于语文核心素养的写作教学策略"的专题报告。（6）2018年7月，主持人罗代国老师开发的深圳市中小学继续教育课程《中学文化作文探究》顺利通过评审。（7）2018年10月20日，主持人罗代国老师应邀担任黄田小学市级课题立项论证会特约专家，作了题为"教师研究与教师专业成长"的专题报告。（8）2018年11月2日，在深圳市何泗忠、罗代国、姚建武名师工作室联合研讨活动中，主持人罗代国老师作了题为"始于卷面，成于阅读"的专题报告。

（五）名师工作室的自身建设情况

1. 工作室制度、网站（网页）建设情况

（1）制度建设情况。本工作室重视制度建设，根据《深圳市中小学名师工作室建设与管理实施方案》《关于做好第二批深圳市中小学名师工作室建设工作的通知》等相关文件的要求，目前已制定了《深圳市罗代国名师工作室三年规划》《深圳市罗代国名师工作室管理制度》《深圳市罗代国名师工作室推荐书目》等。工作室自成立以来，按照"学习探究 – 建章立制 – 落实反馈"的操作程序，抓好工作室制度建设。坚持以集中学习和网络培训等方式，加强工作室教师团队对以上管理制度的学习，在强化落实上下功夫，做到责任与义务运行到哪里，制度就约束到哪里。坚持进行经常性、阶段性的总结，根据实际情况继续健全和完善相关管理制度，努力形成长效机制。

（2）网站建设情况。为方便开展工作，本工作室常用网络平台如下：一是罗代国活力语文工作室 http：//www.ywk12.com/Home/Gzs1/show/id/385.html；二是罗代国教育教学博客 http：//blog.sina.com.cn/u/6152870591；三是"滋兰树蕙坊"QQ 群，群号 129913082；四是"文化作文"微信群；五是办公场地与资源配置。本名师工作室于 2016 年 3 月 16 日正式挂牌成立，工作室设在信息楼三楼靠阅览室一侧，配有专用办公台、电脑、打印机、电话及书柜、沙发等。工作室编辑整理了成员、学员阅读书目，同时定期购置专业书籍。工作室的 20 多个档案盒已贴好标签，各种资料分类归档。

2. 工作室活动记录和成员研修心得（部分）

（1）2016 年主要活动。3 月 16 日上午，西乡中学隆重举行深圳市"罗代国名师工作室"揭牌仪式。西乡中学朱中友副校长主持了仪式，宝安区教科培中心彭茂发、西乡中学校长程显友到场祝贺并发表了热情洋溢的讲话，西乡中学全体语文教师及全体行政、科级组长与会。4 月 28 日，由语文组和高一年级共同策划"榕树下诗意地栖居"中国现当代诗歌朗诵会，深圳市著名诗人郭金牛老师、宝安区语文教研员胡滨老师前来，西乡中学程显友校长、蔡景贤副校长、谢志辉副书记亲临现场，高一年级学生和部分家长 1000 余人与会。5 月 19 日下午，在语文组精心组织下，黄丽雯、吴文耘两位老师在初中部演播中心分别开展了历史小说、科幻小说读书会，让现场观课的老师和家长既新奇又震撼。5 月 6 日，为落实宝安区关于我校对口帮扶河源市龙川县隆师中学的文件精神，工作室卢嘉诚老师在隆师中学上了一堂"超越自我、挑战高三"的班会公开课，深受好评。9 月 27 日，深圳市名师罗代国、西乡街道名师范又贤、刘建雯、卢嘉诚等一行 20 人，在教科室郑建泉主任的带领下，远赴蓉城，参加了为期三天的"教师专业化发展"高端培训。8月25日，在2016年宝安区暑期高中各学科培训活动中，工作室主持人罗代国老师应邀担任宝安区"暑期教育周"高中语文培训专家。10月25日，宝安区首届高中青年教师教学基本功决赛暨宝安区高中语文"好课堂"教学展示活动在我校举行，工作室成员余思翼在罗代国老师的指导下获得本次比赛的一等奖，将代表宝安区参加深圳市决赛。10月9日下午，宝安区教研室在我校举行深圳市罗代国名师工作室作文研讨活动。会议从下午15：00开始，来自宝安区各校的高中语文科组长、罗代国名师工作室成员以及我校语文组全体教师在我校行政楼四楼会议室参加了本次研讨活动。10月9日下午，第十七届深圳"读书月"高中现场作文大赛宝安区选拔赛在我校举行，我校罗代国、谢志辉、杨光亮、黄芳、杨光亮荣获优秀指导教师奖。12月5日下午，在语文组的策划下，高二年级师生500余人齐聚学术报告厅，参加了"我与读书"读书月演讲活动。12月14日，按照语文组工作计划，我校高一年级成功举办了"不朽的丰碑——纪念红军长征胜利80周年诗文朗诵会"。12月14日下午，西乡中学、康桥书院和海湾中学的语文老师们在西乡中学演播中心进行了一次三校同课异构活动。

（2）2017年主要活动。3月22日下午，深圳市西乡中学"阅读点亮人生"读书分享会在千人报告厅举行。宝安区语文教研员刘日光老师、著名作家蓝予、高二语文备课组全体教师及高二年级全体学生都参与了这一次很有价值的阅读盛会。3月24日下午，罗代国名师工作室成员范又贤老师奔赴龙川县隆师中学开展名班主任论坛，作了《构建适合学生发展的班级文化》的专题发言。3月28日至4月1日，西乡中学教学处罗晖副主任率领我校教学一线骨干教师前往恩施一中、恩施高中和宜昌枝江一中考察学习，语文组罗代国、范又贤、刘辉潭等与会。4月6日，康桥书院唐荣老师与我校的石吉梅老师进行《雪》同课异构活动。4月12日，在宝安区2017年高考模拟试题命题比赛中，语文组黄芳、卢嘉诚荣获一等奖。4月19日下午，西乡中学市级规划课题《中华优秀传统文化与写作教学研究》和《"四四五生态课堂"的地理科学案导学实效性研究》在高中部四楼会议室举行开题、结题论证会。会议由我校教科处郑建泉主任主持，参加论证会的专家有市教科院的黄积才、龚湘玲、葛福安和区教科院的朱丽霞、刘日光等，课题组成员及语文组、地理组教师40余人参加了会议。5月18日下午，"2017年宝安区'百位教师晒好课教学节'"高中语文优质课展示在西乡中学高中部阶梯教室举行，我校万春晓老师执教了题为《事实还需巧辩》的作文指导公开课，深圳市名师罗代国、宝安区教研员刘日光及兄弟学校代表进行了现场评课。5月

19 日上午，深圳市西乡中学隆重举行宝安区名师工作室揭牌仪式。罗代国名师工作室等 5 个名师工作室同时揭牌，宝安区教育科学院彭茂发院长出席并发表重要讲话，揭牌仪式由教研室郑建泉主任主持，工作室组成人员、科组长等参加了会议。10 月 31 日，工作室邀请深圳市语文教研员葛福安老师为高三同学进行现场作文指导。作文讲座后，葛福安老师又与我校语文教师进行座谈，对 2018 年高考备考，特别是作文教学中遇到的问题进行了热情的解答。10 月 28 日，罗代国名师工作室在惠州南昆山举行市级课题"优秀传统文化与写作教学研究"暨深圳市"好课程"研讨培训会，旨在进一步提高教师的教学科研能力，激励教师开拓进取，争做科研型教师，争做名师。

（3）2018 年主要活动。1 月 4 日下午，罗代国名师工作室第二届"培优促新"教研活动在我校四楼会议室隆重举行，正高级教师何泗忠、罗代国及骨干教师代表卢嘉诚等先后发言，50 余人与会。1 月 18 日，在蔡景贤、朱中友副校长的带领下，语文组部分教师和全体行政、文化课科组长及相关学科教师一行 87 人赴广州香江中学、广外附属外语学校考察学习"生本教育"。3 月 8 日下午，"2018 年宝安区语文示范科组教研展示活动"在西乡中学高中部举行。正高级教师邱海林，深圳市语文教研员葛福安等莅临我校开展论坛和讲座，全区语文科组长、备课组长、兼职教研员、我校及兄弟学校语文老师 100 多人参加了本次活动。3 月 28 日下午，宝安区高中语文模拟命题比赛在西乡中学高中部举行，深圳市语文教研员葛福安、陈霞，福田中学语文科组长王小应应邀担任评委。罗代国名师工作室成员刘建雯、万春晓双双荣获一等奖。4 月 12 日下午，深圳市教育科学研究院在我校千人报告厅召开了深圳市高中语文新课程标准学习研讨活动，来自全市各区的 500 多名高中语文一线教师参加了本次培训。罗代国名师工作室承担了会务与接待等工作，深受好评。5 月 10 日至 12 日，罗代国名师工作室 16 余人前往惠州市惠东中学开展语文新课标实操研讨活动。5 月 31 日下午，语文组区级课"高中语文课外阅读课程化实施研究"邀请全国著名特级教师、深圳市教育科研专家吴泓老师指导课题研究工作。6 月 13 日晚，罗代国名师工作室邀请深圳市名师、高考作文研究专家鲁力老师为我校高二师生 1000 余人进行高考作文专题讲座，深受师生们好评。7 月 17 日至 21 日，罗代国名师工作室一行 12 人前往山西师范大学参加"十三五"国家级重点课题"中华优秀传统文化与现代语文课堂教学实践研究"第二届年会。我校课题组获教育科研成果全国一等奖 19 项，罗代国老师被评为课题优秀主持人和优秀学术指导。9 月 27 日下午，宝安区高中语文教师新课标培训活动在我校举行，全区高一、高二 150 余名语文教师参加了培训，中国教育学会中学语文教学专业委员会副理事长王鹏伟教授开展题为《整本书阅读项目学习》的专题讲座。10月25日下午，在龙华区龙华高级中学举行了深圳市西北片区（宝安区、龙华区、光明区）高中语文联合教研活动，三区语文教研员及100多名青年教师与会，西乡中学程霞辉老师在罗代国老师的指导下执教《诗经·邶风·静女》，深受好评。11月1日下午，"深圳市何泗忠、姚建武、罗代国名师工作室联合研讨活动"在我校高中部四楼会议室举行，三个工作室的教师代表和我校语文组全体教师40余人参加了本次活动，活动由语文科组长、深圳市名师、正高级教师罗代国老师主持。

3. 工作室建设中面临的困难与问题

一是工学矛盾突出。比如主持人不计入工作量，工作室活动不计入继续教育学时，集中学习研讨在时间、场地等方面多有不便，结对帮带常常不能安排在同一个年级或同一所学校，不方便进行面对面交流指导。二是工作室经费使用难度大。比如拨款不及时，报账程序较繁琐。三是对工作室，特别是主持人的进修培训与宣传未能加强统筹安排。多为工作室与高等院校和省级名工作室牵线搭桥。四是名师工作室主持人间联系不够密切，建议建立深圳市名师工作室主持人QQ群或微信群，方便相互联系。

（六）名师工作室的经费使用情况

根据《第二批深圳市中小学名师工作室经费使用管理指导意见》，本工作室规范工作室经费的管理和使用，加强财务管理，提高经费使用效益。每年下拨的工作室经费6万元，均已按年度经费预算和支出计划用于考察学习、添置书籍设备、专家讲课劳务费及印制研究文集等，目前划拨到学校账户的工作室经费已全部使用完毕。

滋兰树蕙，行者恒远。在今后的工作中，本工作室要坚持"相互成就，共同发展"的理念，知行合一、自强不息，主动提升和发展自己，努力成长为"师风可学，学风可师"的优秀团队，共同创建一流的名师工作室。

（说明：本文为2018年深圳市罗代国名师工作室终期考核汇报总结，执笔罗代国。限于篇幅，相关表格已删略。）

二、宝安区中小学名校（园）长、名师工作室终期考核自评报告

（一）工作室成员（学员）培养

1. 培养计划

《国家中长期教育改革和发展规划纲要（2010–2020年）》第十七章"加强教师队伍建设"第五十三条指出：通过研修培训、学术交流、项目资助等方式，培养教育教

学骨干、学术带头人和校长，造就一批教学名师和学科领军人才。本工作室坚持以服务宝安区语文教育改革为先导的方针，坚持刻苦钻研业务与发挥名优教师的示范、引领和辐射作用紧密结合的原则，以网络为主要载体积极开展教育教学研究活动，改变教师学习方式，促进教师专业化成长，努力提供一批具有特色的教学资源，使本工作室真正成为教师专业发展成长的平台。

（1）工作室背景分析。根据宝安区教育局《宝安区名校（园）长工作室和名师工作室建设与管理办法》和区教科院《关于组织全区优秀教师申报第三批名校（园）长、名师工作室成员和学员的通知》等文件精神，在学校的大力支持下，经本人申请和上级评审，宝安区罗代国名师工作室于 2017 年 5 月 19 日正式挂牌成立。

（2）总体及年度目标。本工作室以科学发展观为指导，以名师为品牌，以网络为载体，打造教育教学管理实践研究平台，联合一批有共同教育理想和追求的优秀语文教师，开展创新型研究的学术活动，提升中学语文教师队伍综合素质，全面提高中学语文教育教学质量，有效促进我区中学语文教育事业科学发展。具体奋斗目标如下：①带出一批骨干教师，引领本工作室全体组成人员积极参加教育教学科研活动，本培养周期内培养 1~2 名区级以上名师，2~3 名区级以上名师培养对象，培养 1 名正高级或特级教师。②完成 1 项课题研究，工作室全体组成人员在本培养周期内应主持或参加至少 1 项区级以上课题研究，或开发 1 项语文学科校本课程，力争形成对我区中学语文教学有重大影响的研究成果。③开展系列培训活动，每学年至少开展 2 次教学科研活动，如学术报告会、名师论坛、公开课教学、专题讲座、课题研究、送培活动等，知行合一，提升工作室师资团队学科专业素养和教育教学能力，带动我区中学语文学科的建设与发展。④建设一批学科资源，开发一批优秀教学设计、导学案、课件、微课、试题（创新作业）等学科资源，完成 1~2 部学科专著，逐步建立专题研究网站，包括工作室博客、QQ 群、微信群等，开展专题论坛和在线交流，扩大资源的辐射面与受益面。

（3）工作计划与安排。根据《宝安区教育系统名校（园）长、名师工作室建设指导意见》，本工作室工作周期三年，按以下三个阶段来进行：①基础准备阶段（2017 年 5 月—2017 年 9 月），申报、遴选工作室成员，组建工作室；制定名师工作室工作方案；建立健全工作室规章制度；创建网页及 QQ 群。②具体实施阶段（2017 年 9 月—2019 年 12 月），调查研究新课程教学中存在的共性问题，确定研究课题。撰写课题研究方案并开展课题研究。定期召开工作室成员的调度会，有计划地开展工作。定期开展网上培训、论坛、答疑等活动。每学期至少举行一两次交流研讨会（论坛、课堂教学、专题讲座等形式）或送教活动。③总结验收阶段（2019年12月—2020年6月），对工作室三年来的工作进行全面、系统地梳理，形成有价值的文献汇编，一定数量的精品课例等，组织召开工作室成果验收会，并邀请相关领导参加。

2. 工作机制与策略

真正的名师生于课堂，长于课堂，而又高于课堂，大于课堂。

（1）工作机构

主持人：罗代国，深圳市名师、广东省南粤优秀教师。成员：赖玉能、万春晓、刘婷婷共3人。学员：刘建雯、梁文先、黄瑜丹、刘秋霞、蒋为、伍光军、仲光月共7人。

（2）培养形式

本工作室设计理论学习、专题研修、实践探索、自主发展四个模块，以名师讲座与示范课、专题研讨、现场评课指导、发表论文、教学反思、课题研究、出版著作、观摩考察等形式对学员进行培养，并设立博客和QQ群、微信群进行互动交流。同时以教育教学研讨会、报告会、学术论坛、论文专著等形式向全区辐射、示范，展现相关工作过程、工作策略及工作成果。

（3）培养措施

本工作室要求成员根据实际情况与本工作室学员或本校青年教师签订为期三年的师徒协议，做出培养培训的具体计划，真正发挥名优教师的示范、引领和辐射作用。重要措施：

一是制订规划，搭建平台。制订工作室三年规划，学年培养计划（包括培养目标、培养内容、培养形式、培养步骤、考核评价等）；负责指导培养对象制订自我发展计划；指导、协调工作室人员设立个人博客。主持人要认真制订工作室成员三年规划和学年计划，定期举行工作室成员例会，检查落实工作进度和要求，做好年度工作的总结并推广研究成果。

二是聘请导师，学习交流。负责聘请导师，组织外出学习和交流，组织集体外出学习须按有关规定报批、审批与备案，要求学习结束一周内上报学习交流总结材料。工作室组成人员要积极参加各项教研活动，做到"四落实"（时间、地点、成员、内容），并进行动态跟踪和记录档案。

三是日常管理，经验推广。制定本工作室日常管理制度，负责业绩考核评价；负责工作室的经费使用和管理；总结教育教学经验，传播推广先进教育理念和方法。每学期至少开展1次名师示范课活动，1次成员示范课活动和1次学员课堂达标活动。开辟、管理工作室博客和QQ群，实现优质教学资源共享。

四是多形式考核评估。采取考查、考评相结合的方式，到学校听课、座谈、浏览网页、查阅档案资料现场考查，依据名师工作室开展活动情况、名师工作室学员的培养规划实施情况、名师工作室教育教学管理科研成果等进行全面的综合考评。任职期间，主持人、成员和学员实行年度考核，每年写出书面工作总结。任期届满时，由宝安区教育局专家指导小组进行终结性考核评估。

（4）重点项目与活动

本工作室重点开展文化作文、群文阅读和"活力"语文研究。要求工作室师资团队围绕工作室周期内研究方向积极开展各级各类培训和研讨活动。

①主持人

完成名师工作室三年规划、年度计划；完成学年个人专业研修计划、总结。组织每学期集中研讨2小时、网络研讨4小时；组织每年2次展示课、论坛、1个专题讲座、听学员课指导30课时、市级以上刊物发表1篇论文；负责在培养周期内完成1项区级以上科研课题、出版或参编1部著作；负责建立工作室网页、博客或QQ群；完善工作室对学员的考核评估工作，学员成长档案健全。

②成员

完成年度个人专业研修计划与总结。参加成员每学期集中研讨至少2小时、网络研讨至少4小时；参加每年2次展示课、论坛、1个专题讲座、听学员课指导30课时、市级论文发表获奖1篇以上；三年内主持或参加1项区级以上课题研究；每月在名师工作室网页、博客或QQ群中发帖、回帖10个以上，提供1~2个点击率高的网络研究专题。

③学员

学员，完成个人三年发展规划、学年个人专业研修计划、研修总结；三年内主持或参加1项区级以上课题研究，市级论文发表获奖1篇以上；每学年完成1次以上校内汇报课（或观摩交流），2份以上优秀教学设计或优质课例（或调查报告、研究报告）；每学年阅读1本教育教学专著，撰写2篇读书心得。

（5）预期成果与保障

名师工作室使名师成名成家，使参与教师成功成才，使莘莘学子成人成器，这样，名师工作室的作用才实至名归。

①通过名师引领，团队行动，带动一批，辐射一片。本培养周期内培养1~2名区级以上名师，2~3名区级以上名师培养对象，1名正高级或特级教师。

②坚持课题引领，研究推动，围绕教学中的热点、焦点、难点问题开展课题研究，本培养周期内至少完成1项区级以上课题研究或开发1项深圳市"好课程"，力争形成对我区中学语文教学有重大影响的研究成果。

③开展系列培训活动，本培养周期内至少开发1门教师继续教育主讲课程，积极参与全市"继续教育周"以及各级各类培训活动。

④建设一批学科资源，开发一批优秀教学设计、导学案、课件、微课、试题（创新作业）等学科资源，完成1~2部学科专著，逐步建立专题研究网站，包括工作室博客、QQ群、微信群等，开展专题论坛和在线交流，扩大资源的辐射面与受益面。

⑤带动我区高中语文学科建设与发展，主动承担各级示范课、观摩课等公开教学及教学研讨活动，积极参加本学科教育科研评比活动，力争形成一批高质量的论文、课例和专著。

2017年5月起，在学校的大力支持下，本工作室已完成场地建设、资源建设、组织机构建设和管理制度建设，同时还申请到每年10万元的名师工作室经费资助，为工作室开展各项活动提供了软件和硬件的保障。

（二）培训活动

1. 2017年培训活动

10月31日，深圳市语文教研员葛福安老师应邀来我校为高三同学进行现场作文指导。作文讲座后，葛福安老师又与我校语文教师进行座谈，对2018年高考备考，特别是作文教学中遇到的问题进行了热情的解答。

10月28日，罗代国名师工作室在惠州南昆山举行市级课题"优秀传统文化与写作教学研究"暨深圳市"好课程"研讨培训会，旨在进一步提高教师的教学科研能力，激励教师开拓进取，争做科研型教师，争做名师。

2. 2018年培训活动

1月4日下午，罗代国名师工作室第二届"培优促新"教研活动在我校四楼会议室隆重举行，参加会议的有广东省名师、特级教师、正高级教师何泗忠，学校党委副书记、工会主席谢志辉，语文组及罗代国名师工作室全体成员，还邀请了全校科组长、备课组长及35岁以下年轻教师参加，会议由教科处郑建泉主任主持。罗代国老师发言题为《滋兰树慧，行者恒远——教师应如何体现自己的人生价值》，教师代表卢嘉诚老师发言题为《我的追求与思考》，何泗忠老师发言题为《青年教师要主动成长》。学校领导寄语与会教师："语文老师要爱读书、善思辨、会表达，主动出击、敢于亮剑，主动成长，相信语文组在罗代国老师的带领下，一定会涌现出更多的优秀老师。"

1月18日，在蔡景贤、朱中友副校长的带领下，工作室部分教师和全体行政、文化课科组长及相关学科教师一行87人赴广州香江中学、广外附设外语学校考察学习"生本教育"。

3月8日下午，"2018年宝安区语文示范科组教研展示活动"在西乡中学高中部举行。"广东省特支计划"教学名师、正高级教师邱海林，深圳市语文教研员葛福安等莅临我校开展论坛和讲座，研讨"高考作文评分标准与提分策略"等焦点、热点问题，全区语文科组长、备课组长、兼职教研员、我校及兄弟学校语文老师100多人参加了本次活动，罗代国老师做了题为《聚焦课堂，夯实常规，以研促教，提升素养——西乡中学语文组科组建设举措》的精彩发言，介绍并推广了罗代国名师工作室的主要成果。

3月28日下午，宝安区高中语文模拟命题比赛在西乡中学高中部举行，深圳市语文教研员葛福安、陈霞，福田中学语文科组长王小应应邀担任评委。罗代国名师工作室成员刘建雯、万春晓双双荣获一等奖，蒋为荣获二等奖，陈雅琪获三等奖，刘建雯老师代表宝安区参加市级比赛。

4月12日下午，深圳市教育科学研究院在我校千人报告厅召开了高中语文新课程标准学习研讨活动，来自全市各区的500多名高中语文一线教师参加了本次培训。罗代国名师工作室承担了会务与接待等工作，深受好评。

5月10至12日，罗代国名师工作室前往惠州市惠东中学开展语文新课标实操研讨活动。本次活动旨在提升语文组教师对《普通高中语文课程标准》（2017年版）的认识，研讨新课标对语文教学的指导意义，探索高中语文教学有效实施新课标的策略，进而推进队伍建设，进一步提高科组教学、教研能力，发挥"宝安区示范教研组"的辐射引领作用。

5月31日下午，区级课"高中语文课外阅读课程化实施研究"邀请全国著名特级教师、深圳市教育科研专家吴泓老师指导课题研究工作，课题组及罗代国名师工作室部分教师与会者，纷纷表示获益匪浅。

6月13日晚，我校高二师生1000余人齐聚千人报告厅，聆听深圳市名师、高考作文研究专家鲁力老师的高考作文专题讲座。罗代国名师工作室重视聘请省、市知名专家为高三学生进行高考专题指导，仅 2018 年，就先后聘请了邱海林、葛福安、何泗忠等人来校讲座，深受师生们好评。

7 月 17 至 21 日，罗代国名师工作室一行 12 人前往山西师范大学参加"十三五"国家级重点课题"中华优秀传统文化与现代语文课堂教学实践研究"第二届年会。作为实验学校，在本次课题教研成果评比活动中，我校课题组教师共获全国一等奖 19 项；学生获"创新杯"全国作文竞赛一等奖 23 项，获奖人数和等次在参赛学校中名列前茅。由于成绩突出，罗代国老师被评为课题优秀主持人和优秀学术指导。

9 月 27 日下午，宝安区高中语文教师新课标培训活动在我校举行，全区高一、高二 150 余名语文教师及罗代国名师工作室部分教师参加了培训，中国教育学会中学语文教学专业委员会副理事长王鹏伟教授开展题为《整本书阅读项目学习》的专题讲座。

10 月 25 日下午，在龙华区龙华高级中学举行了深圳市西北片区(宝安区、龙华区、光明区)高中语文联合教研活动，三区语文教研员及 100 多名青年教师与会，西乡中学程霞辉老师在罗代国老师的指导下执教《诗经·邶风·静女》，深受好评。

11 月 1 日下午，"深圳市何泗忠、姚建武、罗代国名师工作室联合研讨活动"在我校高中部四楼会议室举行，三个工作室的教师代表和我校语文组全体教师 40 余人参加了本次活动，活动由语文科组长、深圳市名师、正高级教师罗代国主持。同日，宝安区高中语文诗歌阅读教学研讨活动在我校高中部二楼考务室举行，罗代国名师工作室部分教师与会。宝安区语文教研员刘日光主任、深圳市教科院特聘教授王鹏伟教授对两节区级公开课进行点评。

12 月 11 日，"深圳市马恩来、罗代国名师工作室联合研讨活动"在我校高中部四楼会议室举行，两个工作室成员、西乡中学语文组全体教师以及特邀嘉宾宝安区语文教研员刘日光等参加了此次研讨活动。马恩来老师先后为师生们做了题为《我的教学主张及对教师专业发展的建议》和《2019 年高考作文破解与应对》精彩讲座。

12 月 13 日，宝安区高中语文整本书阅读教学研讨活动在我校高中部举行，全区语文教师及罗代国名师工作室部分教师 50 余人与会。本次研讨活动旨在加强新课标研究，推进整本书阅读教学，我校陈雅琪、张兴星老师执教公开课并做专题发言，深受好评。

11 月至 12 月，根据宝安区教育局安排，我校罗代国老师担任宝安区教育系统第三批名师工作室年度检查评审评委，罗代国老师及时向工作室教师团队分享了兄弟工作室的先进经验。

3. 2019 年培训活动

3 月 5 日，罗代国工作室邀请深圳市语文教研员葛福安为我校高三学生作了题为"三招制胜——高考语文高效复习与提分策略"的精彩讲座，罗代国名师工作室部分教师与会。讲座结束后，葛老师和区教研员刘日光老师一道对高三语文备课组进行了备考指导。

3 月 13 日，西乡中学 2019 年市、区立项课题开题论证会在高中部四楼会议室举行，本次开题的 5 项区级课题中有 3 项来自语文组，包括饶声琼老师的《高中语文"阅读式写作"实践与探究》、陈雅琪老师的《基于专题教学的整本书阅读教学研究》、曹晶晶老师的《交际语境下的写作教学研究》。

4 月 11 日，罗代国名师工作室邀请华南师范大学教授、《语文月刊》副主编胡家俊先生为我校高三师生及罗代国名师工作室教师举行高考作文冲刺策略讲座。

4 月 11 日，深圳市宝安区 2019 高考命题比赛决赛在我校高中部如期举行，15 位选手参加角逐，全区部分语文老师观摩了现场决赛。本次比赛的评委除深圳市教研员葛福安、陈霞老师外，还有华南师范大学的胡家俊教授。罗代国名师工作室刘秋霞老师表现突出，并代表宝安区参加市赛。

6 月 20 日下午，罗代国名师工作室邀请深圳市资深名师、全国高考作文研究名师鲁力老师为高二学生举行高考作文讲座。同日，罗代国名师工作室邀请深圳大学人文学院金文野教授为我校榕芽文学社社员及高一年级学生举行"怎么读，怎么写——中学生如何有效提高阅读写作能力"的讲座，我校师生共 600 余人与会。

8 月 12 日，学校邀请深圳市名师、正高级教师罗代国老师为全校新入职教师做了一场题为《聚焦课堂，自强素质》的讲座。

9 月 11 日上午，宝安区罗代国名师工作室一行 5 人参加了宝安区教育局组织的工作室年度考核工作。同日，罗代国名师工作室邀请深圳市名师鲁力、姚建武老师来校指导课题工作，罗代国名师工作室和课题组教师 10 余人参加了这次活动。

9 月 16 日下午，西乡中学教学处、教科室邀请正高级教师、深圳市名师工作室主持人罗代国老师在初中部举行《聚集课堂，自强素质》的专题讲座，初中部科组长、备课组长和中层干部等 30 余人与会。

9 月 19 日下午，罗代国名师工作室邀请中国教育学会"'天地格'硬笔书法普及教育"课题主持人刘奈老师来校讲座，高中部语文组教师及工作室骨干共 30 余人与会。

同日，深圳市名师罗代国老师在我校千人报告厅执教了题为《同学，你为什么不修改》的示范课，全校教师及高一年级部分学生600余人与会。

10月17日，深圳市姚建武名师工作室举行市级课题"童话故事教学"专题研究，深圳市名师、正高级教师罗代国老师应邀指导本次活动，黄田小学、流塘小学教师及广西都安、大化挂职交流教师30余人与会。

10月18日至20日，受东莞市松山湖中学及东城第一中学邀请，罗代国工作室成员及语文组部分骨干教师一行10余人前往东莞市东城第一中学开展"三新（新课程、新教材、新高考）"学习、交流活动。

10月28日下午，罗代国名师工作室与蔡景贤名专家工作室一行10余人，参加了在初中部举行的"迎校庆50周年优秀传统文化艺术节·课题成果展演活动"。

11月14日下午，受深圳实验学校邀请，罗代国老师担任深圳实验学校2019年省市教育科学规划立项课题开题报告会评议专家。深圳实验学校光明部、坂田部教师100余人与会。

11月15日上午，罗代国名师工作室邀请深圳市高中语文教研员葛福安老师来校指导课题工作，语文组市区课题组成员参加了座谈会。

11月25日，罗代国名师工作室邀请深圳市教研员葛福安老师在西乡中学千人报告厅给高三学子做了关于"高考作文写作价值观"的讲座，罗代国名师工作室教师、语文备课组教师及高三学生1000余人与会。

11月26日上午，罗代国老师应邀参加深圳市第二高级中学"三实（真实、扎实、朴实）"教育学术研讨会。参加本次研讨会的有省内外知名专家、教授、名师10余人，二高及市直学校骨干教师100余人与会。

11月26日下午，罗代国老师主持的市级课题《中华优秀传统文化与底蕴作文研究》与我校其他6项市区课题一同举行课题结题鉴定会，各课题组成员及罗代国名师工作室教师60余人与会。

12月10日晚，我校2019级高一学生103人在二楼考务室参加了罗代国老师主持的市级课题《中华优秀传统文化与底蕴作文研究》现场书写竞赛活动。

（三）教育教学研究

1. 学习研究

围绕"聚焦课堂，狠抓落实，注重养成，提高质量"的要求，加强教育教学理论的学习。

（1）认真学习先进理念，坚持"理念先行"

结合新课程和素质教育理念，丰富完善本工作室"因材施教，言意统一"教学理念的内涵，为此我们组织学习语文名师和流派等理论文章，深入学习并积极践行新课程和素质教育理论，开展"课堂教学的有效性""自主学习指导"等学习研讨活动，探索"生命·生活·发展"型活力课堂，形成"以学定教、先学后教、相机点拨、分层励进"的教学策略，充分调动教与学两个方面的积极性，提高学生自主学习的能力。

具体措施：①认真学习"新课程""新教材""新课标"，坚持"理念先行"。②认真抓好师徒"结对子"工作，力争在"培优促新"方面取得更丰硕的成果。③课题引领，在实践中学习，在总结中提升，积极撰写教学论文和经验总结。④大力开展"有效教学"的学习研究，形成对"好课""好教师"的共识。⑤大力开展网络学习、交流，线上线下互动研讨。⑥学习课程开发理论与方法，加强教学资料、资源的开发与管理，及时上传、更新工作室网络资料。⑦学习观看名师优质精品课例视频，观摩、学习市内外名师示范课。

（2）开展课堂教学研究，形成对"好课"的共识

①扎实开展教育科研活动，认真探讨学科教育规律，以示范课、精品课和规范课为抓手，通过集备、二备、评课、改课（磨课）、赛课以及综合素质大赛等活动，深入学习研讨"生命·生活·发展"活力语文课堂，边学边用，边学边改，打造"优质高效课堂"，在实践中领悟，在领悟中提高。

②推进"五好"工程（好课堂、好课程、好作业、好教师、好课题），努力提高工作室教师团队的思想素质和业务技能。

③通过全员、全程参与教改课题，以研促教，提升队伍的教研、科研能力。

④通过开展"三新"实操研讨活动，夯实常规管理，强化队伍建设，提高工作室整体综合实力。

⑤开展市、区名师工作室联合研讨活动，如与邱海林、马恩来、何泗忠、姚建武等工作室举行了系列研讨活动。

⑥组织学习交流活动，先后组织工作室前往临汾、惠州、东莞等省内外名校学习交流。

2. 课题研究

（1）2016 年 8 月，罗代国主持的中国高等教育学会教师教育分会"十三五"科研课题"中华优秀传统文化与现代语文课堂教学实践研究"基地校研究项目"优秀传

统文化与写作教学研究"批准立项，并确定为课题实验学校，课题批准号 2016128-2016-7，课题实施时间为 2016 年 8 月至 2019 年 8 月。课题立项以来，全体主研人员先后于 2016 年 7 月和 2018 年 7 月参加了全国总课题组举行的课题年会，本课题组积极选送课题阶段成果参加全国评比，仅第二届年会就荣获教育科研成果全国一等奖 19 项，由于成绩突出，罗代国老师被评为课题优秀主持人和优秀学术指导。

（2）2016 年 11 月 18 日，罗代国主持的《中华优秀传统文化与写作教学实践研究》被批准为深圳市教育科学规划 2016 年度立项课题，课题批准号 ybfz16037，课题实施时间为 2016 年 12 月至 2019 年 12 月。课题立项以来，全体主研人员积极开展课题研究，2017 年 10 月 28 日，课题组在惠州南昆山举行市级课题《优秀传统文化与写作教学研究》研讨培训会，对课题工作进行了阶段总结。工作室坚持以课题为抓手，通过课例开发、专题研讨、名师讲堂等形式聚焦课堂，完成了一批有较高质量的研究报告、专业论文及专业著作，开展了具有较高质量的校级以上公开课，开发了一批优秀教学案例和教学资料，工作室教师团队整体综合素质明显提高。针对课题研究的进程、状况及存在问题，课题组将再次开展问卷调查，并与上次调查进行比对，全面了解学生对本研究的意见、建议、心理感受、接受程度以及需要教师提供的帮助等方面的思想情况，找出存在的问题，提出优化意见，争取把课题研究成果推向深入。

（3）2016 年 10 月，工作室学员黄瑜丹主持的《高中语文课外阅读课课程实施研究》被批准为宝安区教育科学规划 2016 年度立项课题，课题批准号 2016-191，课题实施时间为 2016 年 10 月至 2018 年 10 月。课题实施以来，课题组认真研读课外阅读方面的优秀研究书籍、论文和优秀课例，定期举行研讨活动，探讨各类文本课外阅读的教学方法，并进一步明确本课题实施研究的目标、任务以及教学内容、手段、顺序；进一步厘清了教师在课外阅读课程中的教学方式和角色，厘清学生在课外阅读课程中的学习方式以及具体的阅读实施效果评价、集体阅读氛围和态度等。2018 年 5 月 31 日下午第 6 节，课题组成员张兴星老师执教了一堂别开生面的整本书阅读汇报课，高二（7）班、（9）班 106 名同学在行政楼三楼信息大厅展示《解忧杂货店》小论文研究成果，接着吴泓老师在四楼会议室举行"如何做好整本书阅读的课程设计"的专题讲座，高度评价了张兴星老师的这节小论文汇报课，指出针对新课标、新教材、新试题的变化，高中语文教学应该多做这方面的尝试，很有必要进行课外阅读课程化的研究和探索，以全面提升学生的语文核心素养。

（4）2017 年 3 月，工作室成员刘建雯主持的课题《高三语文特色复习研究》被批准为中国管理科学研究院教育科学研究所立项课题，课题编号 JKS80669，经总课题组专家委员会评审，该课题已完成预定研究任务，于 2018 年 9 月批准结题。

3. 活动开展

（1）2017 年活动开展

5 月 19 日上午，深圳市西乡中学隆重举行宝安区名师工作室揭牌仪式。罗代国名师工作室等 5 个名师工作室同时揭牌，宝安区教育科学院彭茂发院长出席并发表重要讲话，揭牌仪式由教研室郑建泉主任主持，工作室组成人员、科组长等参加了会议。10 月 28 日，罗代国名师工作室在惠州南昆山举行市级课题"优秀传统文化与写作教学研究"暨深圳市"好课程"研讨培训会，旨在进一步提高教师的教学科研能力，激励教师开拓进取，争做科研型教师，争做名师。

（2）2018 年活动开展

1 月 4 日下午，罗代国名师工作室第二届"培优促新"教研活动在我校四楼会议室隆重举行，参加会议的有广东省名师、特级教师、正高级教师何泗忠，学校党委副书记、工会主席谢志辉，语文组及罗代国名师工作室全体成员，还邀请了全校科组长、备课组长及 35 岁以下年轻教师参加，会议由教科处郑建泉主任主持。罗代国老师发言题为《滋兰树蕙，行者恒远——教师应如何体现自己的人生价值》，教师代表卢嘉诚老师发言题为《我的追求与思考》，何泗忠老师发言题为《青年教师要主动成长》。学校领导寄语与会教师："语文老师要爱读书、善思辨、会表达，主动出击、敢于亮剑，主动成长，相信语文组在罗代国老师的带领下，一定会涌现出更多的优秀老师。"

1 月 18 日，在蔡景贤、朱中友副校长的带领下，罗代国名师工作室部分教师和全体行政、文化课科组长及相关学科教师一行 87 人赴广州香江中学、广外附属外语学校考察学习"生本教育"。

3 月 8 日下午，"2018 年宝安区语文示范科组教研展示活动"在西乡中学高中部举行。"广东省特支计划"教学名师、正高级教师邱海林，深圳市语文教研员葛福安等莅临我校开展论坛和讲座，研讨"高考作文评分标准与提分策略"等焦点、热点问题，全区语文科组长、备课组长、兼职教研员、各校语文教师及罗代国名师工作室部分教师 100 多人参加了本次活动，罗代国老师作了题为《聚焦课堂，夯实常规，以研促教，提升素养——西乡中学语文组科组建设举措》的精彩发言，介绍并推广了罗代国名师工作室的主要成果。

5 月 10 日至 12 日，罗代国名师工作室前往惠州市惠东中学开展语文新课标实操研讨活动。本次活动旨在提升语文组教师对《普通高中语文课程标准》（2017年版）的认识，研讨新课标对语文教学的指导意义，探索高中语文教学有效实施新课标的策略，进而推进队伍建设，进一步提高科组教学、教研能力，发挥"宝安区示范教研组"的辐射引领作用。

7月17日至21日，罗代国名师工作室一行12人前往山西师范大学参加"十三五"国家级重点课题"中华优秀传统文化与现代语文课堂教学实践研究"第二届年会。作为实验学校，在本次课题教研成果评比活动中，我校课题组教师共获全国一等奖19项；学生获"创新杯"全国作文竞赛一等奖23项，获奖人数和等次在参赛学校中名列前茅。由于成绩突出，罗代国老师被评为课题优秀主持人和优秀学术指导。

工作室满意率调查的过程、结果及改进措施等。9月以来，工作室组织学员、成员开展满意度调查。其中赖玉能、万春晓、刘建雯、刘秋霞、仲光月、蒋为、伍光军满意率均达到100%，梁文先满意率99.8%，黄瑜丹满意率93%，全体平均满意率98.97%。改进措施：工作室应切实加强课堂教学改革，努力提高教学的民主性和开放性。推进师生互动，使学生形成自主学习，合作探究的学习习惯；提倡教学形式的多样化，积极推进教学方法和手段的现代化，有效组织教学，提高教学效率。工作室成员认真学习新课程标准和新教材，贯彻落实新课程标准和新教材的教学要求。

9月27日，宝安区高中语文教师新课标培训活动在我校举行，全区高一、高二及罗代国名师工作室部分教师及150余名语文教师参加了培训，中国教育学会中学语文教学专业委员会副理事长王鹏伟教授开展题为《整本书阅读项目学习》的专题讲座。

11月1日下午，"深圳市何泗忠、姚建武、罗代国名师工作室联合研讨活动"在我校高中部四楼会议室举行，三个工作室的教师代表和我校语文组全体教师40余人参加了本次活动，活动由语文科组长、深圳市名师、正高级教师罗代国主持。

12月11日，"深圳市马恩来、罗代国名师工作室联合研讨活动"在我校高中部四楼会议室举行，两个工作室成员、西乡中学语文组全体教师以及特邀嘉宾宝安区语文教研员刘日光等参加了此次研讨活动。马恩来老师先后为师生们做了题为《我的教学主张及对教师专业发展的建议》和《2019年高考作文破解与应对》精彩讲座。

（3）2019年活动开展

9月11日下午，罗代国名师工作室邀请深圳市名师鲁力、姚建武老师来校指导课题工作，罗代国名师工作室和课题组教师10余人参加了这次活动。

9月19日下午，罗代国名师工作室邀请中国教育学会"'天地格'硬笔书法普及教育"课题主持人刘奈老师来校讲座，高中部语文组教师及工作室骨干共 30 余人与会。

9 月 19 日下午第 8 节，深圳市名师罗代国老师在千人报告厅执教了题为《同学，你为什么不修改》的示范课，全校教师、罗代国名师工作室部分教师及高一年级部分学生 600 余人与会。

10 月 18 日至 20 日，受东莞市松山湖中学及东城第一中学邀请，罗代国工作室成员及语文组部分骨干教师一行 10 余人前往东莞市东城第一中学开展"三新（新课程、新教材、新高考）"学习、交流活动。

10 月 28 日下午，罗代国名师工作室与蔡景贤名专家工作室一行 10 余人，参加了在初中部举行的"迎校庆 50 周年优秀传统文化艺术节·课题成果展演活动"。

11 月 26 日下午，罗代国老师主持的市级课题《中华优秀传统文化与底蕴作文研究》与我校其他 6 项市区课题一同举行课题结题鉴定会，各课题组成员及罗代国名师工作室教师 60 余人与会。

（四）效果与业绩

名师工作室是名师破茧成蝶的场所，是名师的充电器、加油站。在这里，名师提升自己的思想、提高自己的素养、提炼自己的特色，最终形成自己独有的教学风格，为他人树立榜样，对他人进行引领。2017 年底，工作室主持人罗代国通过广东省正高级评审，反响强烈。名师工作室是教师成长的孵化器，是教师成长的摇篮。名师出高徒，在名师工作室里，名师对教师直接的、具体的指导，言传身教，能使教师受益更多、成长更快。工作室成立以来，工作室教师群体业务能力迅速提高，教学业绩突出，许多人成为学科骨干，其中伍光军被提拔为校级领导。名师工作室是教学思想的集散场地、教学方法的交流场所、教学资源的快递中心。本工作室不仅拥有专属的办公室，还拥有自己的教研博客和 QQ 群，及时发表和共享教研论文与教学资源。名师工作室是教研与教学的结合体，是教学改革的试验田。工作室教师团队围绕文化作文、群文阅读和"活力"语文等专题深入研讨，集思广益，边教学，边探讨，边改革，成绩喜人，2018 年 7 月参加在陕西师大举行的第二届全国课题年会，就荣获全国一等奖 5 项，二等奖 7 项。

主要业绩成果：①主持人罗代国 2017 年 12 月顺利通过中小学语文正高级职称评审。②2017 年 5 月，工作室成员万春晓被评为宝安区中青年骨干教师，2018 年 10 月，万春晓、黄瑜丹被评为西乡中学名师工作室主持人。③主持人罗代国 2016 年至今已出版专著 6 部，出版的专著被国家图书馆收藏。④2018 年 3 月至 5 月，主持人罗代国老师开发的深圳市"好课程"《品读随笔》和《文化作文》顺利通过优化验收。⑤本工作室主持人及成员、学员刘建雯等多次参加学校组织的帮扶支教和同课异构活动。⑥主持人罗代国 2018 年 9 月 10 日通过市继教办课程评审并任主讲教师。

要真正形成影响，形成自己的独特风格和研究系统，就要付出一般人所不知、所不理解的艰辛。我们认为，要成为真正的名师、专家，一要有崇高的职业理想，为理想奋斗终生；二要善于学习、读书，善于吸纳；三要善于思考、研究、归纳，把握教学规律，不断提升理论水平；四要耐得住寂寞，精心研究学问与课堂教学；五是能熬，能坚持；六要有课堂驾驭能力；七要有大境界、大视野、大思维，在语文教学研究和实践方面做出应有的成就。通过学习和研究，努力培养一批业务水平高、科研能力强的优秀教师，使工作室真正成为"研究的平台、成长的阶梯、辐射的中心、师生的益友"。

（五）工作室成果与推广

1. 论文论著发表、获奖情况

（1）2017 年 5 月，罗代国著《言意统一的语文教学理念》，国际标准书号 ISBN978-7-5171-2260-9，CIP 数据核字（2017）第 053358 号，中国言实出版社出版。

（2）2017 年 5 月，罗代国著《文化作文教程》，国际标准书号 ISBN978-7-2985-5，CIP 数据核字（2017）第 077098 号，东北师范大学出版社出版，该书被国家图书馆收藏。

（3）2018 年 8 月，罗代国、鲁力著《经典文化知识大讲堂》，国际标准书号 ISBN978-7-5171-2800-7，CIP 数据核字（2018）第 126712 号，中国言实出版社出版。

（4）2018 年 12 月，罗代国编著《高考议论文满分导航》，国际标准书号 ISBN978-7-5171-2964-6，CIP 数据核字（2018）第 252614 号，中国言实出版社出版，该书被国家图书馆收藏。

（5）2020 年 5 月，罗代国、鲁力著《备战高考原生态实用写作教程》，国际标准书号 ISBN978-7-5692-6372-5，CIP 数据核字（2020）第 438569 号，吉林大学出版社出版。

（6）罗代国的论文《"我爱我家"主题系列教育活动研究》在《考试周刊》2017 年第 36 期发表，国际刊号 ISSN1673-8918，国内刊号 CN22-1381/G4。

（7）罗代国的论文《有心插柳柳成荫——"圈画评议改"作文升格法》在《语文课内外》2018 年 11 期发表，国际刊号 ISSN1672-1896，国内刊号 CN51-1649/G4。

（8）罗代国的论文《优秀传统文化在写作教学中的运用》在 2018 年 7 月获中国高

等教育学会教师教育分会教研论文一等奖。

（9）万春晓的论文《中华优秀传统文化在语文教学中的渗透和弘扬》在2018年7月获中国高等教育学会教师教育分会教研论文一等奖。

（10）刘婷婷的论文《趣谈古诗文中的称谓》在2018年7月获中国高等教育学会教师教育分会教研论文一等奖。

（11）刘建雯的论文《理念更新，趣味关联》在《新课程》2018年第6期发表。

（12）蒋为的论文《家训·传承》在2017年宝安区语文学科转化优秀传统文化教育优秀论文（案例）征集评选活动中荣获一等奖。

2. 成果介绍与推广情况

本工作室除在宝安区高中语文教师QQ群介绍推广课题、论文和专著等成果外，还利用市、区教研活动机会展示、介绍工作室成果。2018年3月8日下午，"2018年宝安区语文示范科组教研展示活动"在我校高中部举行，全区语文科组长、备课组长、兼职教研员、我校及兄弟学校语文老师100多人参加了本次活动，罗代国老师作了题为《聚焦课堂，夯实常规，以研促教，提升素养》的发言，介绍并推广了罗代国名师工作室在深圳市"好课程"遴选、论著、课题研究等方面的主要成果。

在2018年5月举行的宝安区"六好"工程成果征集和评比活动中，我校语文组获得"好科组"评比二等奖，梁文先、黄瑜丹获得"好课题"评比二等奖，罗代国、黄瑜丹、万春晓分别获得"好课程"评比二等奖和三等奖。

在2020年春季网络教学期间，工作室教师团队积极参加网络教学实践探索，提出"三拼（拼备课、拼课件、拼作业）"的要求，加强线上线下、课堂课下互动，梁文先老师推出区级网络公开课《伶官传序》，罗代国老师推出高一议论文系列讲座，刘辉潭、刘婷婷、刘建雯推出年级公开课，深受师生好评。

3. 发挥示范引领作用的情况

本工作室于2017年5月19日正式挂牌成立，在罗代国名师工作室的大力帮助下，我校语文科组脱颖而出，被评为宝安区中小学示范教研组。在我区高中语文教研活动和教育科研竞赛中，工作室教师团队积极参与，罗代国老师还多次承担高考命题大赛、教师基本功大赛评委并作指导性发言。罗代国老师开发的深圳市"好课程"《品读随笔》和《文化作文》已顺利通过优化验收，国家级课题"中华优秀传统文化与现代语文课堂教学实践研究"在全国年会上接连获奖，出版的专著被国家图书馆收藏，工作室教师团队成长迅速，如罗代国老师2017年通过正高级评审，伍光军老师被提拔为校级领导，刘婷婷担任高三备课组长，赖玉能老师担任年级组长。

（六）工作室建设情况

1. 办公场地与硬件资源配置

（1）工作室场地建设：2017年5月19日正式挂牌成立，工作室设在信息楼三楼靠阅览室一侧。

（2）硬件设备配置情况：有专用办公台、电脑、打印机、电话及书柜、沙发等。

（3）专业书籍及其他资源配置：本工作室成立以来已出版专著6部，还有1部即将出版。工作室编辑整理了阅读书目，同时还购置了100多册专业书籍。罗代国教育教学博客和工作室"滋兰树蕙坊"QQ群已经开通，便于成员、学员在线学习、交流。工作室的20多个档案盒已贴好标签，各种资料分类归档。为加强对名师工作室的规范管理，《罗代国名师工作室管理制度汇编》已装订成册。

2. 经费使用

根据《宝安区教育系统名校（园）长、名师工作室建设指导意见》和《第二批深圳市中小学名师工作室经费使用管理指导意见》，规范工作室经费的管理和使用，加强财务管理，提高经费使用效益。2018年及2019年，本工作室每年申请工作室经费10万元，已按年度经费预算和支出计划用于考察学习、添置书籍设备、专家讲课劳务费及印制研究文集等，目前经费支出计划已完成。

3. 管理制度

本工作室重视制度建设，根据《宝安区教育系统名校（园）长、名师工作室建设指导意见》等相关文件的要求，目前已制定了《宝安区罗代国名师工作室管理制度》《宝安区罗代国名师工作室管理制度》《宝安区罗代国名师工作室成员、学员申请表》等。工作室成立以来，按照"学习探究－建章立制－落实反馈"的操作程序，抓好工作室制度建设。主持人坚持以集中学习和网络培训等方式，加强工作室教师团队对以上各管理制度的学习，在强化落实上下功夫，做到责任与义务运行到哪里，制度就约束到哪里。工作室坚持进行经常性、阶段性的总结，根据实际情况继续健全和完善相关管理制度，努力形成长效机制。

（七）评价意见

1. 工作室工作自评意见

本工作室坚持以《宝安区教育系统名校（园）长、名师工作室建设指导意见》为指导，围绕"质量提升"这一核心，强化基于实践的研究方向，深入学习并积极践行新课程和素质教育理论，扎实开展教育科研活动，进一步研究完善"生命·生活·发展"型活力语文教学模式，努力提高工作室教师团队的思想素质和业务技能。制订发展规划，完善制度建设，推进"六好"工程（好教师、好课堂、好课题、好课程、好资源、好活动）建设，践行新课程理念，提升教学质量。通过全员全程参与教改课题，工作室以研促教，打造"三强"（教育教学能力强，教育科研能力强，运用现代化教学手段能力强）"四能"（驾驭教材的能力，指导学生学习的能力，应用现代技术的能力和研究性学习能力）型骨干教师团队，促进专业成长。落实常规管理，强化队伍建设，提高工作室整体综合实力。

2. 所在单位管理部门意见

罗代国名师工作室根据上级文件要求，强化基于实践的研究方向，制订发展规划，完善制度建设，积极开展课题研究和专业培训、研讨活动，重视成果推广，扎实促进工作室成员、学员专业成长，提高工作室教师团队的整体综合实力。该工作室自成立以来按照"学习探究 – 建章立制 – 落实反馈"的操作程序，抓好工作室管理制度建设，坚持进行经常性、阶段性的总结，着眼"质量提升"，努力发挥工作室辐射引领作用，工作室成员、学员所任教的学生对其工作的平均满意率达 99.09%。同意该工作室年度考核优秀。

（说明：本文为 2019 年宝安区中小学名校园长、名师工作室终期考核自评报告，执笔人罗代国。限于篇幅，相关统计表已删略。）

第二章

活力语文阅读教学

　　随着教育改革的不断深入，语文阅读教学也面临着新的挑战和要求。在传统的语文阅读教学中，教师往往注重对文本的解读和知识的传授，而忽视了学生的主体性和个性化需求。这种教学方式往往导致学生缺乏阅读兴趣和自主阅读能力，难以真正有效提高学生的语文素养。

　　为了解决这一问题，我们需要引入新的阅读教学理念和方法，让高中语文阅读教学更具活力和效果。

　　近年来，活力语文阅读教学一直是我们语文教学实践的重要组成部分。通过阅读教学的相关课题研究，如整本书阅读教学研究、群文阅读理解研究等，我们不断学习、践行新的教学方法和策略，强调阅读的多元化、个性化，鼓励学生主动阅读、深入思考，培养他们的批判性思维，引导他们通过阅读发现自我、理解世界，从而提升他们的语文素养和综合素质。

　　总的来说，我校活力语文阅读教学实践研究正在逐步推进，我们将继续深入探索和实践，让阅读教学更具活力，更有效果。我们期待在未来的教学中，能让学生真正爱上阅读，享受阅读带来的快乐！

第一节　活力语文阅读教学课题研究

　　阅读是高中语文教学中非常重要的一个环节。近年来，我们积极开展阅读教学课题研究，旨在通过科学的方法和手段，提高学生的阅读能力和语文素养。其中，我们着重研究了文言文阅读、现代文阅读、整本书阅读和读写结合等四个方面。

　　一是文言文阅读。文言文阅读是高中语文学习中的一个难点，很多学生对于如何阅读文言文感到困惑。我们通过实践，研究如何帮助学生更好地阅读文言文。我们注重引导学生理解文言文的内容和写法，帮助学生掌握正确的文言文阅读技巧，例如张文娟老师的区级课题《部编版高中语文教科书（必修）文言文注释运用研究》、饶声琼老师的区级课题《核心素养导向的高中文言文读写课堂实践与教学评价研究》等，都在培养学生的古文素养和传统文化底蕴方面进行了积极的研究和探索。

　　二是现代文阅读。现代文阅读是高中语文阅读的重要组成部分。我们的研究团队关注了现代文阅读的特点和难点，探讨了如何通过课堂教学和课外阅读相结合的方式提高学生的阅读能力。我们注重引导学生深入理解文章的主旨和作者的意图。同时，我们还注重培养学生的阅读思维和阅读批判能力，帮助学生形成独立思考和判断的能力。如黄瑜丹老师的区级课题《高中语文课外阅读课课程实施研究》、刘建雯老师的区级课题《基于任务群教学的中国革命传统作品教学路径研究》、刘婷婷老师的区级课题《高中语文群文阅读教学策略》等，都在现代文阅读教学方面做了有效的研究和探索。

　　三是整本书阅读。随着新一轮课改的深入推进，整本书阅读被列入新课标成为独立的学习任务群。我们的研究团队关注了整本书阅读的教学价值和教学方法，探讨了如何通过课堂教学和课外阅读相结合的方式引导学生进行整本书阅读。我们注重选取适合学生阅读的经典著作进行推荐和导读，引导学生深入理解作品的思想和艺术价值。同时，我们还注重培养学生的阅读兴趣和阅读习惯，帮助学生形成良好的阅读品质。如陈雅琪老师的区课题《基于专题的整本书阅读教学研究》、钟琳老师的区课题《基于对思辨能力的理论认知而展开的思辨性阅读与表达教学研究》等，在学生阅读能力的提升、阅读策略的构建和学生精神成长等维度上进行了深入的研究和探索。

　　四是读写结合。在积极研究阅读教学的同时，我们也注重阅读与写作的结合。我们认为阅读和写作是相辅相成的，因此我们鼓励学生通过写作来表达自己的阅读感受和理解。在这方面，罗代国老师的国家级课题《高中语文读写互动研究》、饶声琼老师的区级课题《高中语文"阅读式写作"探究与实践》都做了积极的研究和探索。

经过多年的努力，我们的阅读教学课题研究取得了显著成果。学生的阅读兴趣得到了显著提高，阅读能力和语文素养也得到了明显提升。我们将继续努力探索新的教育理念和方法，继续深入开展阅读教学课题研究，为提高学生的阅读能力和培养良好的阅读习惯贡献自己的力量。

一、基于专题的整本书阅读教学研究

1. 研究的背景与价值

新课改推进十余年来，整本书阅读一直是语文教学重点关注的问题。2001 年《语文课程标准（实验稿）》曾经提出"读整本的书"的建议，但并未明确将整本书阅读纳入课堂教学，只是在附录的"关于课外读物的建议"中列举了一些名著。2011 年版的课程标准第四学段也提到"课外阅读总量不少于 260 万字，每学年阅读两三部名著"，但仍未把整本书阅读作为一种正式的课堂学习活动。近年来，针对阅读教学所进行的改革得到一线教师乃至整个教育界的普遍认同与关注，早已大刀阔斧地展开。高中语文阅读课程不再只局限于课内的范畴，语文阅读内容由短篇拓展到长篇，由节选拓展到整本书。大家越来越重视整本书阅读，各高级中学纷纷开设专门的整本书阅读课。2017 年版的《普通高中语文课程标准》明确把"整本书阅读与研讨"列为 18 个学习任务群之一，要求引导学生通过阅读整本书，构建阅读整本书的经验，形成适合自己的读书方法，提升阅读鉴赏能力。然而，实际上，整本书阅读课程建设和教学实践状况并不尽如人意，存在课程理论匮乏、只追求成绩而不重视阅读、阅读指导策略随意无序、资源不足、氛围不浓等现象，整本书阅读教学还处于一个初级阶段。如何设置整本书阅读课程，发挥它应有的作用？如何处理整本书阅读课程实施中面临的一系列难题？这些都是当前整本书阅读课程建设和教学实践中迫切需要解决的。

与专题教学结合起来的整本书阅读教学，有助于解决这些问题。在专题教学指引下阅读整本书，可以明确整本书阅读教学的目标、过程、策略、评价，使整本书阅读教学有明确的方向和方法。但是，目前将整本书阅读与专题教学相结合的研究成果还只是零星的、局部的，系列化的研究成果尚未形成。对于更广大的教师来说，关于书目的选择，课程内容的确定，组织实施的策略等方面还不甚明了，而这些正是研究的重点。

本课题正是基于对这些问题的分析与思考，将专题教学与整本书阅读进行整合，将高中语文教材和整本书进行整合，将课堂资源和课外资源进行整合，试图通过试验探索出符合新课标要求的专题阅读教学模式，使整本书阅读不再是独立于课程的课外阅读，而是立足于课程意义上的建构；使整本书阅读成为课内教学内容，让一线教师在教学中有章可循、有法可依，有系统地进行教学；使学生在系统的专题教学指引下阅读，建构阅读整本书的经验，切身领悟到阅读之乐，进而提高自身的核心素养。本课题研究对高中语文课程资源开发具有一定的意义和价值。同时，本课题的研究把握住了高中语文教研动态，符合新课标的实质，课题组成员作为一线教师可以大胆实践，对践行新课标理念、探索教与学方式的转变、提高课程开发与设计的能力、实现自身与课程同步发展等方面具有积极的意义和价值。

2.研究的内容

（1）高中语文整本书阅读教学的实施现状。调查与整理高中语文整本书阅读教学的实施现状，为建构基于专题的整本书阅读课课型和范例做准备。

（2）基于专题的整本书阅读教学内容的选择。整合高中语文阅读教学资源，对整本书阅读教学内容进行合理规划，整合成专题进行教学，让整本书阅读教学的教与学做到有法、有序、有效。

（3）基于专题的整本书阅读课型课例及具体指导方法探讨。制作和积累专题教学相关的整本书阅读教学设计，并有意识地形成高一、高二不同的专题阅读教学活动，使得高中语文专题阅读教学呈现梯度化、系统化特点。在量化基础上分析学生阅读整体情况，对学生的专题阅读学习进行评价和反馈。

此外，在课题研究过程中，研究如何帮助学生拓展阅读视野，构建阅读整本书的经验，提升阅读鉴赏能力；如何帮助学生掌握泛读、速读、精读和做批注等阅读方法，进而从自由阅读发展为专题研读。

3.研究的过程

（1）第一阶段 准备阶段（2018年8月—2018年10月）

①由陈雅琪老师组织课题组成员围绕"基于专题的整本书阅读教学实践"进行讨论，最终确定课题内容，制定本课题实施方案，申请课题立项。

②由本课题组成员之一、语文科组长张兴星老师组织课题组成员进行相关的先进的教育教学理论的学习和培训，组织外出考察和交流，结合实际确定进行实践研究的年级、班级和实验教师等。

具体分工为：陈雅琪老师负责组织课题成员进行课题研究，协调各项工作。罗代国老师、刘建雯老师负责对课题成员进行理论与实践的指导工作。陈雅琪老师、张兴星老师、蒋为老师、曹晶晶老师负责课程的设计和实验研究。以这四位老师所带的班级为整本书阅读实验班，对不同的实验班实施有针对性的阅读模式。万春晓老师、饶声琼老师主要负责收集研究材料及撰写论文。课题组所有成员都独立或合作写教学设计、做案例分析；最终建立整本书阅读教学资源库，包括纸质资源库和电子资源库。

　　（2）第二阶段　实施阶段（2018 年 11 月—2019 年 12 月）

　　根据本课题的实施方案，课题组成员同时进行课标研究、教材研究、学情研究，并结合各自特长开展多维度的整本书阅读课课程化实践，并在课堂教学中进行对比运用，以获得并总结各种教学模式使用过程中的得与失，利与弊，为进一步修订、完善及成果呈现做准备。

　　①陈雅琪、饶声琼老师所带的班级（主要在高一和高二阶段），主要实验长篇小说专题阅读的教学模式，增加阅读技巧的训练；刘建雯老师、曹晶晶老师所带的班级（主要在高二阶段），主要实验学术著作专题阅读的教学模式，进一步优化理论著作的阅读模式；罗代国老师、张兴星老师所带的班级（主要在高一和高二阶段），主要实验文化经典专题阅读的教学模式，培养学生阅读兴趣；蒋为老师、万春晓老师所带的班级（主要在高三阶段），结合高考需要，主要实验读写结合的教学模式，促进学生阅读写作能力的提高和语文素养的提升。

　　②由陈雅琪老师、张兴星老师、蒋为老师负责收集、整理、分析实验后的数据材料。

　　③课题组成员依据各自的实验模式，每人至少开展三到五节的公开课进行研讨。如：陈雅琪老师在 2021 届高一（12）班开展了"《四世同堂》的人物群像及语言探究"的区级公开课，在 2021 届高二（2）班、（7）班分别开展了"《乡土中国》思维导图课""杜甫专题阅读课"等课程。张兴星老师在 2021 届高一（11）班、（17）班开展了《解忧杂货店》阅读实践活动，在 2021 届高二（3）班、（15）班分别开展了《唐诗三百首》专题研读等活动，并在全区做了"《四世同堂》整本书阅读教学设计"的专题报告。蒋为老师在 2022 届高一（10）班、高一（18）班开展了好书推荐活动、《中国现当代诗歌赏析》专题阅读汇报课的专题研讨活动；刘建雯老师在 2021 届高一（2）班、（15）班组织学生进行《四世同堂》读中导课、《中国现当代诗歌赏析》朗诵指导课；罗代国老师在 2022 届高一（2）班、高一（8）班开展了《红楼梦》的整书本阅读研讨活动；

万春晓老师、饶声琼老师在 2020 届高三的四个班进行以读促写的作文写作研讨活动；曹晶晶老师在 2021 届高二（1）班、（12）班开展了《简单的逻辑学》整本书阅读研讨活动。课题组成员及时收集所实验的课型课例，总结经验，反思不足，不断改进，进一步加强课例案例实效性的研究，完善与课题相关的教学资源编制及开发。

④邀请专家进行教学指导。在研究过程中，课题组多次受到区教科院教研一室主任刘日光老师的指导。深圳市语文特级教师、深圳市教育科研专家工作室主持人、2011 年全国"推动读书十大人物"吴泓老师也给予专业指导，做了《如何做整本书阅读的课程设计》的讲座，并亲自上了示范课"《诗经》专题阅读"，课题组全体成员进行了观摩和学习。2018 年 11 月，深圳市名师工作室主持人、深圳市第二高级中学语文特级教师何泗忠老师给课题组全体成员做了《语文悬念教学法在整本书阅读中的应用》的专题讲座。2019 年 12 月，课题组邀请到了全国优秀教师、广东省"特支计划"教学名师余妙霞老师来我校开展"《乡土中国》整本书阅读研讨"讲座。课题组全体成员在各位语文教学专家的专业指导下，对整本书阅读教学有了更深的认识和理解，在实践中多有获益，取得了不错的成果。

⑤定期举行整本书阅读教学实验研讨活动，探讨小说专题的整本书阅读教学方法、论著专题的整本书阅读教学方法等，并进一步明确本课题实施研究的目标、任务以及教学内容、手段、顺序；进一步厘清了教师在整本书阅读课程中的教学方式和角色，厘清了学生在整本书阅读课程中的学习方式，厘清了具体的阅读实施效果评价、集体阅读氛围营造等。课题组借助科组会、备课组会召开时机，邀请同行们参与研讨，为本课题的研究建言献策，在相互交流学习中汲取新的思想和做法；定期举办学生优秀作品集展，分享学生学习成果；经常与其他学校语文教师交流整本书阅读教学课程开发方式和方法，不断归纳、总结出高效的高中语文课外阅读课教学模式。

（3）第三阶段 总结阶段（2020 年 1 月—2020 年 10 月）

①陈雅琪、饶声琼、张兴星：主要总结长篇小说专题阅读教学模式的实施情况，编写相关的设计案例等；

②刘建雯、曹晶晶、万春晓：主要总结科学论著专题阅读教学模式的实施情况，并负责相关的案例研制工作等；

③罗代国、张兴星、蒋为：主要总结文化经典专题阅读教学模式的实施情况，并负责编写相关的设计案例等；

④课题组所有研究成员上交实验阶段的教学学案设计、课件设计、相关论文等资

料，以便形成高中语文课外阅读课教学模式的设计技术规范和有形载体；

⑤陈雅琪老师、张兴星老师、蒋为老师负责整理相关资料，完善结题报告；

⑥全体课题组成员对研究成果进行整合、规范排版，现已形成整本书阅读教学资源库。

4. 研究的主要成效结论

（1）明确了高中语文整本书阅读教学的实施现状

早在新课标出台之前，语文教育界很多先行者都为整本书阅读做了努力，吴欣歆、王栋生、曹勇军、吴泓等专家和上师大附中的语文组老师在指导学生阅读的实践上都给我们积累了很宝贵的经验。2017 年版普通高中语文课程标准颁布后，整本书阅读教学的发展风起云涌，"整本书阅读"成为了中学语文教学的热词。阅读教学的改革得到一线教师乃至整个教育界的普遍认同与关注，叫好声一片。一些学校开展得有声有色，比如深圳中学、新安中学等，推广整本书阅读的形式多样，自成体系，但是对于大部分普通高中学校来说，具体的落实情况依然是不容乐观的，把整本书阅读整合成专题形式进行教学的更是少之又少。

近年来，各地的中考、高考试卷中，"名著阅读"的考查力度越来越大，测试内容和测试形式均指向区分出"为素质提升而读"和"为应付考试而读"的学生。在课程标准和考试变革的双重影响下，大多数教师认识到整本书阅读对学生学业水平提升的促进作用，但具体到教学实施，依旧困难重重。根据调查，就整本书阅读课程的开设而言，有些学校有设置专门的阅读课，周一节或隔周一节；有些学校没有设置阅读课，由语文教师自主安排，随性为之。不管何种，都或多或少地让位于单篇教学或应试教学，整本书阅读课只能是"见缝插针式"地开展，或是充当着"调味品"的作用。就整本书阅读的教学内容而言，五花八门，应该读哪些书？怎样确定这些书的教学价值？最终书目的选择大致是按照各区、各校教学的安排，或是根据教师、学生的个人喜好而定。就教学的实施形式而言，整本书阅读教学作为一个新课程，教师缺乏典型教学样例作为指导，困惑于如何组织教学才能实现学生阅读能力的进阶发展。因此，目前以自由阅读为主，放养型居多。就教学评价而言，教师一般会布置读书笔记，偶尔会有阅读分享会、成果展示会等活动，评价方式未形成体系。就学生的阅读表现而言，由于高中学业压力较大，不少学生急功近利，缺乏阅读耐心，利用阅读课完成其他学业；或者缺乏阅读兴趣，或者不够重视阅读，将阅读课当成休息课、补眠课。主客观因素交织一起，使得整本书阅读课程的实施并未像预设中那般理想，阅读课的效果也是因人而异。这些都是当前高中语文整本书阅读教学建设中迫切需要解决的。

（2）合理规划了高中语文整本书阅读教学内容

在课题研究与实践中，我们对整本书阅读教学内容进行了合理规划，整合成各类专题进行教学。具体操作如下：

结合新课标、新教材的要求，以及当前所教学段内容、要求，选择符合学生的阅读兴趣、年龄段、学习能力、心理水平和认知水平的书目。比如，高一第一学期，考虑到学生刚接触高中生活，能力尚浅，因此教学内容推荐为《四世同堂》《乡土中国》《中国现当代诗歌赏析》《边城》等书；高一第二学期，教学内容推荐为《红楼梦》《解忧杂货店》《史记》《平凡的世界》等书；高二年级，学生具备了一定的阅读理解能力、审美能力和思维能力，可以指导学生阅读《杜甫传》《苏东坡传》《小词大雅》《唐诗三百首》《简单的逻辑学》《堂吉诃德》等书；到高三年级，结合高考指导学生阅读《语文常谈》《谈美书简》等论著。

在组织教学时，适当地将教材内容、整本书以及其他教学资源整合成专题进行教学。比如，把课内的《念奴娇 赤壁怀古》《赤壁赋》和林语堂的《苏东坡传》整合在一起，开设"苏轼专题阅读"课程。又比如，课内学到《鸿门宴》一课，可以结合《史记》一起读，开设"《史记》专题阅读"课程。课内篇章与整本书阅读进行联动，不仅有助于学生理解单篇课文，同时也加深了学生对名著体例的了解，更全面理解人物形象，丰富积累，更好地建构阅读方法、培养专题研究的能力。

（3）探索出了丰富多样的专题阅读教学模式和指导方法

在课题研究与实践过程中，我们不断反思、总结、提升，以期总结、提炼出行之有效的实践模式，为语文同仁甚至于其他学科提供可借鉴的参考经验。

①探索出长篇小说专题阅读教学模式。以情节、人物、场景、语言为抓手，开发出"《红楼梦》专题阅读课程""红楼故事我来讲""《红楼梦》经典场景赏析课""《四世同堂》专题阅读课程""《四世同堂》人物群像及语言探究""名家笔下的北平""小说主题探究课""手抄报制作分享课"等课型课例。

②探索出学术著作专题阅读教学模式。以作者提出的概念和观点、文本结构和纲目、语言特点和论述逻辑为切入点，开发出"《乡土中国》专题阅读课程""《乡土中国》思维导图展""《简单的逻辑学》：常见逻辑谬误""《简单的逻辑学》：三段论""质疑观点辩论赛"等课型课例。

③探索出传统文化经典专题阅读教学模式。以积累文言阅读经验、提高审美能力、弘扬传统文化为目标，开发出"杜甫专题阅读课程""《唐诗三百首》专题阅读课程""《史记》人物评析专题读书会""《弟子规》专题阅读活动课"等课型课例。

这些探索出的课型课例形式新颖，给学生充分的活动空间，极大地激发了学生的阅读兴趣，使得传统的中规中矩、形式单一的阅读课基本模式被打破，有效地实现了寓读于乐、读写结合，促进了学生自主阅读能力的提高，带动了整本书阅读教学的优化。

（4）提升了学生的阅读鉴赏能力，发展了学生的核心素养

在课题研究与实践中，我们重视学生的主体地位，摆正老师的引导角色，将读与写、讲充分结合，打造丰富多彩的创造性阅读活动，激发学生从不同的角度、层面表达自己的观点和见解。经过两年多的实践和培养，学生的阅读兴趣有了明显的提升，阅读能力和写作能力有了很大进步，同时学生的思维能力和归纳能力也增强了，甚至于学生的组织能力、演说能力等综合素养也获得了提升，可以说是硕果累累。学生作品纷纷在《大榕树》校报、《榕芽》文学社社刊等报纸杂志上刊登。不少学生在深圳市读书月活动、宝安区征文比赛、阅读之星比赛、话剧比赛、朗诵比赛、辩论赛等比赛中脱颖而出，屡屡获奖。例如，饶声琼、张兴星、陈雅琪老师指导的学生在第五季"中国诗词大会"宝安区高中选拔赛中分别获得一、二、三等奖。这些能力的提高、成果的取得是潜移默化的，影响是深远的，在一定程度上实现了学生学习利益的最大化，使学生自身的潜能和学科核心素质得到不断的开发、发展和完善。

（5）编写出版了与整本书阅读教学紧密相连的专著《经典文化知识大讲堂》《经典文言短篇精炼》

在学校领导的大力支持和指导下，在课题组成员之一罗代国老师的组织下，集全体课题组成员之智慧，已成功编写了《经典文化知识大讲堂》一书，由中国言实出版社出版发行。该书与基于传统文化经典专题的整本书阅读教学紧密联结，对开展传统文化经典名著阅读教学具有指导作用，体现了本课题的核心思想。同时，课题组在罗代国老师和鲁力老师的带领下，编写出了中学语文经典教材阅读范本《经典文言短篇精炼》，由吉林大学出版社出版发行，该书既是文言练习也是阅读范本，重视和尊重学生的阅读体验，引导学生进行深层次的研究性阅读，形成多元品读思维和创新意识，培养学生的审美情趣。

（6）提升了语文教师的专业素质、教学能力

　　首先，教师组织整本书阅读教学的能力获得了进一步提高。通过研究与实践，教师的思维更加活跃，改变了以往固化的阅读课教学模式，创造了很多有意思有意义的课堂模式。教师给予了学生充分自主学习、探究的机会，学生在课堂上获得了充分的发展机遇。老师教得开心，学生读得开心，在阅读课上不断擦出思想的火花，实现了教学相长的教育目的。其次，教师的阅读能力和阅读视野都得到进一步发展。学生自主阅读，自主实践，必定会引发出形形色色的问题，这就需要教师广泛阅读，储备丰富的阅读知识，才能更好地指导学生的阅读研习。再次，教师的教研水平能力进一步提升。自课题立项以来，课题组成员认真研读阅读教学方面的论著，如吴泓老师写的《专题百问：教学实施中的行与思》、吴欣歆老师写的《书册阅读教学现场》等走在整本书阅读教学前沿的优秀研究书籍、论文和优秀课例，定期召开研讨会，多次组织成员外出培训交流，邀请专家来校开展讲座指导本课题的研究工作等等。经过两年多的实践与推广，教师的专业素养和专业水平得到了不断提升，实现了互相成就，共同发展。

　　随着课题的研究深入，课题组成员的教研氛围越来越浓厚，教师的业务能力不断提升，教学业绩和成果不断涌现。罗代国老师出版了《经典文化知识大讲堂》《经典文言短篇精炼》等多本著作，申报了多个市区课题项目，其中《"晒家风，传家训"课外活动》等课题荣获中国高等教育学会第三届优秀科研成果多个一等奖；陈雅琪老师的"《四世同堂》整本书阅读专项"在第四届全国语文教师"文学课堂"教学大赛中获得二等奖，陈雅琪老师开设的"《四世同堂》人物群像及语言探究"作为区公开课获得宝安区"六好"工程二等奖、好课堂录像课三等奖，获评为2019年深圳市名师高清优质常规课例，其设计的《杜甫专题阅读课程》在2018年中国高等教育学会教师教育分会第二届年会优秀科研成果评审中获教学课件二等奖，陈雅琪老师还曾获得2018年深圳市高考工作"语文学科教学先进个人"、宝安区"高考模拟试题命题比赛"高中语文二等奖等；张兴星老师在2019年宝安区整本书阅读专题研究会议上作了"《四世同堂》整本书阅读教学"专题发言，获得好评，在深圳市教科院在线教学腾讯课堂精品课课程中开设市级展示课，荣获2020年深圳市在线教学先进教师称号；蒋为老师获得宝安区2018年高考工作先进个人称号、宝安区"高考模拟试题命题比赛"二等奖；饶声琼老师在第十九届全国中小学生"创新杯"作文征文中，荣获一等指导奖，在2019年宝安区高中青年教师教学能力大赛中获二等奖，在宝安区2020年高考模拟试题命题比赛中获三等奖；刘建雯老师获得2018年深圳市"高考模拟试题命题比赛"二等奖；万春晓老师获得 2018 年深圳市高考工作"语文学科教学先进个人"称号，在《语文月刊》发表论文《巧借工匠技法，搭建文章骨架》；曹晶晶老师在 2020 年深圳市教科院在线教学腾讯课堂精品课课程中开设了读写结合的市级展示课。

（7）促进了语文教学质量的稳步提高

本课题的研究与实践，使学生的阅读兴趣高涨，阅读理解能力不断提高，全校师生营造了热爱阅读的良好氛围，进而促进了学生语文水平的提高。

以陈雅琪老师所教的 2021 届（2）班、（7）班学生为例，从高一下学期分班开始，这两个班就进行整本书阅读相关教研活动，建设"班级图书角"、建立"宿舍小书架"、"家庭小书库"等，创造了良好的阅读环境。在课前、课中、课后开展专题阅读课，把课文与名著相结合。例如，把《中国古代诗歌散文欣赏》课本里分散的四首杜甫诗整合起来进行教学，期间有意识引导学生阅读冯至的名著《杜甫传》，最后形成"杜甫专题阅读"课程。通过有针对性地向学生推荐相关的名著，指导人物传记的阅读方法，共享阅读成果，引导学生完成阅读记录册、读书笔记、思维导图等，使课堂阅读向课外、课后延伸。实践证明，整本书阅读课程能对课堂进行有效的补充和丰富，能有效提高学生的阅读理解能力。在高一下学期期末分科时，陈老师所教的（2）班、（7）班的基础成绩是 100.35 分和 88.50 分，分列物理类班级的第一名和第八名；到高二下学期期中考试（受疫情影响没有进行期末考试），（2）班、（7）班的平均成绩为 110.20 分和 96.75 分，在九个物理类班级中排名分别为第一和第六。虽然只经过了短短一学年的整本书阅读教学，但这两个班级的平均成绩和班级排名都有了明显的提高。

再以张兴星老师所教的 2021 届（3）班、（15）班学生为例，同样从高一分班开始就进行整本书阅读课程的相关教研活动，开展图书进科室、整本书阅读手抄报比赛等活动。张兴星老师结合学生兴趣，开展多种类型的专题阅读课，例如在高二第一学期开展的《唐诗三百首》整本书阅读活动中，有计划地向学生推荐关于诗词赏析的相关资料和读物，指导经典文化名著的阅读方法，开展"我是小老师""唐诗排行榜""唐诗飞花令"等一系列活动，课堂气氛活跃，学生学习兴趣浓厚。在高一分班时，张老师所教的（3）班、（15）班的基础成绩在同类型班级并不突出，但到高三宝安区摸底考试时，（3）班、（15）班成绩均在同类型班级中名列前茅。其任教班级吴雯洁同学在宝安区摸底考试中获得全校第一名的好成绩；门莉同学获得全校作文最高分的好成绩。张兴星老师连续两年荣获校年度教师教育教学质量一等奖。

除了以上两位老师的班级，本课题组参与实验的班级语文成绩或有不同程度的提高，或取得不俗的学习成果。实践证明，开展基于专题的整本书阅读教学不仅可以有效提高学生的阅读兴趣和阅读能力，也有助于整体语文教学质量的提高。

（以上内容节选自陈雅琪老师的区级课题《基于专题的整本书阅读教学研究》结题报告）

二、高中语文群文阅读课堂教学研究

1. 研究目标与内容

本课题依托 2017 年版《普通高中语文课程标准》学习任务群相关说明，主要以人民教育出版社出版的统编教材为载体，结合单元设计，利用课堂实践、量化和统计等手段，通过群文阅读的方式，力求唤起学生热爱阅读的兴趣，扩大学生的阅读量和阅读面，积累丰富的语言材料，提高语文阅读能力，提升学生思维品质与阅读能力，进而在积极的语文实践活动中形成良好的语感，增强对祖国语言文字的美感体验，并进一步提升语文学科方面的核心素养。本课题旨在研究出可供参考的群文阅读课课型课例，建立群文阅读教学资源库，实实在在地为一线教师提供真正值得借鉴的、操作性强的"教参"，便于今后高效地开展群文阅读教学实践活动。

（1）研究目标

①从议题的选定到文本的选择再到问题设定的角度等方面进行研究，摸索出实操性强的群文阅读教学模式，打破目前现有的单节单篇、多节单篇一统天下的阅读教学模式，建立 1*X 多种课堂阅读教学模式，从策略上引领课堂教学改革。

②寻求思维的创造和解放，需要尊重多元的声音的同时，在师生的协商下寻求一份共识。"群文阅读是师生围绕着一个或多个议题选择一组文章，而后师生围绕议题进行的阅读和集体建构，最终达成共识的过程。"本课题旨在探索自主、合作、探究等更有效的群文阅读教学方式，改变繁琐讲解、思想强势入侵、高耗低效的课堂阅读教学现状。

（2）研究的内容

①了解语文课堂的阅读教学现状和学生的阅读困境，针对性地给学生以阅读方法方面的指导。首先，引导学生学会略读和默读的阅读策略，找出文章的关键信息，培养学生独立阅读的能力。在读后进行交流活动能帮助学生读懂课文内容，同时还能推动学生间的交流，将自主学习与合作学习统一起来。在交流过程中，使得学生、作者、教者的心灵火花进行碰撞，让学生走进文中人物的内心世界，从而体会人物的思想感

情，使文章的主题得以升华。其次，引导学生充分运用教材，分析对比单元主题这一设计的目的在于帮助学生提高概括分析能力，这一环节还将理论与实际相结合，真正做到了以学生为本，突显学生的主体作用。当前的语文教学模式较为枯燥，教师一味地讲，学生一味地听，对课文的讲解占用了课堂的大部分时间，而留给学生自主阅读的时间却较少。在阅读完文章之后，教师提问、学生回答这样被动的学习方式，不利于学生自主学习。开展群文阅读的优势在于，多篇文章内容不同，风格各异，却有某种相通之处，这能最大限度地激发学生的好奇心和求知欲，在阅读的过程中学会深思、陈述和倾听。学生变被动学习为主动学习，学习效率也会大大提高。最后，开展阅读，进一步加强主题理解，通过对多篇文章进行比较分析、综合归纳等多种手段的运用，引导学生综合使用各种阅读策略，提升阅读能力。让学生在课堂上多读，从而掌握多种多样的实用阅读策略。这也为高中语文阅读创造新的教学空间，提高学生的综合分析能力和阅读概括能力，既能满足课标要求，又能为学生全面提高语文素养打下坚实的基础。

②教师通过对群文阅读的课堂教学策略内涵解读与实践研究，建构群文阅读理论框架；探索群文议题的确定和内容的选择（符合学生认知水平，符合新课标要求）；探索教学设计策略和教学实施策略，如：问题的设计、情趣的激发、如何以读促写、合作学习等策略。建立几种课堂实施模式，如：基于单元整组教学的群文阅读课，让教材的功能充分发挥出来；基于整本书阅读教学的群文阅读，充分利用整本书章节相关性提升学生阅读品质；基于略读课文拓展的群文阅读课，让略读课文教学简略而丰厚；基于课外阅读教学的群文阅读课，让课外阅读的指导更有成效。

2. 研究的主要成效结论

（1）研究成果

①明确了高中语文群文阅读教学的实施现状与提升方向

早在新课标出台之前，阅读教学改革已形式多样：多文本阅读，单元整组阅读、主题阅读等各种形式的阅读课已百花齐放，群文阅读汲取了这几种阅读课的营养，用更为具体的"议题"将文本关联。很多语文界前辈展开了研究与实践，但大多数教学实践都在小学和初中开展。2017 年版普通高中语文课程标准颁布，更重要的是人民教育出版社出版的统编教材使用，大单元高中语文教学设计成为导向，以人文主题为纲的大单元下的文本仍可以分出不同的议题来组织阅读教学，新课标任务群、学科素养与教材的人文主题又为群文阅读实践提供了方向，而群文阅读成了践行任务、落实教学改革的一种新的方式。群文阅读教学的改革得到一线教师乃至整个教育界的普遍认同与关注，但是对于大部分普通高中来说，由于受到课时限制，具体的落实情况依然是不容乐观的。

群文阅读课堂教学虽在一定程度上超越了课文束缚，摆脱了"教课文"的困境，注重多角度的阅读实践，重视学生阅读能力的提升，力求让学生成为阅读的主人。但仍存在"教阅读"的困境，这种以提升学生阅读能力为目的的教学有明显的局限性，在语文素养的整体提升方面做得不够。此外群文阅读课堂教学的组织对老师和语文课程知识提出了更高的要求。首先教师在单个课例的设计上，要对该课例所要解决的问题、要选择的文本与议题有明确的认知，而议题的选择考验教师对文本价值的挖掘，也考验教师对学生素养提升的落实。其次，课程计划性方面也需要系统规划，教师要在实施前有总体规划，这些都是当前高中语文群文阅读教学，以及本课题研究过程中迫切需要解决的。

②探索出了丰富多样的群文阅读课堂教学模式

在课题研究与实践过程中，课题组成员不断反思、总结、提升，以期总结、提炼出行之有效的实践模式，为语文同仁甚至于其他学科提供可借鉴的参考经验。成员在必修上、下册不同的教学单元探索出如下五种主要课堂教学模式。

A. 基于单元学习任务整合本单元内多篇课文的群文阅读教学模式

这种教学模式以新教材单元学习任务为导向，以单元内多个文本为阅读载体，设置打通多个文本的学习任务，实现教学目标。比如：我们在执教必修上册第六单元实用类文本时，打通了第10、11、12三课，以《劝学》《师说》《反对党八股》和《拿来主义》4篇同体裁文章为载体，以"学习如何有针对性、有条理地阐述观点"为议题，进行群文阅读教学实践。通过表格形式让学生梳理出4篇文章的共同点与不同点，感受说理文针对现实说理的基本特点，整理出每篇文章的各具特点的论证思路，并体会不同的说理艺术。这种群文阅读模式有助于学生明察规律，获得更高阶的概括性知识。在阅读的基础上还设置了写作任务，让学生将群文阅读中积累的经验灵活运用到写作中去，既融合了单元学习任务，又由浅入深地提升了学生的语文素养。

在这种模式下开发出的课程还有必修上册第一单元组诗阅读与札记诗歌导写、必修上册第二单元人物通讯群文阅读、必修下册第六单元小说群文阅读之人物与环境的关系、必修上册第二单元体悟劳动之美——《芣苢》《插秧歌》《观刈麦》组诗阅读、人的异化——比较阅读《促织》《变形记》、劳动最光荣——统编高中语文必修上册第二单元专题群文阅读教学设计、展人生抱负担时代使命——统编高中语文必修下册第五单元群文阅读教学设计、多情北平城——必修上册第七单元散文群文阅读学案设计等课例，在此不一一介绍。

B. 课内单篇与课外多篇结合的群文阅读教学模式

这种模式最大的特点在于既打破教材的束缚，又凸显教材及学习任务的主体地位。新教材必修上册第二单元属于实用性阅读与交流任务群，第5课的新闻评论《以工匠精神雕琢时代品质》要求学生学会阅读这类作品，辨析和把握新闻的报道立场，提升媒介素养，课本选的新闻评论是基于工匠精神这一抽象概念的，考虑到新闻评论还有一类是基于新闻事实，即具体事件的，为了让学生对新闻评论文体特点有更全面的把握，结合新课标"课内阅读向课外阅读延伸"的理念，课题组成员在教学实践中引入群文阅读模式，利用课内单篇阅读带动课外多篇阅读，另选了《培厚工匠精神土壤》《新时代更需要工匠精神》《在新时代大力弘扬工匠精神》三篇课外同主题新闻评论，其中有两篇评论是基于新闻事实的，目的是和课内文章形成既同质又互补的特点。针对这4篇文章，以"新闻评论阅读"为议题，设定阅读和写作任务，开展学习活动。阅读同质性较强的四篇文章除了求同，还可以通过比较求异，即评论角度的不同，通过评论角度探究，引导学生归类，探究新闻评论的功能。这种课堂教学模式以群文阅读为立足点，通过多样化语言实践来完成本课学习任务。

在这种模式下开发出的课程还有走近潇洒东坡——苏东坡组词赏析、宋词的婉约之美——婉约词析读、但问西东——比较阅读《理想国》与《论语》《孟子》、杜甫诗歌群读、信息时代的语文生活——对比阅读，辨识媒介信息等课例。

C. 基于整本书阅读的群文阅读教学模式

这种教学模式主要针对分章节或篇章结构既独立又统一的整本书阅读教学，群文文本主要以篇或章节为单位。统编教材整本书阅读把《乡土中国》作为一个独立单元，这本书共14篇，外加《重刊序言》和《后记》2篇，必修上册只有一个单元的课时安排，这就要求教师指导学生"根据不同的阅读目的，综合运用精读、略读与浏览的方法阅读整本书"。基于以上认知，课题组成员对内容进行整合，将《无为政治》《长老统治》《名实的分离》这三篇关于权力结构的文章和《血缘和地缘》《从欲望到需要》这两篇探究社会权力结构变化的原因与趋势的文章放在一起，作为一组群文，以"乡土社会到现代社会的权力结构变化"为议题，做了一次整本书阅读教学下的群文阅读教学尝试。任务的设定从概念认识到理论推导，在引导学生速读把握重要概念时，厘清这几篇文章的内在逻辑，推导作者的成文思路，进而帮助学生理解整理本书的理论框架打下基础。

在这种模式下开发出的课程还有：看似平常却奇崛——刘姥姥的形象价值、群文阅读课堂教学与《乡土中国》整本书阅读、《乡土中国》之《家族》《男女有别》共读、乡土社会权力结构——《无讼》《无为政治》《长老统治》群文阅读《史记》改编剧""战国四公子专题"等课例。

D. 以立德树人为导向、以课外阅读资料为载体的群文阅读课

这类课型以立德树人为导向，以情境为依托，旨在弘扬民族精神，增强文化自信，充分发挥语文课程育人功能。比如五四青年节时设计"致敬五四人物，重温五四精神"课程，重温陈独秀、胡适等五四人物，解读五四精神，通过历史与当代代表性人物的启迪，引导学生自觉传承优良的民族精神，增强学生为中华民族伟大复兴而努力的历史使命感和社会责任感。在这种模式下开发的课程还有：2021 高考作文最新素材——青春奉献、优秀传统文化——故宫 600 年、作文素材整理——人物卡之 2020 感动中国等。

E. 与高考阅读题型相结合的群文阅读课堂教学模式

这种课型主要在高三年级实践，结合高考现代文阅读和古诗文阅读两个版块，设计相关课程。饶声琼老师和万春晓老师积极将群文阅读理念与方法推行到高三文言文复习课与诗歌鉴赏复习课中。比如，针对文言文人物传记阅读，以《史记》相关传记为阅读载体，以群文阅读的形式，让学生从阅读实践中总结语言运用规律，通过积累、梳理与整合，掌握人物传记类文章语言规律。相关课例有:《史记》专题滚动过关、《晋书》《后汉书》专题滚动过关、《宋史》专题滚动过关、非连续性文本阅读策略与主观题答题指导等。

这些探索出的课型课例形式新颖，打破了传统的中规中矩、形式单一的阅读课基本模式，给学生充分的阅读实践，极大地激发了学生的阅读兴趣。学习任务群下的群文阅读教学最重要的是借助群文阅读的理念与方法，更好地完成学习任务群下的学习任务。在课堂实践中，教师应该以人文主题和学习任务群为指导，精心设定议题与学习任务，真正提高学生的关键能力与核心素养。

（2）研究成效

1. 提升了学生的阅读鉴赏能力，促进了高阶思维的发展

在群文阅读课堂教学实践中，我们以学生的阅读实践为起点，重视学生的主体地

位，师生围绕议题集体建构，阅读的主要思维过程是比较和整合，在学生对文本充分阅读的基础上，按照教师给出的比较项目在多文本间求同比异，比较的过程需要围绕项目和议题进行广泛的议论，这个过程需要学生深入不同文本、以文本信息为依据进行分析，最后还要统合，形成一个阅读闭环。在此基础上，教师将阅读经验与写作结合，打造丰富多彩的创造性写作，激发学生从不同的角度、层面表达自己的观点和见解。经过两年多的实践和培养，学生的阅读兴趣有了明显的提升，阅读能力和写作能力有了很大进步，同时学生的思维能力和归纳能力也增强了。学生作品种类丰富，必修上册第一单元我们在组诗阅读与赏析的基础上，引导学生写作，形成了学生诗歌札记和原创诗歌集——《我拿彩笔画青春——统编教材必修上册第一单元写作任务之诗歌创作》；课题组设计的必修上册第六单元议论文群文阅读课例也与写作结合，引导学生在阅读分析议论文写作特点之后将阅读获得的经验用到写作中，课程结束后收集了优秀学生习作"《劝学》新说"范文；必修下册第四单元的群文阅读主要通过同一新闻事件不同媒体不同分析角度启发学生用新的解读来思考、分析新闻事件并写作；《红楼梦》阅读手抄报、诗歌鉴赏思维导图等个性化作业的评比与展示也是群文阅读对学生思维发展与提升的体现。

2. 提升了课题组成员的语文教研能力

在刘建雯老师的区名师工作室大力支持、指导下，课题主持人刘婷婷、成员纪瑾雯参与编写了与群文阅读教学紧密相关的《新课标新教材新理念高中语文单元教学设计》一书，该书贯彻新课标理念，以新教材单元文本为载体，以单元教学设计为统摄，在单元教学设计中，成员将群文阅读教学理念与大单元教学设计结合，以单元设计为纲，以群文阅读教学为实践策略，成为编委会重要成员。

（以上内容节选自刘婷婷老师的区级课题《高中语文群文阅读课题教学研究》结题报告）

第二节　活力语文阅读教学实操案例

　　按照课程标准的指引，结合学生的实际情况来设计出一节高效、有活力的好课，是我们每一位教师的追求。在活力语文的阅读教学实践中，老师们会结合学生的实际能力来衡量取舍，整合教学目标，让学生在课堂上能够以活跃的思维来参与到学习活动中；会深入挖掘文本"这一篇"的价值，带领学生读出文章的个性，培养学生的阅读鉴赏能力，并能独立对文本独特性进行思考；会设计丰富的课堂活动，激发学生的阅读兴趣；同时，教师会减少对课堂进程的预设，更加重视学生的思维短板和质疑，捕捉住学生真正的困惑，帮学生真正"解惑"。

　　在古代文学作品教学中，老师们带领学生通过知人论世，借助他人评价"读厚文本"，深入研究注释、文眼，如梁文先老师执教的深圳市公开课《伶官传序》、曹晶晶老师执教的市级公开课《登泰山记》；老师们或从文章写作逻辑出发，将批判性思维渗透进教学当中，如钟琳老师执教的市级优质课《但问西东——比较阅读〈理想国〉和〈论语〉》；老师们或从文体特征出发进行教学设计，在现当代文学作品的教学中，带学生从"这一篇"读懂"这一类"，如刘秋霞老师的市级公开课《青蒿素：人类征服疾病的一小步》；或将不同文体的文章整合形成比较阅读，通过设置情境，以立足文章整体的高质量"主问题"来引领教学，开展课堂活动，重视品味语言，如刘婷婷老师执教的区级公开课《以工匠精神雕琢时代品质》……

　　活力语文阅读教学，让学生能深入理解作品，爱上作品，爱上阅读！

一、《用"三么法"概念图构建〈乡土中国〉逻辑思路》教学设计

用"三么法"概念图构建《乡土中国》逻辑思路
——以《反对党八股》和《乡土中国》为例

【知识储备】

　　1. 什么是"三么法"？"三么法"是一种运用"是什么、为什么、怎么办"等语言（思维）结构，来组建语言（构建思维）的方法，可以运用在语言建构与运用、概念图绘制等方面。

　　2. 什么是"概念图"？概念图（Concept Map）是一种用节点代表概念，连线表示

概念间关系的图示法。"概念图"是一种知识以及知识之间的关系的网络图形化表征，也是思维可视化的表征。一幅概念图一般由"节点""链接"和"有关文字标注"组成。

①节点：由几何图形、图案、文字等表示某个概念，每个节点表示一个概念，一般同一层级的概念用同种的符号（图形）标识。

②链接：表示不同节点间的有意义的关系，常用各种形式的线链接不同节点，这其中表达了构图者对概念的理解程度。

③文字标注：可以是表示不同节点上的概念的关系，也可以是对节点上的概念详细阐述，还可以是对整幅图的有关说明。

【学法示范1】

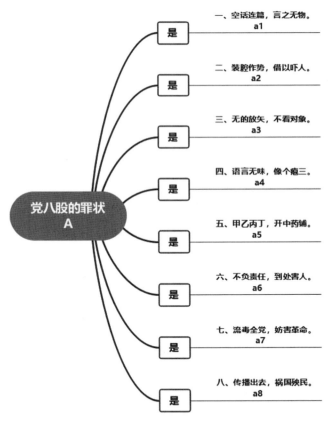

节点：A ；a1、a2……

链接："是"（根据文本语言表达的底层思维的不同，还可以有"为什么""怎么办"等链接关系）。

文字转换：党八股的罪状是：一、空话连篇，言之无物；二、装腔作势，借以吓人；三、无的放矢，不看对象；四、语言无味，像个瘪三；五、甲乙丙丁，开中药铺；六、不负责任，到处害人；七、流毒全党，妨害革命；八、传播出去，祸国殃民。

【学法示范2】

用"三么法"概念图绘制《反对党八股》第六条罪状

①党八股的第六条罪状是：<u>不负责任，到处害人</u>。②上面所说的那些（罪状），一方面是由于幼稚而来，另一方面也是由于<u>责任心不足而来的</u>。……③我们写文章，做演说，只要像洗脸这样负责，就差不多了。④拿不出来的东西就不要拿出来。⑤须知这是要去影响别人的思想和行动的啊！……⑥文章写好之后，也不多看几遍，像洗脸之后再照照镜子一样，就马马虎虎地发表出去。⑦其结果，往往是"下笔千言，离题万里"，仿佛像个才子，实则到处害人。⑧这种责任心薄弱的坏习惯，必须改正才好。

（语文必修上册 P92，有删节）

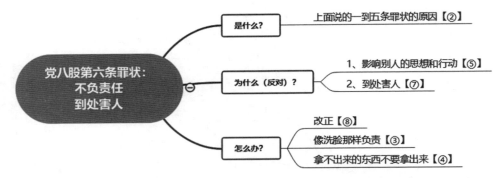

学习任务一：思考"学法示范2"的链接"是什么"，为什么是"上面说的一到五条罪状的原因"？

学习任务二：请将学法示范2中的概念图进行文字转换，变成一段逻辑清晰，用"是什么""为什么""怎么办"的逻辑梯度，清晰表达的文段。

思考：概念图中的链接关系，表达的是节点与节点之间的什么？文本中是否直接说明这层关系？

学习任务三：阅读下面文段，研究其文段语句与"乡土中国"的链接关系，绘制以"乡土中国"为主节点的概念图，并转换为文字。

①"这算不得是定稿，也不能说是完稿，只是一段尝试的记录罢了"。②尝试什么呢？③尝试回答我自己提出的"作为中国基层社会的乡土社会究竟是个什么样的社会"这个问题。④这本小册子和我所写的《江村经济》、《禄村农田》等调查报告性质不同。⑤它不是一个具体社会的描写，而是从具体社会里提炼出的一些概念。⑥这里讲的<u>乡土中国</u>，并不是具体的中国社会的素描，而是包含在具体的中国基层传统社会里的一

种特具的体系，支配着社会生活的各个方面。⑦它并不排斥其他体系同样影响着中国的社会，那些影响同样可以在中国的基层社会里发生作用。⑧搞清楚我所谓乡土社会这个概念，就可以帮助我们去理解具体的中国社会。⑨概念在这个意义上，是我们认识事物的工具。（选自《乡土中国》重刊序言）

绘制概念图：

《乡土中国》

文字转换：

学习任务四：阅读下面文段，明确概念图主节点，探索句子与主节点间的逻辑关系，绘制完成概念图。最后，将概念图进行文字转换，并表达。

①我还想在这里推进一步说，在面对面社群里，连语言本身都是不得已而采取的工具。②语言本是用声音来表达的象征体系。③象征是附着意义的事物或动作。④我说"附着"是因为"意义"是靠联想作用加上去的，并不是事物或动作本身具有的性质。⑤这是社会的产物，因为只有在人和人需要配合行为的时候，个人才需要有所表达；而且表达的结果必须使对方明白所要表达的意义。⑥所以象征是包括多数人共认的意义，也就是这一事物或动作会在多数人中引起相同的反应。⑦因之，我们绝不能有个人的语言，只能有社会的语言。⑧要使多数人能对同一象征具有同一意义，他们必须有着相同的经历，就是说在相似的环境中接触和使用同一象征，因为在象征上附着了同一意义。⑨因此在每个特殊的生活团体中，必有他们特殊的语言，有许多别种语言所无法翻译的字句。（《文字下乡》第13自然段）

绘制概念图：

学习任务五：《文字下乡》第13自然段所讲的这个概念，与本章《文字下乡》有什么关系？阅读本章最后一段，回答这个问题。

（设计者：深圳市西乡中学钟琳）

二、《劳动最光荣》教学设计

劳动最光荣
——统编高中语文必修上册第二单元专题学习设计

【单元特点分析】

本单元属于必修课程"实用性阅读与交流"任务群。课程标准指出："本任务群旨在引导学生学习当代社会生活中的实用性语文，包括实用性文本的独立阅读与理解，日常社会生活需要的口头与书面的表达交流。通过本任务群的学习，丰富学生的生活经历和情感体验，提高阅读与表达交流的水平，增强适应社会、服务社会的能力。"显然，这一单元具有实用性特点，是为学生能掌握新闻的相关知识和写作素养而设置的。从人文主题上看，本单元的主题是"劳动最光荣"。课例围绕这一主题选编了三组六篇课文。第四课是三篇人物通讯，《喜看稻菽千重浪——记首届国家最高科技奖获得者袁隆平》（后简称《喜看稻菽》）介绍了农学家袁隆平的事迹；《心有一团火，温暖众人心》（后简称《心有一团火》）介绍了张秉贵全心全意为人民服务的一团火精神；《"探界者"钟扬》介绍了植物学家、科普达人、援藏干部和教育专家钟扬的事迹。第五课是新闻评论《以工匠精神雕琢时代品质》，结合时代特点深入阐述了工匠精神的内涵以及时代的价值所在，呼吁广大群众要在日常生活和工作中践行这种精神。第六课是《芣苢》和《插秧歌》两首表现古代劳动场景和劳动过程的诗歌，体现了劳动的情趣。选文从不同的角度引导学生认识劳动之美，劳动之光荣。针对以上特点，本单元将单元学习任务分解为四个课段，以落实专题学习要求。

【单元学习目标】

1. 语言目标

①了解新闻的相关知识。学习通讯报道，学习以典型事件和细节突出人物品质的方法。②学习新闻评论，理解评论中的社会现实与作者立场、观点的关系。学习联系现实提出观点并层层阐述分析的写法。③鉴赏表现劳动的诗歌，体会劳动之美。

2. 思维目标

①学会分析报道的角度，提升自己的新闻素养。②能梳理新闻评论的文章思路，分析文章是如何辩证展开讨论的，提升逻辑思维能力。

3. 价值目标

学习优秀劳动者的事迹，深入分析他们的优秀品质，形成热爱劳动的观念，自觉弘扬传统美德。

【教学课时安排】

9课时。

【单元学习过程】

第一课段：文体感知（共1课时）

任务一：全班每6个同学为一组，在小组长带领下完成任务。

课前准备：小组搜集新闻体裁的相关知识，填写下表，并在课堂上派代表上台讲解。

新闻	格式	内容写作要求	特点	本单元或已学过的文章
消息	消息分为标题、导语、主体、背景和结语	快速、准确报道事件	新、短、快、活	《我三十万大军胜利南渡长江》
通讯	无固定格式	具体生动形象地反映新闻事件或典型人物	真实性、客观性、时间性较弱、形象性	《喜看稻菽千重浪》《心有一团火》《"探界者"钟扬》
评论	无固定格式	针对新近发生的,具有普遍意义的新闻事件和迫切需要解决的问题,发议论,讲道理,直接发表意见。	论题的新闻性、论理的思想性、论说的公众性	《以工匠精神雕琢时代品质》

任务二:读单元目录,单元导语以及单元学习任务,划出本单元学习重点。

任务三:①读语文读本《夏日终曲》,辨别《袁隆平:做一粒健康的种子》《袁隆平身边的年轻人》的体裁,读《优化方案》中的文章《劳动者最美,奋斗者最幸福》《厚培工匠精神土壤》,辨别文章体裁。②共读当天的《南方都市报》,辨别消息、通讯、新闻评论等体裁。

第二课段:品劳动精神(4课时)

任务一:人物通讯要深入挖掘典型事件以表现人物精神,并在其中体现作者的立场和态度。阅读第四课三篇通讯,梳理其中的具体事件、人物精神和作者立场。

课文	具体事件	人物精神	作者立场
《喜看稻菽千重浪》	2001年领奖前仍在稻田里工作	坚持实践,执着探索	赞扬袁隆平的人物精神
	1961年发现"天然杂交稻"第一代	热爱事业,勇于探索	
	1964年终于找到水稻雄性不育植株	解放思想,敢于创新	
	1992年发表文章批判"贬斥杂交稻的文章"	坚持真理,实事求是	
	1986年以来提出并实现杂交水稻的战略思想	责任担当,有远见	
《心有一团火》	接待带孩子的女顾客等	爱岗敬业,热心周到	赞扬、讴歌其精神品质
	女儿重病期间,仍微笑接待顾客	有责任心	
	刻苦研究商品知识	全心全意为人民服务	
	顾客、厨房师傅对他的尊敬,群众来信	热爱工作,为人民服务	
《"探界者"钟扬》	考入中科大;进入中科院工作	积极上进、雷厉风行、淡泊名利等	赞扬、讴歌其精神品质
	不讲究住房;致力于采集种子	不求物质名利,对种子事业热爱执着	
	科普是他最爱的"副业"	热爱科普	
	敢于接收转导师学生	有责任担当,关心后辈成长等	
	身体敲响了警钟,却更争抢时间拼命工作。学生延续探索之路,种子某一天会生根发芽。	奉献牺牲、理想崇高、有远见	

任务二：三篇文章都有非常精彩的人物细节描写，请找出你认为精彩的地方加以赏析。

（赏析句子的方法：描写手法/修辞手法+分析+体现了什么人物精神/体现的作者的情感）

示例：他拍去身上的粉笔灰尘，掖着讲义夹，匆匆来到校园外的早稻试验田……把讲义夹放在田埂上，走下稻田一行行地观察起来。（《喜看稻菽千重浪》）

赏析：动作描写，"拍""掖""放""走下""观察"几个动词突出了袁隆平工作之认真细心，对科学的严谨，一丝不苟。这段文字描写了一位平凡的"农民"形象，突出了袁隆平的不平凡——深入实践。

任务三："中国新闻奖"推荐书撰写

1. 小组合作，从新闻价值、报道角度、结构层次、语言表达等方面，总结优秀通讯的评选标准。

课文	新闻价值	报道角度	结构层次	语言表达
《喜看稻菽千重浪》	热爱事业，敢于挑战权威，坚持真理，勇于创新的精神	泥腿子成为专家、院士，进而引导我们走向丰衣足食世界的过程	倒叙、采用小标题	正面描写、细节描写、多处描绘人物内心世界
《心有一团火》	爱岗敬业，乐于奉献，为人民服务	记录为顾客服务的身边小事	同类事件并列出现	记叙、议论、抒情结合，正侧面结合
《"探界者"钟扬》	不断探索生命的边界	学霸转向成为专家、导师、先行者，在不同领域做出杰出成就，引领我们探寻未知的世界、生命的边界	倒叙、采用小标题并列展开	正侧面结合，多用人物语言
总结标准	传递正能量：爱岗敬业，有奉献精神	事件典型、真实、从不同角度选材	思路清晰，重点突出	表现力强，突出人物性格

附注：①新闻价值：是指凝聚在新闻事实中的社会需求，就是新闻本身之所以存在的客观理由。新闻价值要素包括报道及时，内容新鲜；对国计民生的影响越大，就越重要；有接近性，包括地理上的接近，利害上的接近，思想上的接近，具有接近性的事实，为受众所关心；报道对象的知名度；具有趣味性的事实。②报道角度：是记者挖掘和表现新闻事实的角度。选择好的角度，能够准确地表现出事件的新闻价值，最大限度地吸引读者，使报道更具有影响力。同一件新闻事件或人物，可以从不同方面进行报道（选题角度）；可以剪裁不同的材料入文（取材角度）；可以运用不同的表达方式来报道，比如以小见大等（写作角度）。

2. 新闻类的文章，需要通过标题来传达出最吸引人的信息。

①研究《喜看稻菽千重浪》的标题，分析有何特点？

解析：《喜看》采用了正副标题的形式。正题引用了毛泽东1959年写的《七律·回韶山》中的诗句，表达了作者对袁隆平研究成果和突出贡献的赞叹。副标题交代了这篇通讯的主人公袁隆平。

②《喜看稻菽千重浪》和《"探界者"钟扬》的小标题令文章增色不少。请分析小标题的特点。

解析：《喜看稻菽千重浪》小标题：实践是他发现真理的途径；创新是他的灵魂和本质；实事求是是他的立场和态度；引领"绿色革命"是他的心愿。小标题的短语结构都是"主谓式"，都是"主语+谓语+宾语"，"主语"部分突出强调了袁隆平的性格、品质，以及他做研究的态度、博大的胸怀。

《"探界者"钟扬》小标题："英雄"少年；种子达人；科学队长；"接盘"导师；生命延续。除了第五，其他小标题结构都是"定语+中心语"，其中定语强调了钟扬的精神品质，中心语体现人物的身份。

小结：通讯中的小标题应该嵌入人物的精神品质。

③尝试为《心有一团火》撰写副标题和小标题。

3. "中国最美新闻奖"的评比即将开始，请根据上面总结的优秀通讯评选标准，从三篇文章中选择你心仪的一篇文章，为它撰写参赛推荐书。

推荐书评价标准：

评分标准	自评分	互评分
作品标题（5分）		
新闻类型（10分）		
推荐理由（新闻价值、报道角度、结构层次、语言表达）（30分）		
推荐人（5分）		

第三课段：学习"评论"（2课时）

比较阅读《以工匠精神雕琢时代品质》《致敬"大国工匠"，涵养"工匠精神"》两篇文章，完成下列任务。

任务一：什么是"工匠精神"？

解析：工匠精神包含：炉火纯青的技术，发自肺腑、专心如一的热爱，臻于至善、超今冠古的追求，冰心一片、物我两忘的境界，格物致知、真心诚意的生命哲学，技进乎道、超然达观的人生信念。

工匠精神是"从业者为追求产品、服务的高品质而具有的高度责任感、专注甚至痴迷、持之以恒、精益求精、勇于创新等精神"。

任务二：1.明确作者观点，分析文章的论证思路，分析新闻评论的角度。2.小组内讨论，完善文章的论证思路以及新闻评论角度的分析，并派代表发言分享。

附注：新闻评论选择评论的角度一般是从以下几方面考虑：一是倾向性，依托新闻事实做出价值判断，常常是反映主流社会的声音；二是引导作用，通过对现实中的事实和重要问题做出分析，以表彰先进，针砭时弊，引导群众对现实有正确认识；三是深化作用，尽可能从思想、政策理论的高度来评论问题。

解析：《以工匠精神雕琢时代品质》

课文	观点	论证思路	新闻评论角度
《以工匠精神雕琢时代品质》	用工匠精神雕琢时代品质，让我们的生活变得更加美好。	1段：指出我们的时代需要工匠精神。 2—4段：寻因溯果，层层深入，从"为什么""怎么办"的角度解析工匠精神的概念和内涵。 5段：倡导发扬工匠精神，以此推动社会进步，雕琢时代品质。	本文评论角度是时代品质需要工匠精神，具有很强的现实针对性。这篇评论发挥着引导作用，引人思考：在科技发达的现代社会，传统社会中的工匠精神还有弘扬的必要吗？弘扬工匠精神需要我们怎么做呢？
《致敬"大国工匠"，涵养"工匠精神"》	致敬"大国工匠"，涵养"工匠精神"	1段：列举现实事例，指出"中国制造"的成就离不开"大国工匠"。 2—3段：分析什么是工匠精神。（是什么） 4段：工匠精神应成为人生的价值标高，成为人才"质检"的衡量标尺。（为什么） 5段：涵养工匠精神的做法。（怎么做） 6段：号召每一位劳动者成为工匠精神的践行者。	本文评论角度是社会的发展离不开大国工匠，离不开工匠精神。号召劳动者践行工匠精神。

任务三：选择两篇文章中你认为精彩的一个段落，尝试分析其精彩之处。分析角度可以是论证思路、论证方法、语言特点等。（目标：感受新闻评论的新闻性与评论性兼具的特点）

解析：例如《以工匠精神雕琢时代品质》第二段的论证思路是：解释"匠"的含义——人的职业品质、专业精神有不同——工匠精神对于企业和国家的意义——小结。

任务四：运用本课所学知识，分析第4课三篇人物通讯，基于呈现的事实，可以从什么角度进行新闻评论，完善下表。

课文	评论人物的角度
《喜看》	创造性劳动 / 知识分子应勤于实践、勇于创新、勇于担当
《心有一团火》	劳动岗位的平凡与伟大
《"探界者"钟扬》	科学家生命追求的长度、广度、高度

任务五："最美劳动者"颁奖词撰写。①观看《感动中国》颁奖典礼片段，分析主持人宣读颁奖词时的语音语调、肢体语言等，为颁奖词宣读制定宣读评分标准。②分析《感动中国》部分颁奖词，制定颁奖词的评分标准。③任选本单元一位人物，为他们写"最美劳动者"的颁奖词，100 字左右。小组讨论修改，推选代表上台宣读。

评价参考示例（满分 100 分）。

表达评分标准（满分 40 分）：

评分标准	评分
发音标准（10 分）	
抑扬顿挫（10 分）	
富有感情（10 分）	
大方得体（10 分）	

写作评分标准（满分 60 分）：

评分标准	生评（1—10 分）	师评（1—10 分）	总分
写出人物个性，典型性			
运用不同手法，有文采			
语言简洁生动			

第四课段：实战演练（2 课时）

任务一：学校举办劳动节系列活动之"古代劳动之歌"手抄报比赛。请根据《芣苢》《插秧歌》两首诗歌的内容，设计绘出相关劳动场面，写一篇新闻消息稿，来表现古代人民劳动的喜悦，300—400 字。

评价：各组派两位代表为手抄报打分，教师打分，选出前四名海报，在班级宣传栏张贴。（总分 100 分）

评分标准	生评（1—10 分）	师评（1—10）	总分
主题清晰			
内容准确			
符合消息的写作要求			
色彩构图合理			
创意新颖			

任务二：根据学情，下列写作任务任选一个完成。

①记叙文写作：写一写"我身边的劳动者"，要求：选择能表现人物特点的事例来写作，有细节描写，不少于800字，题目自拟。

②人物通讯：采访你身边优秀的同学、老师或校友，为他们写一篇人物通讯，投稿到《大榕树报》。要求：体现人物典型特征，有生动的细节描写，不少于800字。标题采用正副标题结合的形式。

任务三："劳动最光荣"班会课。观看《"大国工匠2018年度人物"颁奖典礼》片段，了解相关大国工匠人物故事，小组内讨论劳动的意义和价值，并派代表交流展示。

附录一：学习资源

1. 致敬"大国工匠"，涵养"工匠精神"

架起中国桥，铺设中国路，驱动中国车，建造中国港，搭建中国网等方式，将中国梦这张大美画卷一帧帧变为现实，大美的中国梦画卷正在徐徐展开。中国桥梁、中国卫星、中国高铁、中国超算……中国制造正在进一步转型成为"中国智造"，从大众产品到国防军工，从引进技术到输出技术，从自主创新到制定标准，鼓舞人心的"中国制造"频频刷屏，一张张"有底气"的大国名片背后，无一不是一个个奋斗的"大国工匠"。

工匠精神是什么？它是人们在长期的物质生产过程中形成的一种职业素养和职业品质，是中华民族5000多年历史文化在生产生活中的积淀。无数大国工匠执着、坚守，对自己的工作和产品精雕细琢，他们拥有精益求精的匠心。勇于挑战进口设备的典型王树军，填补了和谐机车车载设备理论上空白的王振平，从机修钳工成长为数控设备维修专家的"中国质量工匠"刘云清……他们都是工匠精神的传人。今天，我们向他们致敬和学习，学习他们"追求卓越"的精神，学习他们"执念细节"的态度，学习他们"坚持不懈"的毅力……

狭义地讲，工匠精神是指匠人在制造产品时追求高品质，一丝不苟，拥有耐心与恒心。广义的工匠精神则是"从业人员的一种价值取向与行为表现，与其人生观和价值观紧密相连，是从业过程中对职业的态度和精神理念"，它是在生产当中融入质量至上的职业操守、对生产过程中每一细节都给予重视的工作态度，体现一种不惜用血汗塑造产品质量的崇高精神。可以说，工匠精神是"从业者为追求产品、服务的高品质而具有的高度责任感、专注甚至痴迷、持之以恒、精益求精、勇于创新等精神"。

其包含敬业、精益、专注、创新等方面的时代内涵。敬业是从业者基于对职业的敬畏和热爱而产生的一种全身心投入的认认真真、尽职尽责的职业精神状态。中华民族历来有"敬业乐群""忠于职守"的传统，敬业是中国人的传统美德，也是当今社会主义核心价值观的基本要求之一。精益就是精益求精，是从业者对每件产品、每道工序都凝神聚力、精益求精、追求极致的职业品质。专注就是内心笃定而着眼于细节的耐心、执着、坚持的精神，这是一切"大国工匠"所必须具备的精神特质。创新就是"工匠精神"强调执着、坚持、专注甚至是陶醉、痴迷，但绝不等同于因循守旧、拘泥一格的"匠气"，其中包括着追求突破、追求革新的内蕴。

工匠精神应成为人生的价值标高，成为人才"质检"的衡量标尺。有了这个价值目标和称量标尺，人生才会有方向、有定位、有远方，才能瞄准标高，凝心聚力，逐梦前行。工匠精神是一种技能，是追求高超的工艺水平；工匠精神也是一种品格，需要吃苦、耐劳、坚韧、不懈努力，永不言弃，不断刷新工作标准、工作质量，不断求得突破。同时对技艺不断追求完善的过程，也是一种对品格不断淬炼、不断经受考验的过程；是让人的潜力不断得到激发，把职业转化为事业的过程；是越挑战越能接受挑战，越突破越能实现突破的过程，也是一个让人生价值不断得到升华的过程。

涵养工匠精神从四个角度入手。怀匠心，工匠精神如果抽掉了匠心的内涵，只剩下形而下的操作，恐怕离匠气也就不远了。怀持匠心，生成匠意、匠思、匠智，培养创新精神和创新品格，是涵养工匠精神的首要任务。铸匠魂，魂是工匠精神的统领与根本，是工匠精神的内涵和灵魂，人有了德之魂，才能立世生存、行之久远，因而涵养工匠精神必须铸匠魂、立匠德。守匠情，即怀持和坚守工匠情怀，这种情怀内在地包含了人的价值取向和职业态度，是涵养工匠精神的重要组成部分。践匠行，是践行技艺不断追求完善的过程，涵养树立正确的价值观和职业态度，这样才能汲取精神滋养，磨砺锻造工匠精神。

凯歌奋进，扬帆远航。如今，每一位劳动者都是主角，更加需要工匠精神的引领，并成为工匠精神的践行者。让工匠精神成为人人向往的精神追求，不断谱写新时代的奋斗之歌。

2.《感动中国》袁隆平、张秉贵、钟扬颁奖词

【袁隆平】他是一位真正的耕耘者。当他还是一个乡村教师的时候，已经具有颠覆世界权威的胆识；当他名满天下的时候，却仍然只是专注于田畴。淡泊名利，一介农夫，播撒智慧，收获富足。他毕生的梦想，就是让所有人远离饥饿。喜看稻菽千重浪，最是风流袁隆平！

【张秉贵】他以售货员的身份，书写了不凡的传奇。张秉贵，一个名字，一座丰碑，他不仅仅是一位售货员，更是"为人民服务"宗旨的生动诠释者。在三尺柜台之间，他以"一抓准"的绝技，展现了精湛的业务能力；以"一口清"的从容，传递了专业的自信与温度；而"一团火"的服务精神，更是如同一股暖流，温暖了无数顾客的心田，让商业的殿堂闪耀着人性的光辉。

【钟扬】超越海拔六千米，抵达植物生长的最高极限。跋涉十六年，把论文写满高原。倒下的时候，双肩包里藏着，你的初心、誓言和未了的心愿。你热爱的藏波罗花，不求雕梁画栋，只绽放在高山砾石之间。

3.《"大国工匠 2018 年度人物"颁奖典礼》人物颁奖词（部分）

【高凤林】突破极限精度，将"龙的轨迹"划入太空；破解 20 载难题，让中国繁星映亮苍穹。焊花闪烁，岁月寒暑，为火箭铸"心"，为民族筑梦，他就是——中国航天科技集团有限公司第一研究院首都航天机械有限公司特种熔融焊接工、高级技师高凤林。高凤林参与过一系列航天重大工程，焊接过的火箭发动机占我国火箭发动机总数的近四成。攻克了长征五号的技术难题，为北斗导航、嫦娥探月、载人航天等国家重点工程的顺利实施以及长征五号新一代运载火箭研制做出了突出贡献。

【李万君】一把焊枪，一双妙手，他以柔情呵护复兴号的筋骨；千度烈焰，万次攻关，他用坚固为中国梦提速。那飞驰的列车，会记下他指尖的温度，他就是——中车长春轨道客车股份有限公司电焊工李万君。李万君先后参与了我国几十种城铁车、动车组转向架的首件试制焊接工作，总结并制定了 30 多种转向架焊接规范及操作方法，技术攻关 150 多项，其中 27 项获得国家专利。他的"拽枪式右焊法"等 30 余项转向架焊接操作方法，累计为企业节约资金和创造价值 8000 余万元。

【乔素凯】4 米长杆，26 年，56000 步的零失误令人惊叹。是责任，是经验，更是他心里的"安全大于天"。他的守护，正如那池清水，平静蔚蓝，他就是——中国广核集团运营公司大修中心核燃料服务分部工程师、核燃料修复师乔素凯。乔素凯是我国第一代核燃料师。他与核燃料打了 26 年交道，全国一半以上核电机组的核燃料都由他和他的团队来操作，他的团队是国内目前唯一能对破损核燃料进行水下修复的团队。26 年来，乔素凯核燃料操作保持"零失误"。这些年，他主持参与的项目获得了十九项国家发明专利。

读本《夏日终曲》：《袁隆平：做一粒健康的种子》《袁隆平身边的年轻人》。

《优化方案》：《劳动者最美，奋斗者最幸福》《厚培工匠精神土壤》

附录二：参考资料

①中华人民共和国教育部制定.普通高中语文课程标准(2017 年版 2020 年修订)[S].北京：人民教育出版社，2020.

②普通高中教科书教师教学用书.语文必修上册.北京：人民教育出版社，2020.

③包旭东.学习成果导向的高中语文单元教学实践和思考 [J].基础教育课程.2020.10（下 ）

④朱德勇.探讨单元人文主题，组织跨任务群学习 [J].语文教学通讯.2020.1.

⑤蒋文华，刘凡羽.评选最美劳动人物，弘扬当代劳动精神 [J].语文教学，2020.

（设计者：深圳市西乡中学纪瑾雯）

三、《〈四世同堂〉的人物群像及语言探究》课例

【设计理念】

本课是基于《四世同堂》整本书阅读与研讨课程设计的一节"读中导"课，应在学生读完《四世同堂》前两部之后进行。设计本课的目的之一是检查学生的阅读情况，激发学生继续阅读的兴趣，建构阅读整本书的经验，提升阅读鉴赏能力。

2017 年新课标的学习任务群 1 即整本书阅读与研讨，其中学习目标与内容中提到，要"厘清人物关系，感受、欣赏人物形象，探究人物的精神世界，体会小说的主旨。"但《四世同堂》的人物众多，有名有姓的有六十多个，人物关系错综复杂，若在课堂上去逐个人物进行分析显然是不现实的。除了通过让学生画人物关系图，去厘清人物关系外，将小说中的典型人物按类型划分，能帮助学生更快、更好地把握主题。因此，设计本课的目的之二就在于引导学生在思想的碰撞中，感受、欣赏人物形象，加深对小说主旨的理解。

设计分小组讨论人物划分到哪个类别的环节，正是使学生获得思维的发展与提升，理解与传承文化的过程；而说明划分理由、提出不同意见的环节，也是语言建构与运用、思维发展与提升的过程；赏析典型人物语言，并设计人物对话的环节，也就是进行审美鉴赏与创造的过程。纵观以上环节，核心素养的四个维度环环相扣，略有侧重。

【教学背景】

1. 教材分析

《四世同堂》是老舍先生创作的一部百万字小说，全书分为三部：《惶惑》《偷生》《饥荒》。这部小说具有很高的文学价值。它生动地刻画了一系列栩栩如生的艺术形象，

形象地描摹了日寇铁蹄下广大平民的悲惨遭遇和反抗斗争，是中国现代文学长篇小说中最优秀的作品之一。作为中国第一部从头到尾描写抗日战争的长篇小说，《四世同堂》具有深远的现实意义。《四世同堂》是对日本发动侵略战争，残害中国人民的控诉书。《四世同堂》具有自觉的文化意识。小说不仅体现战争的丑恶，还能从中国人自身寻找国土沦陷、民族危亡的历史原因，进而展开对中国传统文化的反思，对民族性的思考。但是，正如司马长风在《中国新文学史》中所指出："《四世同堂》因为字数太多，内容又不够精粹，读起来十分吃力，这部小说不但嫌长，而且也稍嫌散和松，散是在叙事部分，抽象说明又嫌多，具体行动又嫌少。"不论司马长风的评论是否准确，这至少反映了学生阅读这部小说可能面临的困难。首先是字数太多，学生可能有畏难情绪，看到厚厚的"大部头"就不想读。其次是叙事松散，需要教师帮助学生厘清故事情节、分析叙事结构。再次是人物庞杂，《四世同堂》塑造的人物不是非黑即白的，在特殊历史环境中，人物的性格常常极为复杂，需要引导学生看到不同的人和人性。最后是作者对中国的传统文化，尤其是对北平文化、家族文化的审视和反思，对学生而言是一个难点。

2. 学情分析。本课作为一堂"读中导"课，安排在整本书阅读的第四周。学生应当在本周内阅读完整部小说，速度快的同学已经全部阅读完毕。在此之前，教师已经给学生进行了整本书导入、通读指导第一部、通读指导第二部。在学生阅读完第一部《惶惑》后，上了一节解读主要人物祁瑞宣的"读中导"课。在学生阅读完第二部《偷生》后，上了一节反思北平文化的"读中导"课。学生已经在阅读过程中完成了关于分析人物、探究情节、赏析环境等内容的读书笔记，因此，学生对整部小说的情节和人物都有了一定的把握。本课正是在此基础上，让学生统揽全书中的人物，发现群像，定位人物群像，分析群像的意义。

【教学目标】

1. 激发阅读兴趣，检查整本书的阅读情况。

2. 理解群像概念，为小说中的人物分类。

3. 引导学生关注人物的个性化语言。

【重点难点】

1. 教学重点：理解群像概念，为小说中的人物分类，赏析典型人物的个性化语言。

2. 教学难点：设计出符合人物性格特征的人物对话。

【教学方法】

主要采用讲授法、讨论法、任务驱动法、自主学习法。

【重点过程】

（一）预设情景，导入新课

读图猜人物：教师展示大赤包、冠晓荷等人围着吃饭喝酒的插画图，让学生猜图中的人物分别是谁，并结合原著讲述猜测的依据。

明确：经常聚集在一起吃饭喝酒的都是卖国求荣的鼠辈，所谓"物以类聚，人以群分"，我们阅读长篇小说，可以把同一类型的人物放在一起比较对照。

（二）研讨《四世同堂》群像分类

1. 引入群像概念，为什么要给小说人物分类。《四世同堂》的人物众多，人物关系复杂。如果我们还是以个人为单位进行分析，不免繁杂。所以在解读长篇小说的时候，我们可以将有典型意义的人物进行分类，进行类型化分析，也就是关注人物群像。

2. 明确群像分类的标准。按照作品主题，可以把人物大致分成三种类型：英勇抗日类、卖国求荣类、苟且偷安类。

3. 小组讨论并展示。教师提供 18 张人物卡片（9 个典型人物），每个小组抽出两张人物卡片，讨论这两张卡片上的人物应该归到哪个类别，由小组轮流发言人把卡片放入对应的类别中，并说明分类的理由。

发言要求：要介绍这个人物的生平经历。用书中这个人物的一两段个性化语言，来支持你的观点。

其他小组成员可以提出不同意见，并用书中情节支持自己的观点。

教师小结：同学们会发现有些人物并不能简单划分为哪一类别，因为人物性格是在变化发展中的。除了老师提供的这 9 个人物，书中还有许多具有典型意义的人物，同学们可以运用这个方法去划分类型，从中我们既可以看到人物群像共同的品格和心理，也可以看到不同的人和人性，理解特殊历史背景下的复杂人性。

（三）人物对话创作

1. 赏析典型人物的语言。教师展示两段人物对话，请学生分角色朗读，感受人物的语言特点。

文段一：

"怎样？你肯出多少钱？"老二问。

"我不愿做校长，老二！"瑞宣一点儿没动感情地说。

"你不要老这个样子呀，大哥！"瑞丰板起脸来。"别人想多花钱运动都弄不到手，你怎么把肉包子往外推呢？你开口就是国家，闭口就是国家，可是不看看国家成了什么样子！连南京都丢了，光你一个人有骨头又怎么样呢？"老二的确有点着急。他是真心要给老大运动成功，以便兄弟们可以在教育界造成个小小的势力，彼此都有些照应。

老大又不出声了。他以为和老二辩论是浪费唇舌。他劝过老二多少次，老二总把他的话当作耳旁风。他不愿再白费力气。　　　　　　（选自《四世同堂》第三十二章）

文段二：

"大哥！我该走了吧？想想看，上海一开仗，得用多少人，我不能光坐在家里等好消息！"

"到上海去？"

"是呀！以前，想走我找不到目的地；现在有了去处，还不走？再不走，我就要爆炸了！"

"怎么走呢？天津有日本人把住，你又年轻力壮，又像学生的样子，日本人能轻易放你过去？我不放心！"

"你老这么婆婆妈妈的，大哥！这根本是冒险的事，没法子想得周到！溜出北平去再说，走一步再打算第二步！"

"咱们再仔细想一想！"瑞宣含着歉意说，"怎样走？怎样化装？带什么东西？都须想一想！"

"要是那样，就别走啦！"瑞全并没生气，可是不耐烦地走出去。

（选自《四世同堂》第十章）

请学生分别说说祁瑞宣、祁瑞丰、祁瑞全三个人的语言特点，从中可以看出这三个人什么样的性格形象。

明确：祁瑞宣具有爱国思想，却又软弱忍从，受着传统文化思想的束缚，既想"尽孝"，又想"尽忠"，优柔寡断，苦闷不已；祁瑞丰贪图享受，崇洋媚外；祁瑞全勇敢，爱国，比较急躁。

2. 设计人物对话并展示

请同学们设想以下情景：假设瑞丰没有死，抗战胜利后的一天，祁家三兄弟聚在小羊圈胡同那两棵老槐树下畅所欲言，他们会怎样解释自己当时的选择？请以小组为单位，结合原著，设计人物对话，注意不同人物的语言要个性化。

学生在讨论设计时，教师在班里观察，选出1—2个具有代表性的小组，展示他们设计的对话，请学生点评，评价标准：人物语言要求个性化，符合作品中人物的形象性格。

（四）课堂小结

划分人物类型，可以帮助我们分析和理解众多人物，关注人物共同的品格和心理，更好地把握小说的主题。分析典型人物的个性化语言，借此对人物形象进行典型性分析，理解一类人物形象，体会作者塑造人物群像的意义。

（五）课后作业

以下题目任选其一，写一篇不少于600字的随笔：

1. 再次回到北平的瑞全对北平这座古城又爱又恨，你能用瑞全的口吻，替他说出这爱与恨的矛盾吗？

2. 老舍在叙事中不乏辛辣的讽刺，总是在看似轻松的调侃中，抒发对人或事的浓烈感情。请你在书中找出两处，加以赏析。

（设计者：深圳市西乡中学陈雅琪）

第三章

活力语文写作教学

　　据调查，大多数高中学生对写作比较排斥，当然原因是多方面的，有学的原因，也有教的原因。其中当前写作教学中存在的问题尤需深入反思。如：写作训练量少且训练形式单一，作文教学缺乏计划性。基于以上问题，构建科学有效的高中语文作文教学与培训体系势在必行。现拟对高中作文序列化教学进行探究，以期循序渐进，提高学生写作水平。本章尝试分年级、分文体对高中作文序列化教学设计及课例进行呈现，逐步展开对高中作文的训练及教学。序列化其实质上是将写作教学规范化，讲求可操作、程序化与科学性，在规范化的基础上再寻求个性创作上的突破和升格。写作序列化教学模式将有效地改进教师的写作教学，改变过去作文教学中的随意、无序的现象，提高学生写作的热情和写作的质量。

第一节　活力语文写作教学课题研究

　　作文历来是语文教学的重点内容，尤其在高中语文教学中，无论是从高考的角度，还是从培养学生语文核心素养的角度，都扮演着至关重要的角色。但是目前高中写作教学整体堪忧，学生没有兴趣，套式化严重，教学效率不高，教师指导不够，安排随意，缺乏序列化训练，写作水平很难提高。

　　活力语文一直致力于作文教学的研究。优化学生的作文体验，让学生热爱写作，更好地促进作文教学，提高学生写作能力和写作素养，是活力语文写作教学追求的目标。特别是在"三新"背景下，作文教学更加关注学生语文核心素养的培养，更加注重思维的发展与提升。我们坚持以工作室课题《基于核心素养的高中作文序列化研究》等为依托，开展基于新课标、新教材的作文教学序列化内容设计的实践与思考，期望建立一个系统的写作序列，一个循序渐进的训练体系，一套核心目标明确的教学设计案例，优化写作教学效果，有利于学生写作方法和写作能力的训练与建构。

一、《基于核心素养的高中作文序列化研究》开题报告

（一）研究背景

　　1. 时代背景：随着社会经济的迅猛发展，我国对教育事业越来越重视，对高层次专业人才的需求也越发迫切，传统陈旧的高考招生制度逐渐变得不再适应，因此新高考改革无论对国家建设还是对个人发展都十分重要。新一轮高考制度改革重视社会对人才需求的变化，打破了传统的高中教学模式，促使高中教学课程也产生了一定的变化。新的高考改革政策将学生综合素质评价纳入高校招生录取标准当中，再次强调了培养学生综合素养的重要性。

　　2. 政策背景：（1）自 2014 年 9 月国务院颁布《关于深化招生考试制度改革的实施意见》以来，各省市积极推进，从第一批到第四批各试点省市相继出台对应政策及配套措施响应改革部署，在考试方式、录取方式和招生体制改革等方面取得制度性突破。分类考试、综合评价、多元录取的新高考基本理念在各级文件中得到体现并贯彻实施。（2）自 2016 年《中国学生发展核心素养》总体框架发布以来，以核心素养来建构各学科的教学课程成为教育界乃至社会关注的焦点。2017 年，《普通高中语文课程标准

（2017）》颁布，语文学科的核心素养要求落地。

3. 现实困境：（1）高中生作文写作现状：①高中生课业压力大，在写作过程中通过抄袭、拼凑、杜撰等方式敷衍了事的大有人在，不爱写作文、害怕写作文的人数也不少，写作功利性强，写作兴趣不高。②缺乏系统的写作训练，且训练的次数不多。学生自学也没有范例参照，无法评价写作质量。（2）高中作文的教学现状：高中教师工作压力大，教学任务重，在教学过程中缺乏对写作教学序列化训练的探索与思考。长期以来，高中语文写作教学缺乏整体规划，内容随意。一是写作内容杂乱，漫无目的，没有一个系统的写作计划。二是命题的随意性，往往是随机出题，脱离教材内容和学生实际，致使出题的指导思想不明确，写作缺乏针对性。三是写作训练无序，缺乏训练的核心目标和循序渐进的训练序列。（3）教师专业发展迷茫：在以语文学科核心素养为目标的课堂教学中，语文教师必须彰显语文的学科价值和教师自身的价值。但在目前的写作教学中，教师的授课缺乏系统性、连贯性，缺少分类归纳意识，大部分教师还没有建立非常明确的写作训练体系。

学生的学习与训练、教师的教学和专业发展都存在盲目性，导致高中语文写作学习和教学的效率低下，学生的写作能力难以提高，思维发展难以提升。迫切需要确定高中三年序列化的写作内容，制定三年序列化的写作训练体系。

（二）拟解决的核心问题

1. 高中语文作文教学存在缺乏整体规划、命题随意无序等问题。

2. 高中生在语文写作方面存在缺乏系统训练、训练次数不足、无法自学和自评等的问题。

3. 在写作教学中无法落实高中语文学科核心素养问题。

（三）核心概念

1. 核心素养。我国界定的"核心素养"是指"学生在接受相应学段的教育过程中逐步形成起来的适应个人终身发展与社会发展的人格品质与关键能力"。钟启泉教授在《基于核心素养的课程发展：挑战与课题》一文中对"核心素养"做了如下界定："核心素养"指同职业上的实力与人生的成功直接相关的涵盖了社会技能与动机、人格特征在内的统整的能力。换言之，在学校的课程与教学中，基础的、基本的知识"习得"与借助知识技能的"运用"培育思考力、判断力、表达力，应当被视为"飞机的双翼"，同样得到重视。"核心素养"旨在勾勒新时代新型人才的形象，规约学校教育的方向、内容与方法。它既不是单纯的知识技能，也不是单纯的兴趣、动机、态度，而在于重视运用知识技能、解决现实课题所必需的思考力、判断力与表达力及人格品性。学校课程与学科教学指向学会思考的"协同""沟通""表现"的活动，而不再仅仅局限于"读、写、算"技能的训练。核心素养是课程发展的 DNA。

2. 语文学科核心素养。随着新课标的改革与发展，除了重视学生的理论文化知识学习之外，学生的素质水平也要得到提高，以达到素质教育的要求。《普通高中语文课程标准（2017 年版 2020 年修订）》中明确提出"普通高中语文课程，应使全体学生在义务教育的基础上，进一步提高语文素养，形成良好的思想道德修养和科学人文素养，为终身学习和全面而有个性的发展奠定基础，为传承和发展中华文化、增强民族凝聚力和创造力发挥应有的作用"。高中语文学科核心素养包含"语言建构与运用""思维发展与提升""审美鉴赏与创造""文化传承与理解"四个基本要素。

语言建构与运用：指学生在丰富的语言实践中，通过主动地积累、梳理和整合，逐步掌握祖国语言文字特点及其运用规律，形成个体的言语经验，在具体的语言情境中正确有效地运用祖国语言文字进行交流沟通的能力。

思维发展与提升：学生在语文学习过程中，通过语言运用，获得直觉思维、形象思维、逻辑思维和创造思维能力的发展，以及思维的深刻性、敏捷性、灵活性、批判性和独创性等思维品质的提升。

审美鉴赏与创造：学生在语文学习中，通过审美体验、评价等活动构建起来的审美意识、审美情趣与审美品位，以及在此过程中逐步掌握的表现美、创造美的能力。

文化传承与理解：学生在语文学习中，继承中华优秀传统文化，理解、借鉴不同民族和地区文化的能力，以及在语文学习过程中表现出来的文化视野、文化自觉意识和文化自信态度。

3. 高中写作。这里的"高中写作"，就是部编版高中语文新教材写作。新教材依据新课标编写的教学内容，有较强的科学性，与单元学习任务群也紧密结合。教师以教材本身为依托，保障写作内容的主题化和整体化，使写作教学更具系统性。

4. 序列化。郑晓龙在《作文教学序列谈》中指出，作文教学应该有序，序列应该依据语言表达规律、学生心理智能发展特点，遵循循序渐进、由浅入深、由易到难的原则。序列化则指"必须构成一定的知识体系，科学、连贯、均匀、相对完整，要有灵活性，更要有规律性，反对随意跳跃、随意重复和简单组合"。另外，阎银夫在《中学作文教学现状与教材建设构想》中谈到序列化"还体现在知识结构难易梯度上，循序渐进，由易而难，由浅而深"。

写作教学序列化，既是一种写作教学设计，同时也是一种写作教学过程。我们界定的有序化为写作教学依据语言表达特点、遵循学生身心发展规律，以部编版高中语文新教材单元为基础，结合文本内容、知识点、学科核心素养之间的关系，理清楚写作内容和对应的写作能力、训练方式等，将写作教学各要素进行有序规划，优化写作教学效果。这样更能突出写作教学的整体性和有序性，更有利于学生写作方法和写作能力的训练与建构。

（四）文献综述

1. 国内文献综述

（1）对语文作文序列化的研究始于20世纪80年代，流派较多，资料丰富，流程翔实。伴随着新高考政策的施行和新教材的推广使用，对于语文作文序列化的研究很少，在万方数据库和中国知网分别输入关键词"语文作文序列化"，起始年2017年，结束年2022年，分别有57条和9条结果。

现代作文教学序列研究，大致有以下几类：

①强调模仿的作文教学流派及序列

钱梦龙的"模仿－创造"作文序列：20世纪80年代，语文教育家、上海特级教师钱梦龙从课本出发，以模仿为基本策略，首创"导读—导写"这个作文序列，包括模仿、改写、借鉴、博采、评析五个步骤，主要任务是通过读写结合、由易到难来训练学生的写作能力。优点是能规范文体，可操作性强。呈阶梯式的由低到高的上升结构，符合学生的发展水平。缺点是机械地模仿范文而忽视学生作文素养的提高。

杨初春的"五步四法两课型"序列：由湖南新邵县一中语文特级教师杨初春创建。"五步"是指基础训练、思维训练、技巧训练、速度训练和综合训练，"四法"包括写作限期限时法、指导先实后虚法、评阅浏览自改法、训练分步达标法。"两课型"指的是写作实践型、理论指导型这两种课型。其优点在于写作教学主体、内容、形式多重开放，多种求异思维方法（多向思维、反向思维、交叉思维、变形思维）得到灵活运用，对提高师生议论文写作教与学的效率有很大的帮助，不足之处是偏重技巧指导，强调速度训练，很难处理快与好、量与质、快与慢的关系。

吴立岗认为，作文训练序列包含语言文字知识能力训练系统、思维能力发展系统、思想内容积蓄系统和语言功能发展系统四大系统，构建科学的作文训练序列，以语言交际功能发展为主系统，语言交际功能决定语言表达形式。他还提出了每个年级的训练重点和要求。

义务教育低年级以童话体作文为主，重点发展学生想象能力。中年级主要以观察作文为主，重点进行片段和篇章训练，培养表现中心思想的能力和观察能力。高年级以简单的实用类作文为主，培养学生抽象概念思维能力。吴立岗在《中小学作文训练序列方法浅析》中，将国内外中小学作文训练序列归纳为六种基本类型：知识技能型、心理能力型、写作能力型、语言交际功能型、科际联系型、训练途径型。该序列训练内容很全面，分年级分阶段分重点训练值得借鉴，同时关注了学生语文核心素养（创造力）的培养。但在训练中操作方法分得较粗，而四大系统的训练在每一种文体中都是有所涉及的，给教师确定如何教、教什么，带来一定的困难。

②思维训练为主的作文教学流派及序列

刘腓腓和高原的"观察—分析—表达"作文三级训练序列：初一年级培养观察能力，初二年级培养分析能力，初三年级培养表达能力，高中进行综合性、提高性的训练。三级训练序列本着循序渐进的原则，对思辨能力的提高有很大帮助。

北京大学附属中学特级语文教师章熊认为语言和思维的相互训练，由语言练习、思维训练、读写结合训练、提升训练四个部分组成，其中提升训练又包括综合概括能力训练和局部技巧训练两部分内容。优点是读写并行，从简到难，分解练习，注重质量，同时注重语言训练和思维训练，不足之处是强调思维训练，缺少对写作过程的指导，可操作性较差。

江西金溪县名师洪马生认为，高中议论文作文教学训练，应从宏观上进行定序控制（由入格到破格）、定向控制（每章培训某一方面的能力）、定度控制（针对学生的年龄特征和心理接受能力，把握好训练重点和训练量）。通过这些控制，达到高中议论文作文教学的总目标。高一教学目标是能写出论点正确、结构完整、有理有据的议论文（上学期材料作文，下学期命题作文）。高二的教学目标是能定向积累理论方面和事实方面的素材，积累语感，提高议论文的语言表达能力。高三的教学目标是能写出观点新颖、立意深刻、论证有力的议论文，会用其他方法或文体来说理。优点是注重学生思维训练，重视写作技能训练，不足之处在于缺少系统性，且各年级教学目标不连贯。

张晓玲的《漫议作文教学》从观察感受能力、分析综合能力、布局谋篇能力和运用语言表达能力这四个方面阐述如何提高学生的写作水平。张云的《谈应用写作训练的科学化》从写作训练的目标化、定向化、多样化、层次化、程式化五个方面讨论了写作训练科学化的问题，从而提高学生的写作能力。李乾明在《作文教学批判与开发信息资源的作文课程》中认为作文能力的形成，不依靠教师大量的分析，而要依靠联系生活的深度与广度，依靠信息量的有效积累。以上论文在理论研究方面较强，但缺少实际操作性。

③以"过程"训练为主的作文教学序列

著名教育家于漪"文体为纬，过程为经"的教学序列：注重读写结合、事实论据积累、对学生作文过程的指导和读写结合，以单元训练为序，以作文成文的各个阶段如审题、立意、选材等部分为经，以培养写作议论文、记叙文和说明文等文体的能力为纬来安排教学。注重对学生人格的培养，蕴含着浓厚的人文教育理念。

顾黄初先生强调作文与生活密切相关，特别指出"作文教学的学用结合"，关心读写训练方式，将教材与生活作为作文教学体系的两个支撑点，注重科学性、系统性、注重思维训练，他将作文教学分为感性准备阶段、初步训练阶段、全面训练阶段和巩固熟悉阶段四个阶段。在将"思维发展与提升"作为高中语文核心素养的今天，顾黄初先生细致周密的分析，对本课题有很大的指导意义。

特级教师朱显驹把高中记叙文训练按照选取—联想—构思—表达的顺序分为五个专题，把高中议论文训练按照论点、论据、论证、结构等组成若干个专题。每一次作文都有明确的训练目标。强调作文过程训练，对学生写作能力的培养不够。

④以文体训练为主的作文教学序列

周晓天在《高中写作教学序列化设计初探》中分别以文学类、论述类、实用类三类文体的主要能力点为节分点（论述类：评论、杂文、论文等；实用类：新闻、传记、公文、科技文等；文学类：诗歌、散文、小说、戏剧等）。构建合理的序列化写作训练体系要考虑写作教学的特点：如是否贴近学生实际和社会生活实际、是否满足内心表达交际需求、是否符合学生心理发展规律、是否借助情境设计来练习写作、是否有系统的、完整的专题训练和指导、是否有发展性的评价，等等。

彭波浩在《高中语文新课程"人教版"必修课教材研究》硕士论文中提到作文系统以单元组合，每个单元以文体为序。

王科贝的《高中议论文写作研究》、朱显驹的《高中阶段议论文训练序列浅谈》以及蒋念祖的《试论写作训练体系与评价体系的构建》更是集中对高中议论文文体写作进行了研究。

（2）在万方数据库和中国知网分别输入关键词："核心素养""作文序列化"，起始年 2017，结束年 2022，分别有 25 条和 27 条结果。

以马燕（2018）、赵登明（2018）、刘宗江（2020）、何琼（2021）为代表，对初中部编版语文作文序列化展开了研究。①马燕确立了"依托作文教学来提升学生的语文素养"这一基本点，以《作文序列化训练学生手册》为基本抓手，帮助学生传承中华优秀传统文化，从而实现建构学生核心素养框架这一目的。依据《语文课程标准》规定的写作教学目的及要求，参照该手册，统一思想，制定了三年整体规划，确立了以"表达能力和文体训练"为经，以"积累感悟－专项训练－综合运用"为纬的写作序列。具体思路为：作文激趣阶段：七年级上学期，一般记叙文的训练；分类训练阶段：七年级下学期至八年级，记叙、说明文的训练；综合训练阶段：九年级全学年，简单议论文的训练。②何琼的《部编教材单元视角下作文序列化的实践与研究》关注到了部编版初中新教材每一个单元配套的写作教学要求和写作主题，认为教材在写作的编排上，就有非常明显的序列化模式。主张充分利用好教材，单元写作训练要针对单元主题进行设计，设计形式是"随文练笔＋写作"交织进行。③刘宗江在《基于核心素养的初中议论文写作训练序列化研究》一文中强调"核心素养"更注重与学生的思维能力、创新能力、思考方式、情感品质等多方面综合素养的结合，实施方法是：建立序列，强化学生的写作基本功。初一主要是收集整理议论文的写作素材，通过对素材的学习来阐述自己的观点，学会收集和运用议论文的论证依据，让论证更具说服力。初二是发展学生分析技能的重要阶段，通过对论点的分析向大家展示观点，阐明每个观点与观点之间的关系，掌握一个清晰的结构纹理。初三时在理解文章内容，提炼语言和发展更严格的思维技巧方面，整体提升学生的写作技巧。

马燕的序列化教学研究，有校本教材作为抓手，有三年的统筹规划，有经纬两条训练路线，突出了各年级作文教学重点。序列化思路比较清晰，关注到了记叙文、说明文和议论文所有文体，对本课题有很大启发。但在各年级作文训练点方面论述笼统，也未阐述提升学生哪方面的语文素养。赵登明侧重核心素养导向下的初中作文教学模式变革，打破传统"教－学－评"分离的教学模式，有序地将"教－学－评"三个环节融为一体，构建作文序列化教学模式。在学生评价方面对本课题有重要启示。但其列举的评价导向功能、激励功能、调节功能和教育功能并未体现核心素养如何落实。何琼老师依据教材来设计单元写作主题，对本课题有借鉴意义。部编版高中语文教材每一单元都有一个学习主题，这一点与初中教材不谋而合。但文中只是提及了部分写作主题，并未呈现完整的序列化脉络，也未提及如何落实语文学科核心素养。刘宗江把新课改下的核心素养融入学生的写作训练要求之中，但在文中并未提及核心素养与写作训练如何对接，且初中三年只构建议论文的写作序列未免有些片面，毕竟在初中写作的主要文体是记叙文，而不是议论文。

关于高中语文素养与作文序列化研究的资料很少，比较有代表性的是姚蓉（2019）的硕士论文《高中作文序列训练研究》，将高中三年的整体训练内容概括为"一个核心，两条线索，三个阶段"。以整体提升学生的作文能力为核心，纵向上以文体训练序列为经，分三个学年六个学期编排，按照记叙文—说明文—议论文文体顺序训练，遵循由易到难的原则，训练目标螺旋上升；横向上以主题训练序列为纬，主题训练内容也可按三个学年六个学期编排，主题训练序列内容的编排与学生的精神成长、思想发育同步，用文字记录学生的成长过程，分别是"我的成长""家庭生活""校园生活""走近自然""体验社会""感悟历史"。

姚蓉的文体训练序列内容主要解决怎么写的问题，主题训练序列内容主要解决写什么、用什么写的问题，思路很清晰，值得本课题借鉴。但是写作主题只有六个，与新教材的主题单元相比，太过单一；纵向上以文体训练序列为经，按照记叙文—说明文—议论文文体顺序训练有失偏颇，高中作文是以议论文训练为主，记叙文、说明文为辅，外加一些应用文体（如人物志、风物志、家乡调查报告、演讲稿等）。

国内的高中作文序列化研究在写作内容、思维训练、训练策略等方面都比较完善和具体，研究比较成熟，对本课题有很大的帮助，基于新课程新教材新高考的要求，在写作教学和写作训练中如何落实核心素养就显得尤为重要。国内在这方面的研究几乎是空白，虽有提到核心素养问题，但未将核心素养与实际的作文教学和作文训练对接。因此本课题的研究很有必要。

2. 国外关于"写作序列化"的研究述评

（1）苏联的写作教学序列

苏联的中小学写作教学序列分为两个阶段：低年级是打基础阶段，主要培养一般写作能力（如：审题能力，表达中心思想的能力，搜集和整理材料的能力）；高年级重点培养特殊写作的能力（写记叙文、描写文和议论文的能力）。

苏霍姆林斯基在母语课中开设"思维课"，让学生在观察与思维的相互作用中学会用词造句，实现形象思维、抽象思维和创造性思维的有机结合，对本课题有很重要的借鉴意义。

（2）美国的写作教学序列

美国母语写作教学主要包括思维表达序列、文字表达序列、段落作文序列等。将学生作文分为三类：记叙文、实用文和论说文。先是片段练习，后是成文练习，由简到繁，循序渐进。美国写作教学重视语言思维训练，重视独创性的表达，重视对实用文的指导。

美国在写作教学过程中，在不同阶段使用不同的支架，以任务驱动的方式引领学生沉浸写作过程，促进读写共生。常用支架有情境支架、开源支架、转换支架、程序支架、策略支架和示范支架，等等。

"作文指导五要素法"和"作家工作室训练法"是当代在美国影响较大的两种作文教学方法。"作文指导五要素法"强调：一文多改多写，在实践中学会写作；多接触优秀作品；重视学生作品的价值，多鼓励，多调动写作的积极性；让学生感觉老师就是作家，充分发挥教师的示范作用。

"作家工作室训练法"主要训练步骤有：全班针对题目进行头脑风暴，把内容进行分类、比较、归纳、综合、分析，再酝酿出可以接受的主题或者中心思想，根据大纲要求小组讨论出初稿，经老师评价后再进行修改。重视培养学生独立思考与独立判断的能力、批判思维和创造性思维等能力。

（3）英国的写作教学序列

英国的作文教学先学习文法、拼写法、标点符号，再到积累素材；积累素材从应用性的作文开始，再从生活中积累大量素材提高实际写作能力；先让学生写自己想写的文章，再写虚构的作品，最后写具有深刻思想性富含哲理的论说文。

每个单元的侧重点也不一样，分别有一个鲜明的主题和写作技能与知识内容教学目标的设定，体裁广泛，写作技能体系完整，结构也符合学生写作思维的训练。前面五个单元中，每个单元分成五个部分，侧重于培养学生的语言知识和单项写作技能，包括写作内容的构思、概要和主题句的撰写、思辨能力训练等；后面五个单元中，每个单元分成四个部分，侧重于培养学生的评价能力、思辨能力以及训练学生不同写作体裁的撰写。

（4）日本的写作教学序列

日本特别重视的作文训练序列是：①读和写结合，如写读后感、摘抄、续写、扩写、缩写、写提纲等。②写作和生活结合。通过对生活的观察、调研等方式来描述事物，阐释事物，表明观点。日本的写作教学，重视生活素材的积累，重视写作动机。

综上所述，这些国家的写作教学序列重视学生思维能力的培养，重视写作与生活的联系，有些措施和策略值得本课题借鉴。但在写作内容方面阐述比较笼统，没有明确的规定和目标，关于学生素养方面也没有提及，这为本课题指明了研究方向。

（五）研究目标

1. 通过梳理部编版高中语文新教材写作教学的要求和建议，明晰教师在高中语文写作教学过程中的教学内容和教学思路，建构相应的序列化写作内容和训练体系，提高写作教学的效率。

2. 依据教材单元主题，创设作文情境，提供写作范例，激发学生写作兴趣，促进学生主动进行整合式学习和自评，增加写作训练次数和频率。

3. 根据教材写作要求，建构以提升学生写作能力为核心的训练体系，让学生能够在写作中掌握系统的写作知识、构建写作思维、体验写作过程，提升写作能力。

4. 通过本课题研究，在写作中落实高中语文学科核心素养，挖掘高中语文写作中的育人因素，从而深化语文学科教学"立德树人"全面育人的功能。

（六）研究内容

1. 研究提纲

（1）核心概念的界定

对本课题涉及的四个核心概念"核心素养""语文学科核心素养""高中写作""序列化"进行研究和界定。

（2）基于核心素养的高中写作序列化与传统写作教学的区别

拟从"写作内容""写作主题""写作目标""写作提升""写作评价"等五个方面阐述二者的区别。

（3）基于核心素养的高中写作序列化设计策略

①写作序列化设计的总策略：整体性、主题性、灵动性；

②写作序列化目标设计策略：指向语文学科核心素养；

③写作序列化内容设计策略：紧扣教材的单元主题；

④写作序列化情境设计策略：真实与前瞻兼具，多元与具体互补；

⑤写作序列化教学指导策略：以学生发展为中心，教师充分发挥主导作用；

⑥写作序列化评价策略：过程性评价，评价主体多元化。

（4）基于核心素养的高中写作序列化研究的意义

①促进部编版高中语文新教材作文教学工作的落实，让写作教学内容系统化，让写作训练体系化。

②促进学生语文学科核心素养的形成和发展，促进学生写作能力的提升。

③明晰语文教师在写作教学过程中的教学内容和教学思路，提升写作教学效率。

④挖掘高中写作中的育人因素，创设具体情境，促进学生主动进行整合式学习，更好地实现语文学科的育人功能。

（5）基于核心素养的高中写作序列化设计的实践尝试（单元写作实施＋写作点评）

①单元写作主题的梳理（涵盖统编教材五册书的全部单元及近期社会热点）；

②指向单元主题的写作题目情境化设计、写作实践及写作点评；

③指向社会热点的写作题目情境化设计、写作实践及写作点评。

在本部分中，通过具体的单元和社会热点的写作题目情境化设计、写作实践，将基于核心素养的高中写作序列化设计付诸行动研究，进行点评与展示，不断优化作文题目设计，提升学生学科素养。

2. 研究重难点

（1）课题研究重点：①基于核心素养的高中写作序列化设计策略：在高中作文序列化设计中落实语文学科核心素养，寻求"语文学科核心素养"与高中语文写作序列化的对接点，总结出高中写作序列化设计策略。②基于核心素养的高中写作序列化设计的实践尝试（单元写作实施＋写作点评）：研究和设计统编教材五册书每个单元的写作内容，对学生的作品进行评价与总结。

（2）课题研究难点：①基于核心素养的高中写作序列化设计策略：在高中作文序列化设计中落实语文学科核心素养，寻求"语文学科核心素养"与高中语文写作序列化的对接点，总结出高中写作序列化设计策略。②基于核心素养的高中写作序列化设计的实践尝试（单元写作实施＋写作点评）：研究和设计统编教材五册书每个单元的写作内容，对学生的作品进行评价与总结。

3. 研究创新之处

（1）理念创新：当前国内的大部分作文序列化研究侧重于不同文体的分类训练和同一文体的分级训练，与日常教学内容脱离。本研究以部编版高中语文新教材为例，将语文学科素养与新教材单元写作主题设计相结合，微写作与大作文结合，更好地解决了写作压力与教学目标之间的矛盾，突出写作教学的有序性、整体性。

（2）设计创新：高中写作序列化在语文教学中已有一定的研究成果，但是这些写作教学设计大部分还是围绕高考视角来进行研究。本研究以学生的发展为中心，以部编版高中语文新教材为依托，以学科核心素养为目标，设计整个高中阶段的写作序列化课程。

（3）实践创新：本研究有利于部编版高中语文新教材写作教学的落实，让写作教学主题化、系统化，同时为教师在写作教学中落实语文学科核心素养提供更有效的实施路径和策略；提高高中写作训练的效率，强调写作训练的主题性、连续性和整体性。

（4）成果创新：本研究拟完成 1 本写作专著，完成 1 篇研究报告《基于核心素养的高中写作序列化研究》，这些都将为一线高中语文教师的作文教学提供有针对性的作文写作训练素材，同时也为学生提供自主练习的主题和方向。

（七）理论依据

1.布卢姆目标分类理论：布卢姆目标分类理论将学生需要学习的知识分成四个类型：事实性知识、概念性知识、程序性知识和元认知知识；将认知过程分为六个方面：记忆、理解、运用、分析、评价和创造。布卢姆目标分类理论强调从简单到复杂、从低级到高级的循序渐进的教学，逐步引导学生从简单的识记到新知识的创造。

2.学习迁移理论：学习迁移（Transfer of Learning）是一种普遍的心理现象，是指一种学习对另一种学习的影响。学习迁移，是指学生将掌握的知识以某种方式联系起来，并能够在问题的解决中发挥作用。其实质是学习者利用已有认知结构，对学习内容进行分析、概括，从而形成新的认知结构的过程。

3.情境认知理论：强调知识来源于现实生活中的活动和情境，在特定的情境中，学习者借助他人的帮助、协作与互动而实现的意义建构过程。在作文教学中，把情境引入作文训练的全过程，以"情境"引导学生观察、体验和交流，调动学生学习的主动性。

4.建构主义学习理论：强调学生在学习过程中的主观能动性，在伙伴与教师的引导下，在情境中自主地完成建构知识学习，在学习过程中，学生的知识体系不断构建、不断完善，可以帮助学生更高效地完成学习任务。学生在建构知识学习体系时，需要以丰富的资源为基础，在学习情景设计中完成学习能力的提升。

（八）研究方法

1.文献研究法。本研究以"学科素养""写作序列化"作为研究的核心概念，涉及了心理学、教育学等学科，这些学科的研究成果为本研究奠定了理论基础。结合本课题研究内容，将利用"中国 CNKI 学术文献总库""万方数据库"及参考学术文献等途径，收集相关文献并进行分析整理。了解高中语文写作教学的设计现状，分析整理研究中取得的成果和存在的问题，为本研究奠定研究基础。同时努力寻找语文学科核心素养与高中写作序列化的对接点。

2. 案例分析法。在高中语文教学实践中开展基于核心素养的写作序列化教学，并以此为代表性的案例进行客观评价分析，论证写作序列化的可行性，并对实施环节中出现的问题进行反思和总结，从而优化教学策略。

3. 行动研究法。本课题将核心素养、单元写作设计与具体的教学实践相结合，在设计中实践，在实践中不断反思、修正设计。通过课堂教学、课外练笔等教育实践，引领学生表达与交流、梳理与探究，提升教学设计的精准性和实践的可行性。

（九）研究过程

本课题研究为期两年，拟于 2024 年 10 月完成结题。具体的研究计划和实施步骤安排如下：

1. 准备阶段：2022 年 9 月至 2023 年 3 月

（1）准备课题申报立项。在专家的指导下，主持人组织课题组成员检索相关文献资料，开会研讨课题研究基本思路，认真填写好课题申报表及论证书。

准备开题报告工作。课题获得立项后，主持人立即组织课题组成员制定课题实施方案，为开题报告会做好相关准备工作。

（3）举行开题报告会。邀请有关专家进行开题论证，并根据专家意见修改完善课题实施方案。

2. 实施阶段：2023 年 3 月至 2024 年 5 月

（1）分头研究学科核心素养和单元写作主题。落实课题组成员责任分工，按照部编版高中语文教材的单元主题进行情境化作文题目设定，深入开展文献研究、观察调查、写作教学实践、学生作品评价等工作。

（2）召开中期成果汇报会。组织课题组对本课题研究情况进行阶段性总结，向有关专家和同行专题汇报作文序列化设计及实施情况，系统梳理开展作文序列化设计和实践的经验总结。

3. 总结阶段：2024 年 6 月至 2024 年 9 月

（1）成果汇总：组织课题组成员整理成果，做好结题验收工作。对课题组成员论文进行整理，形成最终研究成果。

（2）课题主持人总结和归纳基于核心素养的高中语文写作序列化题目设计和实施路径，总结提炼策略，归纳作文序列化的实施成效，发现新的研究增长点，为后续的深化研究奠定基础。

（3）准备结题会。在实践的基础上进行总结提升，形成研究报告。邀请有关专家进行结题，并根据专家意见不断完善课题案例及策略，为进一步推广课题成果做准备。

（十）人员分工

刘秋霞：课题主持人，负责课题申报、开题报告的撰写和 PPT 制作。①负责开题报告和结题报告的撰写，课题中期检查、论文发表等工作。②梳理高中写作教学、写作情境化设计和语文学科核心素养三者之间的关系。③梳理作文教学理论。梳理高中作文序列化的特点及发展脉络。④确定高三上学期写作主题，进行写作教学实践，点评和整理学生优秀作品。

罗代国：指导课题开题工作、模块分工。全程指导课题研究工作和单元写作落实工作，学生优秀作品排版工作，著作论文的出版与发表工作，联系专家指导。

万春晓、张兴星、纪瑾雯、蒋为、刘婷婷、陈雅琪：确定高中语文五册教材的写作主题，进行写作教学实践，点评和整理学生优秀作品。

胡志天、梁文先：负责活动的组织与策划、拍照、录课、资料的收集等。

（十一）保障条件

1. 本课题主持人有 12 年的高中语文一线教学经验，第三批宝安区骨干教师，又是罗代国名师工作室成员。对新课程、新教材非常感兴趣，擅长教学设计，对新教材的研究有一定的成果，2021 年曾获第一届湾区语文杯教学成果特等奖。参与编写《中华优秀文化之高中语文必修单元教学设计》一书（由河北教育出版社出版）。

2. 本课题组罗代国老师是广东省正高级教师，深圳市名师工作室主持人、宝安区名师工作室主持人，主持过市级、区级课题多项，出版过多本专著，能够为本课题组提供强有力的理论指导。张兴星老师是高级教师，西乡中学语文科组长，具备很强的组织能力，主持过市级、区级课题多项。梁文先老师、万春晓老师、纪瑾雯老师、陈雅琪老师、蒋为老师和刘婷婷老师，都是理论知识扎实、教学经验丰富的区级骨干教师。胡志天老师敢想、敢创新，年轻有为。我校教师有老黄牛精神，敢干肯干，吃苦耐劳。课题组成员乐于学习，追求进步，兢兢业业，研究时间有保证。

3. 我校是宝安区新课程、新教材改革试验学校，所有语文老师均多次参加了与新教材、新高考相关的培训，为课题研究打下了坚实的基础。此外，我们还有宝安区教科研部门和学校教科室的大力支持。

（十二）预期成果

1. 完成 1 篇研究报告《基于核心素养的高中写作序列化研究》。

2. 课题组完成 1—2 篇研究论文并公开发表在省级以上刊物。

3. 形成"基于核心素养的高中语文写作序列化教学范例"课例集（含录像）。

（十三）参考文献

1. 中华人民共和国教育部 . 普通高中语文课程标准（2017 年版，2020 年修订）[M]. 高中语文课程标准（2017 年版，2020 年修订）[M]. 北京：人民教育出版社，2020.

2. 教育部组织编写 . 普通高中教科书语文必修上、下册 [M]. 人民教育出版社，2019.

3. 教育部组织编写 . 普通高中教科书语文选择性必修上、中、下册 [M]. 人民教育出版社，2019.

4. 戴立辉 . 新课改下如何实践高中语文情境作文序列教学 [J]. 教师，2021（26）：19-20.

5. 杨长英基于序列化训练的高中作文有效教学 [J]. 中外交流，2017（2）：19.

6. 李沙 . 让"序列化"走进作文教学 ——中学语文课本中作文教学存在的问题及对策 [J]. 课外语文（上），2019（7）：144-145.

7. 穆琛 . 高中作文序列化训练有效教学谈 [J]. 语文教学与研究（大众版），2018（2）：48.

8. 孙峰臣 . 高中作文训练序列化探索 [J]. 中学语文教学参考，2019（6）：23-24.

9. 刘小玲 . 精细化研究下的作文序列化课堂的构建 [J]. 作文成功之路（上旬），2022（7）：62-64.

10. 王方毫 . 高中议论文教学序列化训练的探索与思考 [J]. 作文成功之路（上旬），2020（2）：63-64.

11. 何琼 . 部编教材单元视角下作文序列化的实践与研究 [J]. 魅力中国，2021（45）：143-144.

12. 马燕 . 问渠那得清如许为有源头活水来——《初中作文序列化训练学生手册》教学研究 [J]. 教学管理与教育研究，2018，3（10）：87-88.

13. 刘宗江 . 基于核心素养的初中议论文写作训练序列化研究 [J]. 考试周刊，2020（51）：33-34.

14. 范俊梁 . 核心素养视域下高中思辨性写作序列化教学研究 [J]. 文渊（中学版），2021（8）：1814-1815.

15. 姚蓉 . 高中作文序列训练研究 [D]. 广西：广西师范大学，2019.

16. 田芳，徐松 . "微写作"下作文教学的三个转变 [J]. 中学语文教学参考，2017

（10）：50–51.

17. 赵登明. 核心素养导向下的作文教学序列化构建思考 [J]. 新作文：教研，2018，0（4）：221–222.

18. 张蕊. 谈如何以写作素养螺旋进阶为基础构建立体化的写作序列 [J]. 中华活页文选（教师版），2022（23）：33–35.

（执笔：深圳市西乡中学刘秋霞）

二、高中作文序列化教学整体设计

随着高中语文新课程的实施和新教材的使用，一系列新理念受到广泛关注并深入人心，特别是"核心素养""任务群""单元主题""真实情境""实践活动""思维品质""读写结合"等语文教学设计和实施的核心概念和重要依据，成为语文教学的亮点和生长点。

围绕培养学生的语文核心素养，新课程、新教材重视深度阅读、读写结合，强化阅读和写作方法的指导，以学习任务为中心，整合学习情境、学习内容、学习方法和学习资源，灵活设计阅读与鉴赏、表达与交流、梳理与探究等语文实践活动。我们围绕单元主题实施写作教学，将写作任务融入"单元学习任务"中，从单元阅读中生发写作任务，写作的话题或范围则从单元人文主题或课文的阅读中生发，激发学生写作兴趣，培养关注读者、关注生活的意识，深受学生喜欢。

（一）新教材单元人文主题及对应的学习任务群梳理

1. 必修教材各单元人文主题及对应的学习任务群

单元	必修上册人文主题	学习任务群	必修下册人文主题	学习任务群
第一单元	青春激扬	文学阅读与写作（一）	文明之光	思辨性阅读与表达（二）
第二单元	劳动光荣	实用性阅读与交流（一）	良知与悲悯	文学阅读与写作（四）
第三单元	诗意人生	文学阅读与写作（二）	探索与发现	实用性阅读与交流（二）
第四单元	我们的家园	当代文化参与	媒介素养	跨媒介阅读与交流
第五单元	乡土中国	整本书阅读（一）	使命与抱负	实用性阅读与交流（三）
第六单元	学习之道	思辨性阅读与表达（一）	观察与批判	文学阅读与写作（五）
第七单元	自然情怀	文学阅读与写作（三）	不朽的红楼	整本书阅读（二）
第八单元	语言家园	语言积累、梳理与探究（一）	责任与担当	思辨性阅读与表达（三）

2. 选择性必修教材各单元人文主题及对应的学习任务群

单元	选择性必修上册人文主题	学习任务群	选择性必修下册人文主题	学习任务群
第一单元	伟大的复兴	中国革命传统作品研习	诗词的国度	中华传统文化经典研习
第二单元	百家争鸣	中华传统文化经典研习	时代镜像	中国现当代作家作品研习
第三单元	多样的文化	外国作家作品研习	至情至性	中华传统文化经典研习
第四单元	逻辑思维	语言积累、梳理与探究	求真求实	科学与文化论著研习
单元	选择性必修中册	学习任务群		
第一单元	理论的价值	科学与文化论著研习		
第二单元	苦难与新生	中国革命传统作品研习		
第三单元	历史的现场	中华传统文化经典研习		
第四单元	丰富的心灵	外国作家作品研习		

（二）新教材各单元写作任务与语文核心素养融合梳理

1. 新教材单元写作任务与语文核心素养融合梳理（必修上册）

必修上册单元	写作任务	语文核心素养
第一单元	学写诗歌	感受文学作品意蕴的丰富性和语言表达的特殊方式，学习从语言、形象、情感等不同角度欣赏作品，获得审美体验，提升审美能力；尝试诗歌写作，增强语言表现力。
第二单元	写人要关注事例和细节	学会分析通讯的报道角度，理解事实与观点的关系，抓住典型事件，把握人物精神；了解新闻评论的特点，学习阐述观点的方法；写人时关注典型事例和细节，写出人物的精神。
第三单元	学写文学短评	体会诗人对社会的思考与人生感悟，理解文学作品丰富的内涵和语言的独特表达，提升审美能力；尝试写文学短评。
第四单元	/	/
第五单元	/	/
第六单元	议论要有针对性	准确把握和评价作者的观点和态度，理解阐述观点的方法和逻辑，学习有针对性地表达观点；学会发现问题，从合适的角度以恰当的方式阐述自己的看法，论述合理，语言准确，以理服人。
第七单元	如何做到情景交融	捕捉创作灵感，运用一定的艺术手法，用自己喜欢的文体样式写作
第八单元	/	/

2. 新教材单元写作任务与语文核心素养融合梳理（必修下册）

必修下册单元	写作任务	语文核心素养
第一单元	如何阐述自己的观点	体会相关课文论事说理的技巧和不同的表达风格；写议论性文章，学会阐述自己的观点。
第二单元	/	/
第三单元	如何清晰地说明事理	分析作者阐释说明、逻辑推理的方法，体会文章语言严谨准确的特点；运用所学知识，探究实际问题，形成自己的见解，学写事理说明文。
第四单元	/	/
第五单元	学写演讲稿	结合实用性文本的写作目的把握其文体特点，体会文章的实用性和针对性，感受作者在态度、语气、叙述策略、表达方式、语体风格等方面的差异；进一步学习演讲稿的写作，准确、充分地发表见解，阐发主张，表达立场，抒发情感。
第六单元	叙事要引人入胜	学习用读书提要或读书笔记记录自己的阅读感受和见解，从生活中选取材料，尝试写复杂的记叙文。
第七单元	/	/
第八单元	如何论证	学会在辩证分析与合理推理的基础上理性判断，养成大胆质疑、缜密推断的批判性思维习惯；写作议论性文章，学会论证自己的观点。

3. 新教材单元写作任务与语文核心素养融合梳理（选修）

选修中册单元	写作任务	语文核心素养
第一单元	材料的积累与运用	有意识积累材料，恰当地组织加工材料，用自己喜欢的文体样式和表达方式写作。
第二单元	审题与立意	学会准确审题，发散思考，提炼观点，确定作文立意，撰写文章。
第三单元	学写小小说	思考生活，收集素材，尝试写小小说，发挥创意，写出新意。
第四单元	尝试写驳论文	学习论证，通过梳理、探究论点、论据、论证形式等论证要素，学会分析议论性文章，在写议论性文章时，能够有效运用论证。
选修中册单元	写作任务	语文核心素养。
第一单元	深化理性思考	抓住主要概念，把握核心观点，理清论述思路，感受其强大的思想力量和逻辑力量；体会社科经典论著的表述方式，把握文章的论证、论辩艺术和严密、准确的语言风格；积极思考社会现象，深化对问题的认识，提高观点的深刻性，提升理性思维水平。
第二单元	/	/
第三单元	/	/

选修中册单元	写作任务	语文核心素养
第四单元	学写申论	思考"文化走出去"的话题，学写申论，针对具体问题阐发观点，提出解决办法。
选修下册单元	写作任务	语文核心素养。
第一单元	/	/
第二单元	语言的锤炼	从本单元课文中寻找炼字炼句的范例，深入分析鉴赏，引导学生养成推敲词句的习惯，讲究表达技巧，提升写作素养。
第三单元	说真话，抒真情	理解作者如何通过特有耳朵语言形式去抒发情志，形成独特的美感，领会不同作者在审美上的独特追求，品析章法之妙和细节之美；学会真诚、负责任地表达，抒发真情实感，提升人格修养。
第四单元	文章修改	体会自然科学论著的表述方式和语言特点，学习科学的思维方式和研究方法；结合理科课程的学习，拓展阅读，用恰当的方式（如撰写读书报告）呈现自己的学习成果。

（三）新教材高中语文作文序列化教学内容整体设计

我们的高中作文序列训练，以整体提升学生的语文核心素养（特别是语言建构与运用、思维发展与提升）为核心，以教材单元主题训练序列为经，以文体训练为纬，按照记叙文 - 说明文 - 议论文文体顺序训练，遵循由易到难的原则，训练目标螺旋上升。

1. 高一上学期写作教学目标与内容

写作教学目标	写作教学内容
进一步认识诗歌的特征，树立正确的诗歌写作观。	学写新诗（必修上第一单元写作任务）
注意"评"（评论）和"感"（读后感）的区别，处理好点面关系、叙议结合。	学写文学短评（必修上第三单元写作任务）
学习风物志概念；掌握撰写对象选取基本原则；学习风物志写作原则；学习访谈设计。	学写家乡风物志（必修上第四单元写作任务）
学习调查报告的一般结构；学习主体部分结构的三种类型（横向结构式、纵向结构式、纵横结合式）；学习结尾的写法（概括式、总结式、建议式、预测式、补充式）。	学写调查报告（必修上第五单元写作任务）
学会选择合适的角度、以恰当的方式、有针对性地阐述自己的观点。	议论要有针对性（必修上第六单元写作任务）
引导学生从课内外的阅读经验中积累丰富的词语；引导学生从语言实践中探究语言运用规律；培养学生词汇积累、梳理、质疑和探究的学习习惯。	学写语言札记（必修上第八单元写作任务）

续表

写作教学目标	写作教学内容
了解写人记叙文的一般技巧：创造深度的角色，使用生动的描述，选择角度和视角；掌握写人记叙文的具体写作方法：选择有个性、有特点的人物作为写作对象，通过外貌、性格等突出人物特征，借助典型事件展示人物形象，突出人物言行，透过细节了解人物，运用修辞手法使语言生动形象、富有感染力，合理运用段落。	记叙文进阶1：写人的技巧
掌握记叙文七大叙事技巧：巧设悬念，一线串珠，以小见大，穿插流动，粗笔勾勒，曲径通幽，烘托艺术。	记叙文进阶2：叙事方法
掌握记叙文八大叙事结构：常规线性叙事，多线性叙事，回忆叙事，环形结构叙事，倒叙线性叙事，乱线性叙事，重复线性叙事，套层性叙事。	记叙文进阶3：叙事结构
了解记叙文中的描写种类：人物描写，环境描写（自然环境和社会环境），场面描写，侧面描写记叙文中加入议论的注意事项：以记叙为基础，先记叙充实，再发表议论；先叙后议，边叙边议，或在结尾发表议论；议论起画龙点睛作用，不宜过多。	记叙文进阶4：善用描写与议论

2. 高一下学期写作教学目标与内容

写作教学目标	写作教学内容
引导学生运用批判性思维去思考问题、阐述观点；引导学生学会表达辩证类观点；引导学生学会运用全面的、联系的、发展的观点，在比较中辩证地思考。	写鉴史论今类、寓意阐发类议论文（必修下第一单元写作任务）
培养学生对戏剧欣赏、评价的能力，提升逻辑思维、创造性思维的水平；引导学生将原初体验提炼为新颖的观点；重视学术规范的正向引导。	写戏剧评论、观剧心得、剧中人物分析（必修下第二单元写作任务）
引导学生深刻、准确、清晰地阐述常识中的"理"；引导学生概括总结出说明事理常用的说明方法和写作技巧。	说明事理（必修下第三单元写作任务）
突出演讲的针对性；注意准确、充分地发表见解，阐发主张，明确立场，抒发情感。	写"我们的使命"演讲稿（必修下第五单元写作任务）
引导学生学会运用独特的艺术手段进行整理、提炼和安排，叙述出比生活中的真实事例更加具有代表性、矛盾更加集中的故事；学习小说家的叙述技巧：选择合适的叙述视角，写出事情的波澜。	写真实经历或虚构故事（必修下第六单元写作任务）
引导学生了解综述写作的重要概念、思维逻辑、结构特征、语言特色；引导学生探讨综述的要素与规则，形成撰写综述的理性认识。	写名著研究综述（必修下第七单元写作任务）
引导学生积极观察社会现象、发现问题并做出独立判断；培养学生立论有理、说理有例并能有力论证核心问题的能力；培养学生正确的价值观念；帮助学生养成理性严谨的思维方式。	写思辨议论文（必修下第八单元写作任务）
会写常见的基本实用文。	说明文介绍与示范
	说明文与书信等应用文写作
	应用文写作——通知、申请、启事等
	说明文（应用文）写作小结

2. 高二上学期写作教学目标与内容

写作教学目标	写作教学内容
了解议论文的概念和种类；明确议论文的要素（论点、论据和论证）；熟悉议论文写作的基本要求：以议论为主，观点鲜明，论据充足典型，论证严密。	议论文知识与示范
了解议论文的结构：整体结构（引论－本论－结论），本论结构（并列式、层进式、对照式、总分式）；熟悉各种结构的要点并能够很好地区分和运用。	议论文的论证结构
引导学生熟悉积累论据的多种方式和途径（教材、报纸杂志、经典名著、社会生活、展馆、电视专题、广播、电脑网络、专题讲座、旅游等）；掌握议论文论据运用的原则：典型，新颖，准确，丰富，例析结合。	议论文的论据
了解三种基本的推理方式：演绎、归纳、辩证；掌握基本的论证方法：举例论证、引用论证、比喻论证、比较论证（含对比论证和类比论证）、因果论证、假设论证、归谬法、反证法。	议论文的论证方法
通过分析议论文核心段落的层次，灵活掌握"立－释－证－析－结"的写作方法（"立"就是提出段落的分论点，"释"就是对论点进行简要的阐释，"证"就是举例论证，"析"就是剖析事例，"结"就是结论，是对分论点的回应。）	议论文核心段落的写作技巧
引导学生在感性的阅读中注意选材与人物精神内涵的关联性和一致性；学习综合运用多种表达方式来达成写作目的。	写"家乡的英雄"演讲稿（选修上第一单元写作任务）
引导学生充分理解文化经典名句原有的内涵；结合新的时代背景，对文化经典名句做出新的阐释；引导学生结合时代背景，分析新阐释的时代意义和价值。	写名句阐发类议论文（选修上第二单元写作任务）
学会选择一个开口小的评议点；学会构思"总－分－总"结构的短评结构，做到分层评议；学会采用"评－引－析"结构紧扣评议点进行论述，写好一个评议段；引导学生认真观察生活、思考生活、发现生活中存在的"小说元素"；引导学生借鉴经典作品的写作技巧，尝试创作小小说。	写小说短评、写小小说（选修上第三单元写作任务）
通过现实事例引导学生初步了解形式逻辑中的矛盾律、三段论；引导学生初步了解因果性、相关性、幸存者偏差和充足理由律。	写驳论文（选修上第四单元写作任务）
探究文章在选择和运用材料方面的特点及其论证风格；尝试运用相关理论对现实问题进行辩证分析，有理有据地阐述自己的见解，深化对所学理论和社会生活的认识，增强理性思维能力，提升具体情境中的语言运用能力；学习表达和阐发自己的观点，力求立论正确，语言准确，论据恰当，讲究逻辑；学习反驳，做到有理有据，以理服人。	不盲信权威（选修中第一单元写作任务）
结合历史背景研读作品，把握不同体式作品的风格特点，领略富有时代特征的表达艺术；了解纪实作品和虚构作品各自的特点和表现手法，欣赏作家塑造艺术形象的深刻功力和富有个性的创作风格；关注对艺术形象的刻画，突出对作家富有个性的创作风格的鉴赏。	写赏析评论类札记（选修中第二单元写作任务）
通过研习史传作品，领略人物风采，鉴赏作品的叙事艺术；通过研习史论作品，把握论者的观点和论述方式，学习作者思考社会现实问题的态度和方法，鉴赏作品的说理艺术。	写人物短评（选修中第三单元写作任务）
通过探究作品所反映的社会文化差异，思考不同文化传统之间的交流借鉴价值，提升文化鉴别力，理解多元文化格局；基于自己的思考并运用相关材料，写作申论。	学写申论（选修中第四单元写作任务）

2. 高二下学期写作教学目标与内容

写作教学目标	写作教学内容
鼓励学生尝试对感兴趣的古今中外文学作品进行比较研究或专题研究，理解作品所表现出来的价值判断和审美取向，做出恰当的评价；引导学生选择一些有深度的问题进行深入的研究性学习，初步练习小论文的写作。	写诗词鉴赏文章（选修下第一单元写作任务）
鼓励学生尝试分析和评价不同作家的创作风格，选择一位作家或一部作品，学写文学评论；引导学生从语言锤炼的角度，探究作品的语言表达技巧，撰写语言鉴赏札记。	写语言鉴赏札记（选修下第二单元写作任务）
结合生活实际，写一封书信，做到说真话、述真知、抒真情。	给友人写一封信（选修下第三单元写作任务）
学习查找科技文献的基本方法并尝试运用，了解相关领域的研究情况和最新进展；学会用恰当的方式呈现自己的学习成果；撰写内容摘要、读书报告，及时记录研究心得，深化理解和认识。	写读书报告（选修下第四单元写作任务）
会综合运用多种表达方式和技巧，创作散文：段首突出，多次照应妙用小标题，聚拢素材；托物言志，借物寄理。熟练掌握并运用散文化笔调：极事渲染，铺排蓄势；材料（论据）的叙述情景化、画面化；句式整齐，修辞手法多样。	抒情性散文与议论性散文
	记叙写人散文与写景散文
	哲理散文以及散文结构与语言

（执笔：深圳市西乡中学刘秋霞）

三、高中作文序列化教学实践研究

"名句阐发类议论文"写作教学设计
——以选择性必修上册第二单元写作任务为例

【教学目标】

1. 聚焦于经典文化名句，引导学生充分理解文化经典名句原有的内涵。

2. 结合新的时代背景，引导学生辩证思考，从新的角度做出辨析和阐释，分析其当代意义和价值。

3. 明确名句阐发类议论文的写作内容与基本框架。

【教学重点】

结合新的时代背景，分析其当代意义和价值。

【教学难点】

引导学生辩证思考，从新的角度做出辨析和阐释。

【课时安排】

一课时。

【预习要求】

阅读学案《为什么说"君子必慎其独也"？》《自古英雄出少年》《士不可以不弘毅》和选择性必修中册第4课《修辞立其诚》四篇文章，尝试梳理四篇文章的写作框架。

【教学过程】

同学们，在选择性必修上册第二单元我们学习了儒家《论语》十二章、《大学》一章、《孟子》一章，道家《老子》四章、《庄子》一章，墨家《墨子·兼爱》篇。这些作品虽然产生于两千多年前，但至今仍然闪烁着智慧的光辉，给我们以人生的启迪；有些语句在新的时代下又可以辩证思考，从新的角度做出辨析或阐释。

单元的研习任务要求在充分理解古人思想的同时，也要注意结合自身经验和现实生活，思考这些经典对自己有哪些启示。

（一）预习反馈，梳理文章框架

任务一：预习反馈与思考：逐一分析和评价学生梳理的文章的框架。

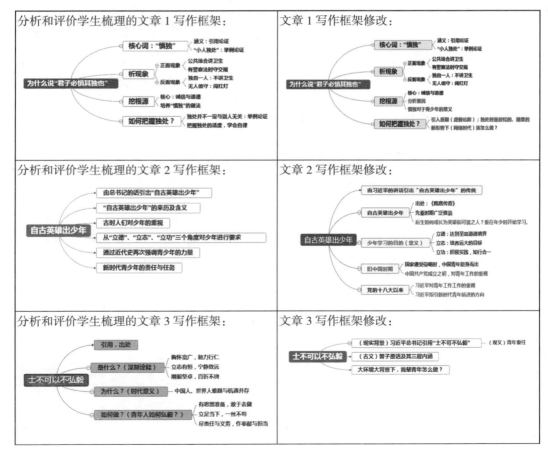

续表

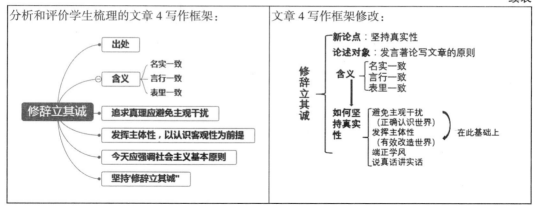

分析和评价学生梳理的文章 4 写作框架：	文章 4 写作框架修改：

文章 1：为什么说"君子必慎其独也"？

"慎独"在儒家思想史上影响深远，但历来的解释却莫衷一是，在通常的理解中，慎独指的是"在独处无人注意时，自己的行为也要谨慎不苟"（《辞海》），也就是要求在无人监督的情况下，依然能遵守道德规范。

《大学》指出"小人"独处时，常常干出不好的事，见到君子才试图掩盖恶行。但是能欺骗别人，却不能欺骗自己，因为"人之视己，如见其肺肝然"，这样做，只是自欺欺人，有什么好处呢？因此，《大学》强调，要"诚于中，形于外"，也就是说，做人必须表里如一。

在我们的日常生活中，能否做到"慎独"是一个很普遍的道德问题。在大庭广众下，我们能讲究卫生，但独自一人时，也许有的人就会随地吐痰；有警察时遵守交通规则，一旦路口无人值守，擅闯红灯者就不在少数。

其实，"慎独"的核心是诚信和道德自律。在注重个人隐私的当今社会，更要做到不论有人无人，都自觉遵守社会公德，不做有可能损害他人、损害社会利益并最终损害自己的事。青少年可塑性很强，尤其应从小养成规则意识和诚信意识，这不仅有助于心理健康，也有助于确立现代生活理念。

有人认为如果独处时也那样严肃认真、一丝不苟，那就活得太累了。因此，独处时是可以放松、随便一些的。其实，独处并不一定与别人无关。比如在网络时代，面对目前网络上错综复杂的虚拟社会，个人与社会的关系又有了新的特点：一方面，我们要自觉抵制网上的不良信息；另一方面，在网上参与聊天或发帖子等时，也应该遵守网络道德。网络世界有一句"名言"：在网上没有人知道你是一只狗。但是，你自己知道你是什么，能否永远做光明磊落的人，关键就在你不为人注意的那一刻。

文章 2：《自古英雄出少年》

2022 年 5 月 10 日，习近平总书记在庆祝中国共产主义青年团成立 100 周年大会上发表重要讲话强调："在 5000 多年源远流长的文明历史中，中华民族始终有着'自古英雄出少年'的传统，始终有着'长江后浪推前浪'的情怀，始终有着'少年强则国强，少年进步则国进步'的信念，始终有着'希望寄托在你们身上'的期待。"

"自古英雄出少年"语出宋朝民间小说《隋唐传奇》，原句为"自古英雄出炼狱"，用以夸赞古今众多英雄在很小的时候就能取得了不起的成就，但是必须要经过磨炼、打击、学习和忍耐。后演化为"自古英雄出少年"，除了夸赞，更多是对年轻人的信任、劝勉、鼓励和期待，流传甚广，妇孺皆知。

劝勉年轻人向上向学可追溯至先秦时期，彼时诸子百家之学兴盛，私学纷纷设立，广收弟子。各家以传道授业解惑为己任，言传身教，不断勉励、说服青年人潜心向学、勤奋读书，迫切为国家和社会储备栋梁之材。先师孔子即称赞和勉励年轻人"后生可畏"。孔子认为，年轻人的优势在于体力充沛、精力充足，恰是学习的大好时机，年少之时应积极向学，不虚度光阴年华，假以时日将大有可为。因之，孔子提出"有教无类"，孟子发出"得天下英才而教育之"的呐喊。后生要长成为英雄和可畏之人，实则当从年少之时就开始学习积累。中国古代对"学"的理解和认知是宽泛的，不仅仅指涉知识、技术层面的学习，更是糅合了学问、道德、修养、志向等的安身立命之学，以成就顶天立地之"大我"。

学以立德。《大学》开篇即讲明"学"之宗旨："大学之道，在明明德，在亲民，在止于至善。"彰显美好的品德，达到至高的道德境界是我国古代教育所推崇的学之根本。儒家"内圣外王"的理想人格既有修身立德、成圣成贤的个人要求，又有治国平天下、经世致用的社会需要。儒家给出了君子之德最完整的描绘，孔子以"仁"释"德"，并统摄义礼智信、温良恭俭让等。孟子认为："仁义礼智，非由外铄我也，我固有之也。"个体达到较高的道德修养就可以施仁政于民。孔子主张"为政以德""仁者爱人"，孟子则提出"亲亲而仁民，仁民而爱物"的仁政思想。爱民、富民、安民、利民是我国古代年轻人在求学过程中需要及早确立的价值情怀。

学以立志。我国古代教育要求年轻人培养远大的志向、乘风破浪的志气和坚不可摧的意志。"志不立，天下无可成之事""士不可以不弘毅，任重而道远""男儿要当死于边野，以马革裹尸还葬耳""居庙堂之高则忧其民，处江湖之远则忧其君""位卑未敢忘忧国"等等，这些励志名言激励着古代年轻人服务家国天下、救世安民，实现崇高的人生价值。"道不行，乘桴浮于海""有志者事竟成""富贵不能淫，贫贱不能移，威武不能屈""杀身成仁""舍生取义"的大丈夫精神则铸就了我国古代年轻人不畏难、不畏险、勇敢顽强、坚韧不拔的意志品质。

学以立功。我国古代教育观反对把年轻人培养成脱离实际、崇尚空谈、百无一用的"书生"，而是要建立事功、积极实践，做到知行合一。《大学》篇把"格物致知"置于八目之首。孔子曾主张"行有余力，则以学文"，他告诫学生"言必信，行必果"。荀子提出："学至于行之而止矣。"南宋永康学派陈亮提出"重实事""讲实学"，致力于"济时、救国、经世、致用"的"事功"之学。到明代大儒阳明先生更为明确地提出"知行合一"思想，知行本是一个功夫，知中有行，行中有知，把知与行统一起来才称得上"真学问"。

近代以降，中国遭受列强入侵、蚕食和压榨，民族存亡危在旦夕。五四运动前，梁启超、陈独秀、李大钊等思想先驱以新精神、新思想、新学识启蒙青年，唤起救国救民的青春力量，希冀以青年之奋斗和创造精神改天换地。中国共产党成立之初，便将青年工作放在重要位置，缔造并领导中国共产主义青年团，创造了青年运动的百年荣光。毛泽东同志一段话"世界是你们的，也是我们的，但是归根结底是你们的。你们青年人朝气蓬勃，正在兴旺时期，好像早晨八九点钟的太阳"影响和激励了一代代中国青年不懈奋斗。

党的十八大以来，习近平总书记高度关注、关爱、关心青年，准确把握新时代青年和青年工作的新特点，把教育青年、培养青年的工作放在更加突出的位置。"每年五四前后，这个时间我是留给青年人的"，足见青年群体在他心中的分量。从引导青年学生"扣好人生的第一粒扣子""崇德修身"，到勉励青年人坚定理想信念、树立远大志向，"不负时代，不负韶华，不负党和人民的殷切期望"，到告诫青年人"应该把学习作为首要任务，作为一种责任、一种精神追求、一种生活方式"，再到寄语青年"勇做走在时代前面的奋进者、开拓者、奉献者"，习近平总书记用深邃的思考把握青年成长规律，为当代青年面向未来、健康成长指明了方向。

文章3：士不可以不弘毅

习近平总书记近日致信全国青联与学联会议的代表，信中引用了《论语》中记载的曾子的话："士不可以不弘毅，任重而道远。"习近平总书记对各族青年及青年学子们寄予了深深的期盼：国家与民族未来的命运、前途，广大百姓的福祉，是青年们将要承担的重任。他殷切希望青年朋友们立定志向，努力学习，锻炼自己，时刻准备着负重任、致远路。

曾子的话全文是："士不可以不弘毅，任重而道远。仁以为己任，不亦重乎？死而后已，不亦远乎？"在这里，"弘"字是"大"的意思，"毅"字是"强而有决""强而能断"的意思。朱子说："弘，宽广也。毅，强忍也。非弘不能胜其重，非毅无以致其远。"曾子的话译成现代汉语就是：士子（读书人）不可以不心胸宽广，刚强而有毅力，因为他责任重大，路程遥远。把实现仁德于天下作为自己的职责，难道还不重大吗？终生奋斗，到死方休，难道路程还不遥远吗？曾子的这段话约有三层意思：

一是胸怀宽广，勉力行仁。青年人要胸怀大志。士子最大的志向是把仁爱之心洒满人间，然而"勉诸仁者，不亦难乎？"所谓"仁以为己任"，是"老吾老以及人之老，幼吾幼以及人之幼"，关心最困难的人群，顾念底层老百姓的疾苦，予以扶持与救助，"授手援溺，振民于难"，救民于水火之中，让仁德泽被群生。青年人要有伟大的胸襟气魄，站得高，看得远，不要只斤斤计较于眼前的小利，而要面向世界，面向未来，勇于担当。仁德是人心之全德。士子一定要身体力行，一息尚存，此志不容少懈。所以程子说："弘大刚毅，然后能胜重任而远到。"

二是立志有恒，宁静致远。青年人立大志，要有恒心、有耐力，方能保持久远。心态上要平稳沉着、专心致志。古人谈到大丈夫志在四方，立志有恒时，无不强调淡泊名利。《淮南子》说："非澹薄无以明德，非宁静无以致远。"诸葛亮《诫子书》说："夫君子之行，静以修身，俭以养德。非淡泊无以明志，非宁静无以致远。夫学须静也，才须学也，非学无以广才，非志无以成学。淫慢则不能励精，险躁则不能治性。"这里说的是，如果只是考虑名利，心有杂念，就不能实现远大的志向。士子不要急于求成，应心无旁骛，虚心学习，专心历练，在实际工作中修身成德，才有恒久的耐力。富贵、温柔易销蚀其志。在顺境与逆境的考验中坚守节操，老而弥坚，才能实现远大的境界与目标。

三是刚毅坚卓，百折不挠。章太炎说："任重须强，不强则力绌；致远须决，不决则志渝。"西南联大的校训是"刚毅坚卓"。西南联大的大多数师生都以自己的生命实践了这一校训。孔子说："士志于道而耻恶衣恶食者，未足与议也。"青年人切忌耽于享受，应吃苦耐劳，敢于承担，艰难困苦，玉汝于成。要以"人一能之己百之，人百能之己千之"的努力，发强刚毅，百折不挠。人生的道路绝不是一马平川，肯定会有坎坷不平，青年人应有挫折训练，面对挫折时心态要健康，一定要在艰苦曲折中经受磨炼，提升品德。

我们不仅是中国人，还是世界人。我们希望青年人抱负远大，立志高远，为人类、为祖国奉献毕生精力。现代化的社会，人类遇到前所未有的难题，当然这也是机遇。在人与自然、人与社会、人与人的协调发展中，我们还有很多具体、细微的工作要做。"勉力行仁"告诉我们，既要有维权的意识，同时更要为社会与家庭自觉地尽一份责任与义务，做出奉献与担当。"宁静致远"告诉我们，青年人还是要有过苦难生活的思想准备，要敢于到草根、基层去做人做事。"刚毅坚卓"要求我们，青年人必须立足于当下，一丝不苟，做好每一件事的细枝末节，善始善终，负责到底。这应当是习近平总书记让我们学习曾子这句话的现实意义。

（二）比较阅读，明确写作要点

任务二：这四篇文章，写的都是大家耳熟能详的经典名句。阅读这篇文章，我们不仅更加深刻地理解了文化经典名句的内涵，而且看到了文化经典名句在新时代的新阐释。结合这四篇文章，谈一谈我们写名句阐发类议论文时，需要写哪些内容？有哪些值得借鉴的地方？

明确：

1. 原句·原内涵（找到出处，解释本义）；

2. 原句·新内涵（挖掘内涵的变化和时代意义）；

3. 新解·新背景（分析当前社会现象和形势）；

4. 新解·新措施（提出新的做法）。

（三）鉴赏佳作，分析写作得失

（年级作文02题目）阅读下面的材料，根据要求写作。（60分）

孔子曾自述心志："饭疏食饮水，曲肱而枕之，乐亦在其中矣。不义而富且贵，于我如浮云。"他又称赞颜回："一箪食，一瓢饮，在陋巷，人不堪其忧，回也不改其乐。贤哉，回也！"孔子与颜回乐在何处，所乐何事，周敦颐也曾要求程颐、程颢好好参悟。

作为儒家思想重要内容的"孔颜之乐"，千百年来，一直启迪与引导着无数人积极探索人生真谛，努力实现人生价值。它对生活在新时代、担当新使命的青年人，仍然有着重要意义。

语文老师计划在课堂上举行"品孔颜之乐，做幸福青年"主题交流会。请结合上述材料，写一篇发言稿，谈谈你的感受和思考。

要求：选好角度，确定立意，自拟标题；不要套作，不得抄袭；不得泄露个人信息；

不少于 800 字。

任务三：比较阅读范文 01、02，分析其优点与不足。

明确：

范文 01 优点：品评了孔颜之乐的内涵：不惧贫苦，一心乐道；不畏他人，追求真知；体现了孔颜之乐精神的传承：勾连邓稼先、钱学森等科技工作者无惧贫困、志于报国、乐在其中的事例。

范文 01 不足：如何做幸福青年的阐述不够（措施不够具体）。

范文 02 优点：第三段联系当下物质与精神冲突的现状，古今勾连，通过解读孔颜之乐，告诉当下人们幸福的途径，探寻自己的内心，关注精神世界，指出为什么要品"孔颜之乐"。第四段提出"如何才能丰富自己的精神世界"的问题，接着提出措施：一要钻研学业，二要端正价值观，三要紧跟时代，承担责任，同时补充论证，有辩证思维，阐释物质和精神的关系，指出用劳动获得幸福。

范文 02 不足：第二段对孔颜之乐的内涵阐释及拓展解读太少，且不够全面。

范文 1：品孔颜之乐，做幸福青年

敬爱的老师，亲爱的同学们：

大家好！很高兴可以在本次交流会上分享感悟。在孔子、颜回的话中，我读出了安贫清廉之乐、求知守志之乐，我认为，新时代的吾辈青年有责任对这种精神创造传承，完成时代使命，实现人生价值，获得人生幸福。

孔子曾自述心志："饭疏食饮水，曲肱而枕之，乐亦在其中矣。不义而富且贵，于我如浮云。"我们看见，对于清贫的生活，孔子享受它的乐趣；对于不义之财，他却视之浮云。清贫之乐在何处？海子曾说："做物质的短暂情人，远方的忠诚的儿子。"大多数人因贫而忧，因为他们只见物质上缺乏对生活的不便；而孔夫子的目的超越了物质，他在贫贱中安然自若。因为他明白自己的精神是何其充盈。除去超过需要的财富，才可以更清醒、深入地思考；除去诱发贪欲的富贵，才可以养成更高尚、自在的人格，磨炼更坚定的心志。正是拥有了清贫，孔夫子才可以更好地做一个君子；正是这种不惧贫苦、一心乐道的品质，让他成为千年的圣贤榜样——夫子的乐，正是如此。

孔子也称颜回："人不堪其忧，回也不改其乐。"与孔子相同，颜回也学习着安于清贫的品质；但我们更应看见颜回的乐，更有他对专注于求知钻研、不畏他人眼光的享受。韩愈曾无情地抨击当时士大夫"群聚而笑之"的现象，但他自己，也依然坚守着对真知的追求，专心致志；胡适先生也说"怕什么真理无穷，进一寸有进一寸的欢喜"。这便引

出孔颜之乐在修身养性外的第二个层次——对真知的追求，对自己奉献的肯定。

古往今来，"孔颜之乐"一直启迪着无数人积极地坚守自我高格，探索真知，也正是他们的汲汲探索，才有了社会的进步，民族的辉煌，文化的延续。是邓稼先、钱学森先生们，在几平方米的简陋房间中从事着导弹、原子弹的研究，志于报国，乐在其中；也是当今新冠肺炎背景下无数科研工作者对病理探索的乐此不疲的追寻，才有祖国将来冲破时代迷雾。品孔颜之乐，做幸福青年正如此。

同学们，在新时代继承孔颜之乐，要我们将家国情怀融入学习求知中，将人格坚守贯穿认识成长中，奉献于社会，更是有人生幸福——我们何乐不为？

我的发言到此结束。谢谢大家！

范文2：做精神富足的幸福青年

尊敬的老师、亲爱的同学们：

大家好！很高兴能在这次主题交流会上发言，今天我所讲的题目是"做精神富足的幸福青年"。

"饭疏食饮水，曲肱而枕之，乐亦在其中矣。"这是我们从初中甚至更小就背下的圣人心志。相信在语文老师向大家解读这些话时一定有对圣人不重物质怡然自得的赞赏。而这些简练却内涵丰富的语录跨越千年，依旧启示着我们在新时代中不被物欲绑架，做精神富足的幸福青年。

在这个日新月异的时代，经济飞速发展着，人们的头脑也逐渐解放。社会满足人们物质需求的渠道不断拓宽。这些变化都在无形中向我们传递着一个信息——好像钱真的可以办到很多事。这样的观念广传于社会之中，导致唯利是图的小人多了，精神和物质的冲突越来越显著。这样的冲突也影响着不同的个体对"幸福"的不同定义。生活在陋巷中的颜回仅有一箪食，一瓢饮，但他依旧不改其乐，颜回是幸福的，因为他没有富足的物质却有富足的精神世界。所以首先我希望大家将目光投向长远之处，探寻自己的内心。幸福带来的满足并非来源于物质，而是来自每个人的精神世界。

那么，我们如何才能丰富自己的精神呢？在现阶段，我认为我们应承青年之责任。作为学生，刻苦钻研学业是头等重要的。正是对知识和世界的不断探索，让孔子、颜回能够明白道理，平静地接受物质的缺乏。让我们以知识为养料，不断强大自己的内心。其次我们应树立正确的价值观，树立积极向上的思想信念，使我们朝着正确的方向迈步。最后我认为我们应当紧跟时代的步调，认清变化着发展着的实际，勇于承担青年人的时代责任。

当然，我们反对只重物质弱视精神的不当价值观，并非否认人们的正常需求。孔子言："不义而富且贵，于我如浮云。"我们更应以自己的劳动换取物质与精神认同，满足自己的合理需要，过上幸福的生活。

最后，我希望大家都能从圣人言中获得启示，在今后的人生中也不忘初心，坚定理想信念，让精神动力推动我们不断前进而不被物质所困，做精神富足的幸福青年！

我的发言到此结束。谢谢大家！

（四）反思总结，交流写作心得

任务四：1. 结合评价量表，自评作文02，评出等级。2. 总结写作中的得与失，与全班同学交流。

评价维度	☆	☆☆☆	☆☆☆☆☆
对名句的原意理解准确			
新的观点体现时代特点，内涵阐发富有时代意义			
有层次、有角度地阐发新观点			
有层次、有角度地提出新措施			

（五）拓展迁移，优化写作提纲

任务五：根据本节课所学，重新修改年级作文03的提纲。

【原题呈现】阅读下面的材料，根据要求写作。（60分）

墨子说："视人之国，若视其国；视人之家，若视其家；视人之身，若视其身。"英国诗人约翰·多恩说："没有人是自成一体、与世隔绝的孤岛，每一个人都是广袤大陆的一部分。"

"青山一道同云雨，明月何曾是两乡。""同气连枝，共盼春来。"……2020年的春天，这些寄言印在国际社会援助中国的物资上，表达了世界人民对中国的支持。

"山和山不相遇，人和人要相逢。""消失吧，黑夜！黎明时我们将获胜！"……这些话语印在中国援助其他国家的物资上，寄托着中国人民对世界的祝福。

"世界青年与社会发展论坛"邀请你作为中国青年代表参会，发表以"携手同一世界，青年共创未来"为主题的中文演讲。请完成一篇演讲稿。

要求：结合材料内容及含义完成写作任务；选好角度，确定立意，明确文体，自拟标题；不要套作，不得抄袭；不得泄露个人信息；不少于800字。

（执笔：深圳市西乡中学刘秋霞）

"引入'虚拟论敌',增强论证力度"写作教学设计
——以选择性必修上册第四单元写作任务为例

【教学目标】

1.加深学生对驳论文的认识,通过引导学生学习深入开展论证,感受逻辑的力量。

2.引导学生利用已学逻辑谬误和有效推理,掌握驳斥办法。

3.让学生学会引入"虚拟论敌",让思维更辩证严密。

【重点难点】

让学生学会引入"虚拟论敌",让思维更辩证严密。

【课时安排】

一课时。

【教学过程】

（一）什么是驳论文?

驳论是就一定的事件和问题发表议论,揭露和驳斥错误的、反动的见解或主张。驳论的作用在于"破",即辨别是非,驳斥错误的观点,同时树立正确的观点。

驳斥错误的、反动的论点有三种形式:

（1）直接驳斥对方的论点。先举出对方的荒谬论点,然后用正确的道理和确凿的事实直接加以驳斥,揭示出谎言同事实、谬论与真理之间的矛盾。有的文章,首先证明与论敌的论点相对立的论点是正确的,以此来证明论敌的论点是错误的。

小明:你知道吗?科学证明腿越少的动物就越聪明!

我:怎么说?

小明:比如,人就比猫啊狗啊要聪明,猫啊狗啊就比蜘蛛蜈蚣等等要聪明!

我:那一定是水里的鱼类最聪明了,它们没有腿!

示例:

俗话说:一个好汉三个帮。可俗话又说:靠人不如靠己!

牛刀小试:

俗话说:人不犯我,我不犯人。可俗话又说:先下手为强,后下手遭殃!

俗话说:兔子不吃窝边草。可俗话又说:近水楼台先得月!

俗话说:好马不吃回头草。可俗话又说:浪子回头金不换!

俗话说:宰相肚里能撑船。可俗话又说:有仇不报非君子!

俗话说:男子汉大丈夫,宁死不屈。可俗话又说:男子汉大丈夫,能屈能伸!

（2）驳论据：通过批驳对方的论据来驳倒对方的论点。论据是论点的根据，是证明论点的。错误和反动的论点，往往是建立在虚假的论据之上的，论据驳倒了，论点也就站不住脚了。

示例：

唐僧带领徒弟化缘，敲开了一员外家的门，唐僧："阿弥陀佛，施主，给点吃的吧！"

员外："你们比我有钱，怎么还向我要吃的？"

唐僧："我们是和尚，<u>身无分文</u>，怎么可能比您老人家有钱呢？"

员外："<u>身无分文？哼！你骑着的宝马比我家的牛值钱；你身边的那个瘦子穿的皮草比我穿的绫罗绸缎值钱；你挑担子的挑夫还烫着卷发，就连你身边的那头猪都比我家的肥。凭什么要施舍给你吃的！</u>"

唐僧……

（3）驳论证：通过批驳对方的论证过程的谬误（驳其论证）来驳倒对方的论点。驳倒了它的论证中关键问题，也就把谬论驳倒了，论点不攻自破。

示例：

前几天有人上我家推销净水器，一个劲地说他们的净水器如何如何的好，像人的肾一样（比喻论证），能过滤掉那些脏物质。

我老妈神叨叨地来了一句："<u>肾过滤完剩下的不是尿吗？</u>"

（二）什么是虚拟论敌？

"虚拟论敌"这一概念来源于高中语文统编选择性必修上册教材第四单元"逻辑的力量"。在该单元中"采用合理的论证方法"这一板块，明确提出了在论证中引入"虚拟论敌"的概念。

为了使论证的思维更加缜密、更富有逻辑性，在阐明自己的观点时，可以设想存在一个与我们辩论的对手，那么这个设想出的辩论者就是"虚拟论敌"。

引入虚拟论敌的三种主要批驳方法包括：驳论点——针对对方观点列举反例，或者从对方观点推断出逻辑谬误；驳论据——批驳论据及隐含条件的准确性；驳论证——指出论证中存在的逻辑问题。这三种批驳方法，直接指向引入虚拟论敌的三个维度。在议论文写作教学中，"写给谁看"很重要。学生在议论文写作论述过程中，不能唯我独尊、自说自话，而要有强烈的现场感，要有"读者"意识、"对象"意识；想要说服对方，既要学会立论，更要学会驳论。

（1）引入虚拟论敌——驳论点

六国破灭，非兵不利，战不善，弊在赂秦。赂秦而力亏，破灭之道也。<u>或曰：六国互丧，率赂秦耶？</u>曰：不赂者以赂者丧，盖失强援，不能独完。故曰：弊在赂秦也。

苏洵《六国论》是引入虚拟论敌的绝佳范例，那么他是如何与"虚拟论敌"过招，如何在"虚拟论敌"的质疑下完善自己的写作思路的呢？苏洵借助"或曰"引入虚拟论敌，指出"六国互丧，率赂秦耶"的现实问题，接着指出"不赂者以赂者丧，盖失强援，不能独完"，以此反驳对方观点，树立自己的论点：弊在赂秦。理由充分，义正词严。

（2）引入虚拟论敌——驳论据

上海的教授对人讲文学，以为文学当描写永远不变的人性，否则便不久长。例如英国，莎士比亚和别的一两个人所写的是永久不变的人性，所以至今流传，其余的不这样，就都消灭了云。这真是所谓"你不说我倒还明白，你越说我越胡涂"了。

英国有许多先前的文章不流传，我想，这是总会有的，但竟没有想到它们的消灭，乃因为不写永久不变的人性。现在既然知道了这一层，却更不解它们既已消灭，现在的教授何从看见，却居然断定它们所写的都不是永久不变的人性了。

（选自鲁迅《文学和出汗》）

鲁迅先生首先摆出对方论点：文学作品应该表现永恒人性，否则作品就不能长久流传。对方论据是列举名人莎士比亚等展示的是永恒人性，因而至今流传。然后作者对对方论据质疑，消灭的东西以后是不会有人看见的，那么现在的教授又从何看见？又怎么能断定描写的是什么呢？从而驳斥对方观点。借助"虚拟论敌"这一思维支架，指出对方论据的不合理性，从而证明自己的观点，使自己的论证更为严密。

（3）引入虚拟论敌——驳论证

指出对方论点
与论据之间的
逻辑错误
{
论点与论据之间不存在必然联系
演绎过程中大小前提与结论不合逻辑
在一篇文章内的观点间自相矛盾
论点与论据之间推理不妥……
}

例1：我们班有些同学，追求奇装异服，跟风赶时髦，男女经常混杂……这说明精神污染在这里很严重。这一论述，没有明确"精神污染"的含义，与上面列举的内容毫不相关，逻辑关系也就错了。

例2：有个英国记者对周恩来总理说："中国由于人口众多，将来一定会向外国扩张。"周总理说："我不同意这种说法。英国人在第一次世界大战前是4400万，不算太多，但是英国在一个很长时间里曾经是'日不落'殖民帝国。美国的面积略小于中国，而美国的人口还不及中国的五分之一，但是美国的军事基地遍及全球，美国的海外驻军达150万人。中国人口虽多，但是没有一兵一卒驻在外国领土，更没有在外国建立一个军事基地。可见一个国家是否向外扩张并不决定于人口多少，而决定于它的社会制度"。

英国记者： 大前提：凡是"人口众多就会扩张"。 小前提："中国人口多"。 结论："必然会扩张"。	周总理： 实例1：英国和美国人口少却向外扩张。 实例2：中国人口多，但没有一兵一卒驻在外国领土。 结论：一个国家是否向外扩张并不决定于人口多少，而决定于它的社会制度。

（三）为什么要引入虚拟论敌？

绝大多数学生写议论文采取的方式是以自我为中心的告知，而不是以读者为中心的说服。一般来说，这种单纯立论的告知型写作，往往选择自己认为正确、恰当的事例展开论述，较多关注自己说得是否有理、充分、有文采，而较少关注读者是不是理解与信服。相比之下，引入虚拟论敌可以通过辩驳过程达到消除争议、谋求共识、辨明方向的目的。

引入虚拟论敌，需要时刻考虑这个客观存在的对手，需要站在读者的角度考虑议论效果。如果做到这些，文章就会有的放矢，现实针对性更强、逻辑更严密，更有说服力。引入虚拟论敌，是议论文借助"虚拟论敌"，向议论文写作更深处漫溯。

面对很多平常值得辨析的社会现象，我们在议论文写作中都可以引入虚拟论敌进行分析和论述。这种思维习惯，会让我们的观点阐释更为清晰、深入。对虚拟论敌的反驳，可以使论证更严密、更深刻。

（四）如何引入虚拟论敌？

引入虚拟论敌，是对思维的高品质要求，是使论述深刻、透辟的重要路径。那么，议论文写作如何在论证中引入虚拟论敌呢？

在平时的议论文写作练习中，能够借助"虚拟论敌"这一论证支架进行说理的学生很少。因此，在写作时，对某些观点质疑或进行驳斥，可以使论证更深入，增强文章的说服力。

方法：①从文中找：审题时"抠字眼，问问题"，注意概念区分；②无中生有，补充对方的质疑（站在对立面思考）。

1. 从文中找：审题时"抠字眼，问问题"，注意概念区分。

示例 1：阅读下面的材料，根据要求写作。

2019 年 7 月印发的《关于深化教育教学改革全面提高义务教育质量的意见》明确提出"制定实施细则，明确教师教育惩戒权"的要求。教育部表示，下一步将明确实施教育惩戒权的原则，研究制定实施细则，保障教师有效行使教育惩戒权；但也有人认为这是允许适度体罚的信号，更有家长怀疑教师有了惩戒权会不按规定的惩戒尺度处罚学生………

以高二学生代表的身份完成写作：2025 年 9 月 4 日，给高一新生的倡议书。

要求：结合材料，自选角度，确定立意；切合身份，贴合背景；符合文体特征；不要套作，不得抄袭；不得泄露个人信息；不少于 800 字。

第一步：抠字眼，问问题。

句子 1 "2019 年 7 月印发的《关于深化教育教学改革全面提高义务教育质量的意见》明确提出。"

问题：以中央文件的形式明确"教育惩戒权"说明了什么？

分析与解答：存在即是合理。说明"教育惩戒权"经过教育专家们的深思熟虑，说明社会呼唤"教育惩戒权"。

句子 2 "'制定实施细则，明确教师教育惩戒权'的要求。教育部表示，下一步将明确实施教育惩戒权的原则。"

问题：教育惩戒权目前不明确吗？实施教育惩戒权要遵循什么原则？

分析与解答：不明确。表现在近年来，面对越来越不好管理的学生，特别是屡屡违纪、行为极端的学生，由于无法可依，教育工作者常常处于两难境地：不对学生进行教育惩戒，说服教育便失去了效用；而对学生进行教育惩戒，又往往会面临家长的投诉。

遵循的原则：①不得以体罚、变相体罚或者其他侮辱学生人格的方式实施教育惩戒；②不得侵害学生的受教育权。凡是让学生感受到肉体上疼痛的行为都属于体罚，如打手心、打耳光。而变相体罚则是指没有直接的暴力行为，但其效果与体罚相当。

句子 3 "研究制定实施细则，保障教师有效行使教育惩戒权"。

问题：教育部保障教师有效行使教育惩戒权，说明什么？

分析与解答：说明教育惩戒权已经上升到法治层面，也说明了教育部对教育惩戒权的重视。保障二字说明在此之前，部分老师没有能够有效使用教育惩戒权。

第二步：注意概念区分。

句子1"但也有人认为这是允许适度体罚的信号"。

问题：教育惩戒与体罚是否一样？你是支持他的观点，还是部分支持？

分析与解答：①教育惩戒与体罚的目的不同：教育惩戒不是单纯的惩罚，并非以造成学生身体或心理的痛苦为目的。教育惩戒是通过适当的惩罚性措施，帮助学生戒除不良的行为和习惯，让学生更好地记住什么是该做的、什么是不该做的。②合法性角度不同：体罚是违法行为，实施体罚的教师会受到法律制裁。《规则》第十二条规定实施教育惩戒过程中，不得采取的方式，第一项就是不得有"以击打、刺扎等方式直接造成身体痛苦的体罚"行为。③合法性角度不同：教育惩戒不得抵触上位法，主要是不得侵犯学生的基本权利，不得违反教育法、义务教育法、教师法和未成年人保护法等法律的规定。④从教育部的角度来说，规定教育惩戒权时已经明确了实施教育惩戒权的红线，逾越红线，教师也会受到一定的处罚。所以，教育部保障的是教师的教育惩戒权，如果是体罚，或者变相体罚，都是违法行为，教育部不会允许违法行为，教师一定会受到处罚。

句子2"更有家长怀疑教师有了惩戒权会不按规定的惩戒尺度处罚学生"。

问题：你是否同意这个家长的观点？

分析与解答：首先，这个家长的担心情有可原。因为个别老师体罚学生导致学生身心受到伤害。所以，家长会对老师实施教育惩戒权有怀疑。其次，这也可以警戒老师合理合规使用惩戒权，因为，拥有雪亮眼睛的家长在监督老师教育惩戒权的使用，法律也在约束老师的行为。

第三步：厘清写作内容和框架（你会写哪些内容？）

示例：实施教育惩戒权

①教育惩戒权是教师为了规范学生不良习惯的准则。（利）

②教育惩戒权还是教师有胆量和放开手去管理学生的重要条件。（利）

③对于实施教育惩戒权，有人认为是允许适度体罚的信号，更有家长怀疑，教师有了惩戒权会不按规定的惩戒尺度处罚学生。（辩证）有虚拟论敌，有亮点的一段。

④为了更好实施教育惩戒权，我发出以下倡议。

2.无中生有，补充对方的质疑（站在对立面思考）。

示例2：阅读下面材料，根据要求写一篇不少于800字的文章。

"山羊过独木桥"是为民学校传统的团体比赛项目。规则是，双方队员两两对决，同时相向而行，走上仅容一人通行的低矮独木桥，能突破对方阻拦成功过桥者获胜，最后以全队通过的人数多少决定胜负。因此习惯上，双方相遇时，会像山羊抵角一样，尽力使对方落下桥，自己通过。不过，今年预赛中出现了新情况：有一组比赛，双方选手相遇时，互相抱住，转身换位，全都顺利地过了桥。这种做法当场引发了观众、运动员和裁判员的激烈争论。事后，相关的争论还在继续。

要求选好角度，确定立意，明确文体，自拟标题；不要脱离材料内容及含义范围作文，不要套作，不得抄袭。

第一步：抠字眼，问问题。

句子1"规则是，双方队员两两对决，同时相向而行，走上仅容一人通行的低矮独木桥，能突破对方阻拦成功过桥者获胜，最后以全队通过的人数多少决定胜负。"

问题：为什么要制定比赛的规则？如何理解"山羊过独木桥"的规则？

分析与解答：①规则的制定，是判断胜负的根据。②"山羊过独木桥"的规则很明确，一定要有"阻拦"，一定要有一方"获胜"。双方选手互相抱住，转身换位，全都顺利过了桥，根本不符合规则，明显是犯规。既然订了规矩，就不要随意破坏。如果大家都不按照规矩办事，世界岂不是乱套了？

句子2"习惯上，双方相遇时，会像山羊抵角一样，尽力使对方落下桥，自己通过。"

问题：习惯等于规则吗？可不可以打破习惯？

分析与解答：习惯并不等同于规则，有时候我们需要改变看问题的习惯。

句子3"不过，今年预赛中出现了新情况：有一组比赛，双方选手相遇时，互相抱住，转身换位，全都顺利地过了桥。"

问题：这种新情况是否可行？

分析与解答：尊重规则，但不拘泥于规则；既要有原则性，也要有灵活性。

第二步：无中生有，补充对方的质疑（站在对立面思考）。

句子（现象）"这种做法当场引发了观众、运动员和裁判员的激烈争论。"

问题：为什么会有激烈争论？争论是谁发出的？争论的点是什么？

补充质疑1：（可以仿照示例一题目）或许有人认为，在"山羊过独木桥"的这场比赛中，相抱通过的两位选手只是获得了个人层面的双赢，却破坏了集体层面的规则——"以全队通过人数多少决定胜负"。试想，若所有选手都采取这样的方式通过独木桥，那这场比赛的意义何在？……

分析与解答：既然订了规则，就不要随意破坏。如果大家都不按照规则办事，世界岂不是乱套了？如果规则有问题，那就应该先改变规则。在规则还没有修改的时候，就应该按照规则办事。

补充质疑2：或许有人会反驳，竞技比赛是残酷的，只有唯一的第一名，如何才能与对手实现共赢？正如林丹与李宗伟，既是对手也是好友，但在比赛中必须分出胜负，那在比赛中如何走向合作？……

分析与解答：游戏规则是不是你成功过桥，就是我成功过桥。双方都成功过桥，看似是双赢，实则是不顾立场、不顾规则、不顾目的的无意义行为。因此，双方都成功过桥不是双赢，双赢是有原则的。双赢的原则，就是摆正立场、遵守规则、明确目的。

补充质疑3：或许有人会提出疑惑，合作固然可能产生共赢，但如果只是一方一厢情愿地想合作，而另一方缺乏合作的诚意，如在过独木桥双方互抱时，一方突然将对手推下去，那该怎么办？……

分析与解答：所谓双赢，是建立在双方有共同利益的基础上的，双方都实现了共同利益并使各自利益最大化的合作结果，才是双赢。

（五）实战演练

（1）阅读下面的材料，按要求写作。

一款名为《王者荣耀》的游戏很"抓人"，截至2019年底，王者荣耀已在150个国家或地区上线，累计注册用户数达到了26亿，每天4千万的活跃数量。反映到日常生活中，地铁上、餐馆里随处可见，有时办公室、课堂上也会忍不住约一局，以至于社会舆论开始用"沉迷"来形容很多游戏者的状态。玩家认为：玩游戏可以排解压力放松心情；通过游戏可以学习历史知识；别人都在玩，我不玩就被孤立了，显得不合群。

读了上面的材料，你有怎样的感触与思考？请自选角度确定立意，写一篇文章。要求自选角度，明确文体，自拟标题；不要套作，不得抄袭；不少于800字。

第一步：抠字眼，问问题。

句子1"截至2019年底，王者荣耀已在150个国家或地区上线，累计注册用户数达到了26亿，每天4千万的活跃数量。反映到日常生活中，地铁上、餐馆里随处可见。"

问题：这些数据说明什么？

分析与解答：《王者荣耀》游戏本身很吸引人，开发者有创意；随着信息化时代、网游时代的飞速发展，玩游戏是生活常态。

句子2"有时办公室、课堂上也会忍不住约一局，以至于社会舆论开始用'沉迷'来形容很多游戏者的状态。"

问题：你如何看待办公室、课堂上也会忍不住约一局？如何看待"沉迷"？

分析与解答：耽误工作，耽误学习；自控力问题；沉迷游戏，是指玩游戏替代了正常的学习、工作和生活，眼里只有游戏，没有其他。不仅影响正常的工作和学习，还影响人际交往。

第二步：注意概念区分。

句子1"玩游戏可以排解压力放松心情；通过游戏可以学习历史知识。"

问题：玩游戏能否排解压力？玩游戏＝学习历史知识？

分析与解答：①当游戏玩家被问到为什么玩这款游戏时，给出的答案是玩游戏可以放松心情。这从根本上来讲，是没有问题的。偶尔与同学玩下游戏，战胜敌方的愉悦是可以的，但是得有一个度，有一个范围，一个玩游戏的时间。超过了这个度，那是叫作沉迷。因沉迷游戏险些付出生命的例子比比皆是。②如果说玩游戏可以放松心情说得过去，那么有人说玩游戏可以增长历史知识，了解历史人物的话，就有点说不通了。众所周知，刺杀秦王的荆轲是男的，可是在游戏里却成了女的，神医扁鹊变成用毒高手，诗仙李白变成了刺客。这难道不是在曲解历史吗？这难道不是在误导学生吗？要是真的是想要增长历史知识，了解历史人物，为什么不把玩游戏的时间用来读历史文献呢？为什么不把上课玩游戏的时间用来认真听历史课呢？学习历史的方法有很多，但绝非玩游戏这种错误的方法。

句子2"别人都在玩，我不玩就被孤立了，显得不合群。"

问题：不玩游戏＝不合群？如何看待"合群"？

分析与解答：固然，通过玩游戏来促进朋友情谊是可行的，但难道与朋友沟通的方法就只有玩游戏？现在随处可见的现象是三五个朋友聚在一起玩游戏，而不是聚在一起讨论有关学识的事或者聊聊心中的趣事。可以说，沉迷玩游戏的现象是普遍存在的，可是因沉迷游戏而付出生命的现象也是普遍存在的。"合群"是人际交往的重要表现，如果表现出不同就会被排挤。要合群，首先要看自己与群体有没有共同的兴趣和爱好，共同的思维和价值感，不能为了想要合群而"拉低智商"，不是简单地讨好，损失或牺牲自己的利益，而是保持"自我"，保持人格的完整性。其次，一个好的群体，是能够让你不断汲取营养、让你变得越来越优秀的。第三，每个人都是独立的个体，不是哪一个人的附属品。低质量的合群，不如高质量的独处。费尽心思挤进不适合的圈子，放下身段去取悦别人，最终只会觉得自己与圈子格格不入。不合群是逆袭的开端，不如规划好自己的未来，让自己变得强大，让自己成为人脉。

（2）阅读下面的材料，续写空缺的部分。

"民生在勤，勤则不匮"，劳动是财富的源泉，也是幸福的源泉。"夙兴夜寐，洒扫庭内"，热爱劳动是中华民族的优秀传统，绵延至今。可是现实生活中，也有一些同学不理解劳动，不愿意劳动，也还有着一些不尊重劳动的现象，这引起了人们的深思。

请结合材料内容，面向本校（统称"复兴中学"）同学写一篇演讲稿，倡议大家"热爱劳动，从我做起"，体现你的认识与思考，并提出希望与建议。

要求：自拟标题，自选角度，确定立意；不要套作，不得抄袭；不得泄露个人信息；不少于800字。

点滴劳动，共筑盛世

亲爱的同学们：

大家好！我今天演讲的题目是"点滴劳动，共筑盛世"。

劳动，是全人类共同遵循的中华民族优良传统。几千年来，中华民族在田地中精耕细作创造了绵亘不绝的文明古国奇迹，开拓了祖国的大好河山，创作了不可胜数的精神财富，"耕读传家"的传统绵延了千载，"民生在勤，勤则不匮"的祖训萦绕耳畔，劳动已是中国人血液中流淌着的基因。（基于原材料的正面立论）

节物风准则，从茹毛饮血的原始社会到如今辉煌的现代文明，是劳动推动历史车轮前进。四十年改革开放，无数国人点滴劳动汇聚成时代洪流，使中国国力显著提升。农民劳动让我们端紧饭碗，工人的汗水是高楼大厦的每一块砖瓦，科研工作者使大国重器频频惊艳世界！没有劳动绝不会有今日举世瞩目的成就。

反观周围，不理解不愿意劳动的现象令人忧心忡忡。

（续写：

　　　　　　　　　　　　　　　　　　　　　　　　　　　　　）

凡此种种，都是忽视了劳动对国家进步，个人发展的作用，都是贪图享受的错误思想，于人于国，害莫大焉！在此我诚挚希望大家能够树立劳动光荣的思想。劳动不需要轰轰烈烈，日常生活中我们打扫干净环境共建美丽校园是劳动，参与社会实践去孤儿院看望孩子，在家里做些家务活，甚至是捡起地上的纸片，都是劳动。让我们共同营造尊重劳动参与劳动的风气！（提出具体的希望和建议）

时代发展，社会进步，都需要我们每个人用勤劳双手共筑盛世，肩挑复兴大任！

我的演讲完毕，谢谢大家！

参考答案：有的同学以学习忙为理由，认为学生劳动是浪费学习时间、浪费体力。错！人的发展是德智体美劳全面发展的过程，缺一不可，学习固然重要，但劳动也不可或缺。在劳动中我们锻炼意志，增强体魄，增长见识，开拓视野，也有助于我们的学习，丰富课余生活，两者相互促进，使我们的素质得以提高。

有的同学建议将劳动交给人工智能。诚然，科技进步能够解放我们的双手，但这不意味着我们能够整日无所事事，人工智能也有许多无法完成的任务，体现人类智慧的脑力劳动依然重要，那些流传百世的文学经典，那些沁人心脾的阳春白雪是机器人永难创造的财富。"用进废退"，假如人人都不劳动，人类的机能难免逐步退化，未来的世界难以想象。

还有的同学觉得劳动苦，希望花钱请人干。的确，劳动难免辛苦，可也是我们发展自身的重要手段，劳动成果取得时的快乐也是花钱买不了的啊！

（六）作业布置：无中生有虚拟论敌，站在对立面去思考

阅读下面的材料，根据要求写作。

五一期间，几个即将大学毕业的同乡在微信群里闲聊。这些话语引人关注：

——我喜欢上海，它有国际视野和国际大都市气息。

——家乡很舒适，熟人朋友多，我想回来创业，还能陪伴家人。

——我哥在国外，好几年都没有回家了，父母一直念叨。

——大城市压力大，节奏快我有点跟不上。

——我想接爸妈和孩子到城里生活，可爸妈不愿意离开家乡。

——我父母希望我留在北京，认为回家没出路。

身处大发展的时代的你，读了上面的聊天记录有怎样的感触和思考？请以其中的两三条话语为基础确定立意，表达你的人生愿景。

要求：选好角度，明确文体，自拟标题，不要套作，不得抄袭，不少于800字。

（七）板书设计

引入"虚拟论敌"，增强论证力度

目标：立论→立驳结合（引入"虚拟论敌"）

方法：一、从材料中找，注意概念区分
　　　二、无中生有，补充对方的质疑

（执笔：深圳市西乡中学刘秋霞）

第二节　活力语文写作教学实操案例

通过议论文的训练，来训练学生的思维能力，这不仅是新课标的要求，也是学生个性发展的要求，也是社会进步的要求。高考作文题型在变，但是考查的能力点基本稳定，穷究作文的底层写作逻辑才能在高考中写得佳作。本系列作文课程计划用高一高二两年的时间首先训练议论文的规范写作，在此基础上再针对不同作文题型和主题逐步拓展、纵深来引导学生写出能体现思辨性、逻辑性、创新性的佳作。以下从论证方式即立论、驳论以及体现逻辑思辨能力的二元融合式作文训练来提供实操案例。大体按照审题训练、写作实践、品评范文、训练总结等流程，以任务驱动的形式调动学生开动脑筋，积极参与，力争练一道题知一类题，形成经验，指导实践。

一、案例一：榜样力量，传承精神

说明：统编高中语文教材增设了"逻辑的力量"一个单元，专门要求我们学习逻辑基本常识，体现了教材对高中生逻辑思维能力的要求。高中阶段的议论文写作，对学生的语文综合素养，尤其是思维能力提出了较高要求。从初中注重的记叙文教学过渡到议论文教学，需要有规范的指导和训练。本次写作目的在于训练典型议论文的规范写作，即高一学生要会写议论文。

【原题呈现】

阅读下面的材料，根据要求写作。（60分）

他在解放战争的枪林弹雨中冲锋在前，浴血疆场，视死如归，荣立特等功一次、一等功三次、二等功一次获得"战斗英雄"称号两次。转业后主动要求到最偏远的基层工作，为贫困山区奉献一生。60多年来，连儿女对他的赫赫战功都不知情。他是2019年国家勋章获得者张富清。

她名校毕业，主动放弃大城市的优渥条件，长期扎根大漠，潜心石窟考古研究，探索形成石窟科学保护的理论与方法，大胆构想"数字敦煌"，用40多年的执着和坚守，为世界文化遗产敦煌莫高窟永久保存与永续利用作出重大贡献。她是2019年国家荣誉称号获得者樊锦诗。

榜样的力量是无穷的，作为新时代的年轻人，我们要传承其精神。你读了上述材料有着怎样的思考和感悟？请结合材料内涵、联系实际写一篇不少于 800 字的文章。

要求：自选角度；自拟标题；自定文体；不要套作，不得抄袭；不得泄露个人信息。

【题目解读】

本次作文为材料作文，由三部分组成，分别为材料、引导语和写作要求。

1. 对于材料的理解。本题考查学生写作的能力。作文材料取自我们当今现实社会中的"2019 感动中国"人物事例，对于引导学生关注社会、关注人生、关注自我具有良好的作用。作文材料中的事例，从一个侧面切中了当今社会一个很值得思考的问题，那就是如何看待"榜样"，如何传承"时代楷模的精神"。构思行文时，要立足材料，提炼出两个人物的共性和精神特质。

2. 对引导语的理解。首先，同学们要解读这两个榜样的具体的精神内涵：有坚定的理想信念；深藏功名、淡泊名利；乐于奉献，无怨无悔；吃苦耐劳，不畏艰辛；勇于担当，赤诚坚守。立意要突出传承。其次，同学们要有自己的感悟、思考和融入，体现当今青年一代对"时代楷模精神"的理解、传承。"结合材料"指必须引述材料中张富清、樊锦诗的事例。"联系实际"则要求同学们必须要回扣现实生活，要有青年立场。

3. 对写作要求的理解。（略）

【审题立意】

1. 核心概念。在写作时，同学们要找到核心概念：榜样；精神。

2. 核心观点句。榜样的力量是无穷的，作为新时代的年轻人，我们要传承其精神。

材料作文"审题立意"表

审题立意任务	审题立意细目	落实情况
材料内涵与要素	材料①，材料②。两位榜样共同的精神特质。	
核心概念与句子	榜样力量；传承精神。	
写作对象与身份	新时代的青年人。	
写作任务与要求	结合材料内涵；联系实际；思考和感悟。自选角度；自拟标题；自定文体。	
隐含任务与要求	文体（宜写议论文）；对话意识；"铁三角"（时代、国家、青年）。	

3. 参考立意：不畏艰辛，到祖国最需要的地方去；致敬时代榜样，接续奋斗有我；担当精神，你我共同拥有；择一事，终一生，时代因我而精彩（生命因执着而精彩）；走出"小我"，成就精彩人生等。

【批改反馈】

优点：规定时间，规定地点，完成规定字数；文体意识好，绝大多数为议论文；事例丰富，语言流畅。

不足：审题偏差，偏题，用"英雄"去换"榜样"，混淆了核心概念；提纲意识不足，行文结构不清晰，无分论点；材料作文，必须要引述材料。部分同学抛开材料来议论；作文写作要注意段落匀称；同学们在证明分论点时，只有事例，没有分析，或事例篇幅较多，分析论述较少。

提醒：引用事例要为中心观点服务，符合中心观点的"取"，不符合的要"舍"；引用事例之后不能没有分析，要围绕观点进行简要的分析和说明；事例引用要简短，最多不超过 5 行。

【例文阅读】

评分标准（60 分制）：①无标题，扣 2 分；错别字，每个扣 1 分，重复不计，上不封顶。

② 400–800 字，每少 50 字，扣 1 分；400 字以下的文章，20 分以下评分，不再扣字数分。200 字以下的文章，10 分以下评分，不再扣字数分。只写一两句话的，给 1 分或 2 分，不评 0 分。只写标题，给 1 分，不评 0 分。与作文完全无关，甚至是调侃考试调侃评卷老师的内容，打 0 分。只写标题的，给 1 分，不评 0 分。完全空白的，评 0 分。③抄袭，发展等级（占 20 分）不给分。④书写分 5–10 分。

请按以上标准评分，并回答例文后面的问题。

找准精神坐标，实现国家复兴

我国首次开展国家勋章和国家荣誉称号集中评选颁授，在颁授仪式上指出："今天我们以最高规格褒奖英雄模范，就是要弘扬他们身上展现的忠诚、执着、朴实的鲜明品格。"作为新时代的年轻人，要找准精神坐标，传承英雄模范精神。【简明扼要，亮观点】

民族不能没有英雄，国家不能没有先锋。在新中国成立 70 周年的特殊时刻，中央评选和表彰英雄模范，既是对英雄做出的不平凡业绩的鼓励和肯定，也是在号召广大群众要积极行动起来，以英雄为尺，找准奋斗新时代的精神坐标，为党和国家事业贡献更多更大力量。【介绍背景，增深度】

以忠诚为基，擦亮奋斗底色。【分论点一】"天下至德，莫大乎忠。"英雄模范之所以受人推崇和赞誉，正是因为他们身上都有着对党和人民事业矢志不渝、百折不挠的坚定与忠贞，他们坚守一心为人民的理想信念，坚守为中国人民谋幸福、为中华民族谋复兴的初心使命，用一生的努力诠释了什么是忠诚，什么是奉献。学习英雄模范，就是要像他们一样，把党和人民利益放在首位，不计较个人得失，以无我境界，实现大我人生，当好党和国家发展建设的铺路石。

以执着为念，永葆奋进姿态。【分论点二】奋斗不是一时一次，而是一生一世。英雄模范的伟大，就在于他们几十年如一日地奋斗在党和人民最需要的地方，始终保持对事业的执着追求，即使隐姓埋名也甘之如饴、初心不改。学习英雄模范，就要像他们一样，始终坚定为国为民的奉献志向，始终坚定献身事业的无悔选择，始终坚定为民族复兴拼搏奋斗的赤子之心，立足本职、放眼长远，保持持续奋斗、一生奋斗的昂扬姿态，干好每一件平凡的工作，创造不平凡的业绩，为党和国家事业添砖加瓦。（分论点二）

以朴实为本，锤炼过硬本领。【分论点三】"伟大出自平凡，平凡造就伟大。"【金句积累】英雄模范并非生而伟大，而是在平凡之中闪耀伟大的光辉。"核潜艇之父"黄旭华为了事业甘愿"深潜"30载，老英雄张富清深藏功与名、以普通人身份继续奋斗在服务群众的一线岗位……【事例铺排】这些英雄模范身上，都有着最朴实的奋斗作风，不求功成在我、但求功成有我，誓干惊天动地事、甘做隐姓埋名人。【金句积累】学习英雄模范，就要把这种朴实作风发扬光大，在平凡的岗位上当好"螺丝钉""革命砖"，舍小家顾大家，推动党和国家事业蓬勃发展。【分析】

"崇尚英雄才会产生英雄，争做英雄才能英雄辈出。"现实生活中固然不是所有人都能成为受表彰的英雄，但只要能够对标英雄，以英雄的精神指引个人前进方向，平凡的工作也能造就英雄，每个人都有机会成为英雄，在实现中华民族伟大复兴中国梦的征程上留下浓墨重彩。

任务1：①这篇范文的核心观点是什么？是否扣题？②这篇范文的结构是什么？理由是什么？③这篇范文在结构上、事例方面、语言方面有什么优点？

【标杆文1】承先辈精神，创盛世未来

回望历史长河，前有张富清冲锋陷阵，后有樊锦诗执着坚守，无数先辈们的身上有着相似的精神品质。我们要继承这些先辈精神，创造盛世未来。【　　　】

①面对艰苦的条件，他们总有着不畏艰辛，吃苦耐劳的精神。【　　　】1934年11月底，方志敏奉命率领红军北上，在皖南遭国民党军重兵围追堵截，艰苦奋战两月余，于1935年1月在江西玉山陇首村被俘。在狱中，面对敌人的严刑和诱降，方志敏大义凛然，坚贞不屈，在极端艰苦的条件下，写下了《可爱的中国》。1934年4月杨靖宇担任司令，在征战的六年中，他身先士卒地在白山黑水、林海雪原里打日寇。面对敌

人围剿，顽强战斗。1940 年 2 月，杨靖宇在吉林蒙江壮烈牺牲，敌人用刺刀剖开他的肚子，发现他肚子里无一粒米，有的只是树皮，草根和棉絮。【　　　】从方志敏听从组织命令，在狱中不畏严刑拷打，可以看出他不畏艰辛，吃苦耐劳的精神；从杨靖宇一边耐着饥饿一边消耗着巨大的体力与敌人抗争，无一不体现出他不畏艰辛，吃苦耐劳的精神。【　　　】

②面对世俗的诱惑，他们总担任无私奉献，淡泊名利的角色。袁隆平是视科学为生命的科学家，为了杂交水稻事业，几十年如一日默默奉献，到 2006 年，我国累计推广种植杂交水稻 56 亿多亩，每年增产的稻谷可以多养活 7000 多万人。袁隆平的一生都在研究水稻，深刻体现出他无私奉献，淡泊名利的精神；秦玥飞是耶鲁大学的高材生，大学毕业时，秦玥飞没有去跨国企业做白领，而是选择回祖国服务。2011 年，秦玥飞到湖南衡山脚下的贺家山村担任大学生村干部，为当地改善灌溉系统，硬化道路。首个服务期满后，放弃了提拔的机会，转至更偏远的白云村续任村干部。【　　　】秦玥飞一次又一次的选择，将淡泊名利这个词体现得淋漓尽致。【　　　】

③面对未知，他们总会坚定理想信念，勇于承担责任。1913 年，李大钊开始接触社会主义思想和马克思主义学说。当日本提出旨在灭亡中国的"二十一条"后，李大钊积极参加留学生的爱国斗争。俄国十月革命的胜利令李大钊备受鼓舞，他连续发表《庶民的胜利》《布尔什维主义的胜利》等文章。【　　　】他这一生理想就是用知识改变国家，在那个抗日年代，他勇敢地站出来，担上了保护祖国的责任，用知识去回报祖国。【　　　】

作为新时代的青少年，我们要继承先辈们不畏艰辛，吃苦耐劳，淡泊名利等等优秀品质，像他们一样用自己的知识，力量去回报祖国，使我们的祖国繁荣昌盛，越来越好。【　　　】

先辈精神，永垂不朽，承其品质，开创盛世。【　　　】

（作者：高 ⑪ 班王美）

任务 2：阅读分析标杆文 1，在【　　】内填写点评文字。

【标杆文 2】天地英雄气，千秋尚凌然

榜样也是平凡的一个人，但他所带给人的却是无穷的精神上的鼓励。天地英雄气，千秋尚凌然，我们要向榜样学习，传承他们的优良精神与品质。

学习榜样，便要学习他们无私奉献的高尚品质。解放战争的英雄，有着赫赫战功的张富清爷爷转业后主动要求到最偏远的基层工作，默默地为贫困山区贡献一生，就连他的子女都对他先前的战功不知情；无独有偶，名校毕业生樊锦诗主动放弃城市的优渥条件，长期扎根于大漠，用40多年的执着与坚守为世界文化遗产敦煌莫高窟永久保存和永续利用作出重大贡献。

他们的奉献是无声的，甚至是不为人所知的，但也正是这种奉献使得一些东西得以延续下去，使我们的国家变得更好。

学习榜样，便要学习他们的爱国精神。中共一大代表邓恩铭曾留"卅一年华转瞬间，壮志未酬奈何天，不惜我身先死，后继频频为九泉"这一读来令人热血沸腾的诗作，他本人也如此，满腔热血，为了国家的光明未来而英勇就义；像这样怀有赤诚之心的还有左权，他也曾立下荣耀战功，终也在战争中牺牲。"名将以身殉国家，愿拼热血卫吾华。太行好气传千古，留得清漳吐血花"一诗便是对他最好的写照。

他们都是中国的有志青年，为了我们亲爱的祖国，而在这文场、战场上挥洒着汗与血，没有这样的他们，便没有现在的中国。

学习榜样，便要学习他们的信念感。党员方志敏在狱中面对敌人的严刑与诱降时，他大义凛然，坚贞不屈，在极度艰苦的条件下写下了《可爱的中国》这一著名篇章，只因他相信随着中国一定会迎来光明的前途；杨靖宇，他曾任抗日联军司令。有人劝过他投降，他却斩钉截铁地说："不，我有我的信念。"在经过五日的奋战后，他英勇就义。当敌人残忍地用刺刀剖开他的肚子时，惊讶地发现他的肚中竟无一粒米，有的只是树皮、草根与棉絮。

他们持有的信念感在困境中支持着他们，使他们在敌人的威逼利诱下也毫不放弃，坚毅抵抗。他们，是好样的。

榜样的力量是无穷尽的。在任何时候，他们都能是我们向前的那盏灯。向榜样学习，将使得我们变为更好的自己。

（作者：高一 ⑬ 班陈丽霞）

【标杆文3】论榜样的力量是无穷的

有一种人，在枪林弹雨中冲锋在前，视死如归，鲜少顾及儿女私情，心怀大爱，用生命照亮黑暗。有一种人，有着高远的前途和丰厚的条件，却选择研究石窟，用自己美好的岁月为国家做贡献。还有一种人，出生于贫苦家庭仍苦心学习，后作战勇猛，冲锋在前，却在遭遇伪军攻击追击时不幸败亡。他们都是英雄，他们都是榜样。榜样的力量是无穷的。

所谓榜样，是平凡而低调的。总有一些人，得到了一丝荣誉就沾沾自喜，飘然前行；功成名就，有口皆碑之时就居功自傲，就此止步。这些人始终不会被世人所看好。榜样则是谦虚谨慎，为而不争；精益求精，再立新功的模样。若是我们，会选择去学习谁？自然是好的榜样，精神与品格，气质与行事，这不正是人们所向往，这就是榜样！

所谓榜样，是朴素而无华的。就如四十七岁的胡玉山，患上小儿麻痹症的他，让人一度认为他只能去街上讨饭。但他的所作所为却让所有人都自愧不如：他七岁开始自学木工活，十岁做出了一条小板凳，于是这点燃了他心中的火焰，一发不可收拾。再后来，凳子、圆桌、蒸饭桶、杀猪盒、木马桶……凡是木制家庭用具，无一不在话下。胡玉山曾说过："我没有脚，但我的双手很有力气。"后来他同周围的残疾人聚到一起共同劳动。这不就是如此朴实无华的一个人，但他的精神品质足以让我们敬佩与学习，这就是榜样！

所谓榜样，是宁死而不屈的。在龙华的监狱旧址，牢狱名单上写着一对兄弟的名字：陈延年，陈乔年。这两兄弟在龙华先后就义，相隔不到一年。面对死亡，两位年轻的共产党员留在龙华的声音，至今仍振聋发聩。"革命者只有站着死，决不跪下！"比起他们，那些临阵而逃，伤风败俗的人为何没有丝毫羞愧之心？

他们不用身披金甲圣衣，在苍生的心中闪亮。他们不会张扬出路的姓名，功绩在历史的丰碑镌刻。他们就是我们的榜样。习近平大大曾说过"一个有希望的民族不能没有英雄，一个有前途的国家不能没有先锋。"是啊，一个道理，一个人要是没有榜样，那么就没有可以学习的方向，要是无法学习，就传承不了其精神。榜样的力量极其强大，我们要善于去寻找榜样。

偌大的世界，月光的洒落，然后，消失在某个角落。榜样的力量会一直传承下去，直到万物消亡，星月陨落。

（作者：高一 ⑳ 班徐悦）

【标杆文4】星河引路，榜样引人

洪水与眼泪崩溃决堤中，一座城市陷入黑暗。无名的小辈是城市里的繁星点点，明亮了城市，温暖了国人。他们是我们的榜样，他们在无形中指引我们前行。

岁月点苔大地，轻抚轮廓，历史的长卷铺天而来：默默无闻的一个人，其实有灿烂耀眼的人生。数不清几次冲锋在前，记不得多少场枪林弹雨。或是千千万万场视死如归。那么多次为国奉献，那么多的荣誉，他却不再复提，而是进入了贫困的山区，奉献了一生，从此将希望种在那里，期盼发芽成荫。他是国家勋章获得者张富清。我在默默中听完故事，在潜移默化中向他默默靠拢。榜样在默默中指引。

有人在海上点灯，有人在林中绽放，而有人在漠上开花。一望无际的风沙，亦或许有"大漠孤烟直，长河落日圆"的壮丽景象。深黑的石窟中，有一个人的心，为保护世界文化燃烧着，她是国家荣誉称号获得者樊锦诗。波特莱尔说过："英雄就是对任何事都全力以赴，自始至终，心无旁骛的人。"我想，这句话放在她身上正合适。她投入了四十多年的执着和坚守，在敦煌莫高窟，创造了属于自己的光辉。榜样会付出很多，收获不再过问。榜样指引我们前行，告诉我们付出的力量无穷之大。

北斗星在夜空，勾起了一地星光，倾向铺满鲜花的城市。迷途的人用星星走向自己的归处。小小的我们在成长中，拥有老师，同伴，偶像，也有不少的榜样，在指引。

路，开到了崇山峻岭中，曾经的西域古道，变得更为平坦，宽阔，长远。那一条条的中国公路，是一个个打败困难的施工人员铸就的。这个世界，"没有比人更高的山，没有比脚更长的路。"他们攻克一个又一个技术难关，打通一个又一个隧道，架起一座又一座桥墩，靠的是一代又一代建设者们的艰辛奋斗。那些为了祖国努力建设的人们，都是我们的榜样，是我们的一缕光。榜样使我们自身有了新的元素，新的品格，只要我们跟随他们，我们也可以变成别人的榜样。这引领我们迈向更好的人生。

雨，落在了河南郑州。成灾的一切，冷酷的爪牙步步紧逼这座城市投降。我们，还有希望，所以，那么那么多人站了出来，他们有学生，有路人，有医生，有白领。多么多么勇敢，多么多么热爱自己的城市。每一份帮助，每一个支持，都是榜样的力量，他们在无形中指引我们前行。

（作者：高一 ⑳ 班李梓琦）

任务 3：请阅读标杆文 1-4，任选一篇，分析其优点及缺点。（小组讨论）

任务 4：请比较标杆文 1 和标杆文 4，分析两篇文章在行文脉络方面的差异。

任务 5："我是小老师"·小组题目 PK。阅读小组内其他同学的作文，将小组作文题目罗列出来，评选出最切题意的作文题目。

任务 6："我是小老师"·修改提纲。修改习作论点和分论点，将修改后的内容写在下面。

题目：

中心论点：

分论点 1：

分论点 2：

分论点 3：

任务 7：链接高考，写作提纲。

阅读下面的材料，根据要求写作。

"民生在勤，勤则不匮"，劳动是财富的源泉，也是幸福的源泉。"夙兴夜寐，洒扫庭内"，热爱劳动是中华民族的优秀传统，绵延至今。可是现实生活中，也有一些同学不理解劳动，不愿意劳动。有的说："我们学习这么忙，劳动太占时间了！"有的说："科技进步这么快，劳动的事，以后可以交给人工智能啊！"也有的说："劳动这么苦，这么累，干嘛非得自己干？花点钱让别人去做好了！"此外，我们身边也还有着一些不尊重劳动的现象。

这引起了人们的深思。

请结合材料内容，面向本校（统称"复兴中学"）同学写一篇演讲稿，倡议大家"热爱劳动，从我做起"，体现你的认识与思考，并提出希望与建议。

要求：自拟标题，自选角度，确定立意；不要套作，不得抄袭；不得泄露个人信息；不少于 800 字。

二、案例二：以诚待人 VS 扮演人设

本次作文训练，旨在训练驳论文。驳论文是议论文的一种，其本质是明辨是非，揭露丑陋现象，批判错误观点；其核心是用反驳的方式说理。"学习反驳"是"思辨性阅读与表达"任务群的学习目标之一。

【题目呈现】

阅读下面的材料，根据要求写作。（60 分）

班会课上，同学们就"交往过程中是否应当伪装"这个话题进行热烈的讨论。有人认为：交往过程中我们不应伪装，而应该以真示人，以诚待人，这样才能赢得真正的朋友。

也有人认为：哪里有交往，哪里就有伪装。你所看到的只是别人希望你看到的，你所展示的也只是你希望别人看到的，每个人都在"扮演"不同的人设。

你支持谁的观点？或者，你还有其他的看法？请你写一篇驳论文，加入这次讨论。

要求：自选角度，自拟题目，不得抄袭，不得套作，不少于 800 字。

【审题立意】

材料作文"审题立意"表

审题立意任务	审题立意细目	落实情况
核心概念及界定	以诚待人：用真诚来对待他人。伪装：你所看到的只是别人希望你看到的，你所展示的也只是你希望别人看到的，每个人都在"扮演"不同的人设。	
材料情境及观点	班会课，围绕话题进行讨论。有人认为：交往过程中我们不应伪装，而应该以真示人，以诚待人，这样才能赢得真正的朋友。也有人认为：哪里有交往，哪里就有伪装。允许有其他观点。	
写作对象与身份	班上同学。	
隐含任务与要求	文体（驳论文）；对话意识；"铁三角"（时代、国家、青年）；材料意识（"抱着材料打滚"）。	

本题为材料＋任务型作文。材料中设定了情境：班会课上关于"交往过程中是否应当伪装"的话题讨论，并提供了两种截然相反的观点。任务包含两点：一是回答"你支持谁的观点？或者，你还有其他的看法"；二是"写一篇驳论文，加入这次讨论"。

立意方面，交往过程中"不应伪装""应当伪装""应辩证分析"，这三种立场没有高下之分。要注意如下三种情况：

——脱离"人际交往"这个话题范畴，谈"真诚"或"伪装"的立意，不高于36分。

——认为交往过程中应当伪装，但是对"伪装"的内涵理解偏负面、灰暗的立意，属于二等下，不高于40分。因为本次作文题不是在问人际交往中"是否存在伪装"，而是"是否应当伪装"，即个人的行为意愿与选择，出于负面价值观的选择不应该被提倡。

——认为应辩证分析，但是没有清晰界定"伪装"与否的界限，只是笼统地将"真诚"与"伪装"合在一起写，是"伪辩证"，不高于48分。

【评分标准】

一等文48~60分。在立意明确、语言流畅的基础上，同时满足以下4点，可给55分以上；做到了前3点，可给52分以上；做到了前2点，第3点思想深刻度或者现实针对性较弱的，可给50分左右。

①在行文中体现了"讨论"这个情境，完成了"加入讨论"这个任务。如开篇引入班会课上同学们讨论的话题及观点，或是行文中认同/反对某同学的观点。

②论证层次清晰，驳论的部分条理分明，论证充分、有理有据。

③思想深刻，或能够准确联系社会现实（必须在"人际交往"这个话题范畴中），

有现实针对性。

④有明确的对象意识，如"青少年""高中生"等（这个不是必须满足的要点，只是更突出了情境，可适当加分）。

【阅卷反馈】

审题能力有待提高，任务意识尚需加强。大部分学生对材料限定的情境和引导语中的两个任务视而不见，对任务驱动型作文的审题能力不足，写作任务意识不强。作为一篇用于加入讨论的驳论文，不仅要围绕话题展开，更要还原讨论现场，如开篇引入班会课上同学们讨论的话题及观点，或在行文中对他人的观点进行评价（肯定/否定/辩证看待）。

在阅卷过程中，发现大部分学生看到"交往过程中是否应当伪装"这个话题就开始下笔写作，完全抛离了情境和任务，这种是初中话题作文的写法，完全不适用于任务驱动型作文。用初中的套路来应付高中的写作，是思维上的懒惰。这次阅卷，这种作文的"天花板"是48分。但是到了高三、高考阅卷场上，这种作文就算文采横溢，恐怕最多也只有40分。

还有一小部分学生，对话题把握不全面，一是完全脱离"人际交往"这个话题范畴，大谈"真诚"或"伪装"，二是写成了"如何鉴别人际交往中的真伪"，这些作文都不高于36分。另有个别学生，看不到"驳论文"三个字，写成了记叙文或抒情散文，属于文体错误，不高于36分。所以在接下来的写作教学中，要继续加强对审题能力的训练。

驳论文要明确地反驳对方的观点，然后证明对方观点的错误之处，以及为什么不成立。相当一部分同学只是否定对方观点，然后就开始论述自己的观点来，最终使得"驳"不明显。比如有同学写道，"有人说哪里有交往，哪里就有伪装，我不认可此种观点。"之后，就开始写起了真诚待人的好处，导致对"伪装"缺乏一个清晰的界定和论述。

对观点中所使用的概念内涵缺乏明确的定义。我们发现有的学生在立意时，由于缺乏对所用概念的内涵的准确定义，导致立意产生偏差。如有的学生的思维是这样的：我反对虚伪，做人要真诚——推出立意：做人要诚信。这条思维链条上致命的错误就是："真诚"与"诚信"两个概念之间是不等同的。尤其是"诚信"还包含了"守信"，这与"虚伪"已经不是对立关系了。如果通篇扣着"诚信"写，就会被视为偏题作文。还有的学生对伪装的理解不明，尤其是认为"交往过程中应当伪装"的学生，将"伪装"单纯地理解为"欺骗",于是在行文中就会举这样的例子：公路碰瓷党、作弊和抄作业等，进而导致文章出现价值取向的偏差。其实"交往过程中应当伪装"往往是出于社交礼仪需要、个人教养表现、社会角色限制或是自我保护等原因，"伪装"可以解释成"有礼貌地保留""委婉地掩饰""善意的谎言""角色的变换""自我保护"等。

伪辩证、"和稀泥"式写法比较普遍。有的学生对于这种对立观点型的材料，采用了伪辩证的写法。如下文（得分40）：

论处理人际关系

与人如何交往，应该是每个人人生的必修课，处理好自己的人际关系，学会自己与别人的交往方式，将会影响自己的人际关系。

而每个人的交往态度又是不一样的。有人认为与别人交往不应该有伪装，应该对每一个人都用心，相对将最真实的自己给予别人，才会换取别人对你的真心相待。

而相反的一方则认为伪装是人的本性，有交往就有伪装，每个人总是希望将最好的自己展现在别人面前，而自己本不够优秀，就会去在交往时将自己伪装得很优秀。

而我也有自己的看法，每个人对于每个人都是不一样的，都不是绝对的，将自己最真实的一面展示出来，与人交往固然是好的，但是如果你所表达的正是对方所讨厌的呢，那他就会厌恶你，整个人对于交朋友是不友好的。

而人如果一直去伪装自己来博得别人对他的好感的话，那他整个人都会活在自己所伪装的世界当中的，每个人都在与虚伪的他交往，而人们一旦发现他的真实面孔都会离他而去。在我看来这两种观点都太绝对了，都有一定的弊端，所以将这两种观点结合一下就能形成一种新的观点。

每个人在交往时，对于陌生人，我们与其交往时可以适当地伪装一下自己，尽力将优秀的自己展示在别人面前，这样才能更好地与其交往，比如说与你刚认识的一个人，你要尽力去与他兴趣相投，将自己包装得优秀一点，别人就与你交朋友成为好朋友，而对于自己的知心好友甚至是兄弟姐妹的话，如果还在他们面前进行伪装，可能招来的是疏远与厌恶。

而对于这些好友我们应该用心相待，可以将最真实的自己展示在他们面前，这样他们也会把自己最真实的一面对我们展示。对于知心好友就应无所掩饰，这样关系才会越来越好。只有秉持这种处理人际关系的观点，为人处世与做人的态度就会更好。

【点评】开篇用三个段落列举两种观点，接着再用两个段落提出自己的观点，且表达不清晰，此时文章已过半，再分别用两个段落肯定两种观点，然后结束文章。这种写法不是真正意义上的辩证分析，而是拼凑式的文章。

还有的学生开篇就将"真诚"和"伪装"并举，但是并没有明确两者之间的界限，是"和稀泥"式的文章。

要提醒学生，对立观点型的材料，用简单拼凑来立意水平太低，不应简单粗暴地说两个观点都对，而应明确在何种情况下某个观点才具备合理性，这才是真正意义上的辩证。

本次作文在行文方面也暴露了一些问题。一是论证层次单一或混乱。40-45分之间的大部分作文，主要问题出在论证层次过于单一，如简单的并列式（分论点之间还存在交叉），甚至论证层次混乱。可见学生们的写作思维还要进一步提高。二是论据使用不当。包括缺乏论据，通篇空洞说理；堆砌论据，把议论文写成了故事会；误用论据，使用的论据并不适用于观点。这一点和上一点，都是长期以来议论文写作的通病，我们可以根据不同层次的学生需求，做出相应的写作指导。三是误用书信体。评卷发现有少部分学生用书信体进行写作，这是不符合本次作文题目情境"班会课讨论"的。要提醒学生注意，考场写作没有万金油。四是论证过程缺乏分寸感。总体来说，这次写"不应当伪装，应真诚"的作文，比"应当/可以伪装"的作文得分要高。原因就在于肯定"伪装"的学生在论证过程中缺乏分寸感，为了肯定而肯定。把"伪装"吹到了天上，把"不伪装"踩到了脚下。这种简单粗暴的逻辑随处可见（包括社会生活，不是吗？），值得警惕。请学生们认真阅读范文，看看同样的观点，高分作文是如何讲得合情合理的。

【标杆作文】

【1号文】吾以真诚待善人，亦借伪装避恶徒

①在生活中，我们会与形形色色的人交往，有真心祝福的爱心人士，也有心存歹念的不法恶徒。真诚还是伪装？这是一个值得思考的问题。

②有人认为：哪里有交往，哪里就有伪装。我认为不然。古人说："投我以木桃，报之以琼瑶。"在交往过程中，你怎么对待别人，别人就怎么对待你。如果伪装是交往的主旋律，那么人与人之间就充满了伪装，充斥着隔阂，遍布着欺骗。在隔阂与欺骗中，人与人会有真正的感情吗？不会。

③人与人交往更应充满真诚。真诚一直都是交往的不二法门，古人云："精诚所至，金石为开。"只要你足够真诚，那么人与人之间因伪装而产生的隔阂就会消融。我们敬仰马克思和恩格斯，不仅仅是他们的著作，更赞美他们的革命友谊。倘若他们彼此不

以真诚相待，那我们也没有机会称赞这友谊。可见友谊在真诚相待中产生。

④真诚是发自内心的，不是三言两语，而是真实行动。伯牙与钟子期是彼此真诚的好友，钟子期对伯牙的赞美发自肺腑，伯牙哭钟子期的辞世也是撕心裂肺，伯牙绝弦时更是坚决。真诚不是假惺惺，而是实际行动。在人与人的交往过程中，真诚不是虚伪而是付诸行动。

⑤有人认为，交往过程中只需真诚，不需要伪装。这也是片面的。当我们与心存歹念的人交谈时，意识到对方心怀鬼胎，我们还能真诚吗？傻傻地交代自己的隐私？被别人卖了还帮忙数钱？这样的人不在少数，我们常能听到一些纯情少女失足的新闻，她们正是太过天真，不懂伪装，因此容易上当受骗。可见，人与人交往光靠真诚也不行。

⑥伪装是一种技能，运用得当就像盔甲一般保护自身，运用不当便如铁牢一样隔离外界。士兵运用伪装，可以保护自己不被狙击手发现；歹徒运用伪装，能够隐藏自己的真实面目从而更加危险；同样，我们运用伪装，能与不法分子周旋。伪装这种技能，用之正则正，用之恶则恶。我们在交往的过程中，不应一味抛弃伪装，而是应该懂得利用伪装保护自己。

⑦真诚是人与人交往过程中亘古不变的主旋律，亦是收获友谊、爱情的前提。伪装也是种力量，是我们于交往过程中保护自己的力量，运用得当，能避开交往过程中遇到的危险情况。真诚还是伪装？我的回答是："吾以真诚待善人，亦借伪装避恶徒！"

（作者：高一⑦班蒋纯）

任务2：阅读1号标杆文，梳理1号文行文脉络。

提示：标题制作用心，堪称黄金标题，采用对称结构，题目即观点，点明核心概念。第二段反驳他人观点，先进行反驳。第三段提出分论点一"人际交往要真诚"。第四段提出分论点二"人际交往要真实行动"。第五段再次反驳他人观点。第六段提出分论点三"伪装的好处"。第七段总结全文，重申观点，再次点题。

任务3：思考本文的辩证思维体现在哪里？明确了在何种情况下哪种观点具备合理性，作出了具体情境的界定。

【2号文】交往应有道　真诚沁人心

班会课中，同学们就"交往过程中是否应当伪装"这一话题进行了热烈的讨论。交往是人们一生中必不可少的事，交往的方式亦多种多样。

在我看来，真诚是交往的关键词，一言以蔽之，交往应有道，真诚沁人心。

真诚诚可贵。生活中，人们总与"真"打交道，如老师对同学们进行考试，老师们希望得到同学们的真实成绩；又如人们在购买珠宝首饰时，总会顾虑它是否够纯够真？是否足秤？于我而言，真实做自己才是真正的我。在交往过程中，真实的"我"用真诚的方式与他人社交，这样，不仅我会感到舒适无束缚，对方也能感受到我真诚的态度。每个人都希望被真诚以待。毕竟，无论社会多么现代，文化多么多元，人们仍需要从真诚的交往中寻求内心的安宁与滋养。

伪装不可取。伪装，即人们在外表或行事方面将自己装成不属于自己的模样。戴上了"面具"，就不是真我了。人们常用这样的方式去麻痹真实的自我。但这样做，终归是一文不值的。假使自己正准备进行一个极为重要的面试，而我为了能够通过这一场面试，对自己的简历进行了一番"包装"。在这样一份戴上了"面具"的简历的加持下，我顺利通过了这一面试。到目前为止，伪装的做法似乎很有成效。诚然，纸终究是包不住火的。这一段时间内，人们通常会内心忐忑，无法做到安然自若。随着时间的流逝，总会有"面具"被强制摘下的那一天。到最后，我不仅会失去这一份看似来之不易的工作，还会受到程度未知的惩罚。这岂不是适得其反了吗？

有人认为，你所看到的是别人希望你看见的，每个人都在"扮演"不同的人设。但我并不这样认为。首先，人们当然都希望将自己最好的一面展示在外，以博得满意的第一印象。其次，初印象终归是初印象，在一次次的交往过程中，人们仍会产生第二印象、第三印象等直至熟悉最真实的你。如来到新班级与同学交朋友，大家对每个同学的第一印象与久而久之熟悉后对同学们的印象大多是截然不同的。反之，若是最开始便以真诚待人，让人们充分感受到你真诚的态度，在交往的过程中便不会有过多的误会。

真心对真心，真诚碰真诚。在我们当前的时代，真诚是弥足珍贵的。作为已站在百年未有之大变局路口的新一代青年，我们要扬起真诚的大旗，让真诚布满世界，让真实充实自我。

愿这一刻，时雪洗去尘垢，惠风拂走阴翳。沐浴和煦阳光，聆听万物呼吸。时光酿成甘酒，属于每一个保持真诚的你。

（作者：高一②班傅文英）

【3号文】以真诚赢真诚

班会课上许多同学就"交往中是否应当伪装"这一话题展开了激烈的讨论。其中有人认为在交往过程中应当以真示人，也有人认为在交往过程中每个人都在扮演着不同的人设。

<u>但我认为只有真诚才能赢得真诚。</u>

<u>在交往过程中只有真诚待人才能让人真诚待你</u>。在日新月异的生活中，人们总少不了用"假面"去迎合别人从而来达到自己的目的。但是在用"假面"待人的同时又怎么知道别人是不是也在用"假面"待你呢？在如今快餐式的生活中我们需要一个真诚的朋友陪在身边，让我们短暂地取下伪装来放松自己。真诚的朋友在我们的生活中必不可少，如果我们不用真诚去打动别人，又怎么能期望别人用真诚待你！

<u>朋友需要相互信任</u>。朋友，是一个可以让我们卸下所有伪装的人。这样的人拥有着你全部的信任，因为你同时也知道那个真实的他，这样的人才能够成为朋友。如果你用伪装去交的朋友的同时也许你的朋友也在用假面来对待你。同样若是不相互信任又怎么能称为朋友呢？真正的朋友不是逢场作戏而是在你最需要的时候出现在你的身旁默默地陪伴你，会在你来一场说走就走的旅行时跟着你一起疯，会在你成功时分享你的荣耀和喜悦，会与你度过所有你迈不过去的坎。当回首往事就会发现你们的那部分人生因为彼此而熠熠生辉。

<u>有人认为</u>"哪里有交往，哪里就有伪装"。诚然，人和人在交往的过程中免不了会有伪装，许多人让别人看到的是他在"扮演"的人设。但是真正的朋友是不能由伪装的人设去获取到的，一旦让别人知道这是你的伪装，那么你靠人设得到的朋友就会离你而去，得到的一切就会分崩离析。所以用伪装得到的友谊并不是真正的友谊，而是一场镜花水月。虽然友谊需要经营，但经营不是要用假面待人。而友谊也不是一时就有的，需要在相处的一朝一夕中慢慢沉淀所得。友谊是珍贵的，不能用金钱买到，它需要用同等的真诚来换取。

<u>揆诸当下</u>，现在许多青少年都错误地理解了朋友的含义，认为只要与别人兴趣相投或者为别人付出就能成为朋友，而忽略了自身。其实友谊是一种双向的付出。有一些人看起来身边围绕着许多的朋友，其实一个真正能称为朋友的人都没有。

所以，只有在交往的过程中不做伪装，<u>以真示人、以诚待人，才可以收获真正的友谊</u>！

（作者：高一 ⑳ 班李炜）

【4 号文】与其伪装自我，不若以诚待人

班会课上，同学们就"交往过程是否应当伪装"这个话题进行了激烈的讨论。每个人各抒己见，都对此拥有自己的看法。<u>于我而言，与其伪装自己，不若以诚待人。</u>

有人认为：交往过程中我们不应该伪装，而应该以真示人，以诚待人，这样才能赢得真正的朋友。我赞成此观点，首先，在与朋友交往的过程中，每个人肯定都会希望朋友不会欺骗自己，以诚相待，这样不仅会让彼此的关系变得更加紧密，还能实现心灵的相通与灵魂的沟通。其次，"以诚待人"，讲究诚，诚是中华民族的传统美德之一，其作为优秀的传统文化，难道我们不应该继续将其传承并发扬光大吗？

也有人认为：哪里有交往，哪里就有伪装。你所看到的只是别人希望你看到的，你所展示的也只是你希望别人看到的，每个人都在"扮演"不同的人设。这样的观点也是有理有据的。在现实生活中，有的人为了不破坏与朋友之间的关系，当面一套背面一套的行为就会由此产生，他们往往会在朋友面前伪装自我，将真实一面藏于心中。然而，倘若这样做，那每个人或多或少不都会受此影响，形成善于伪装自我的交往作风吗？倘若形成了这样的交往作风，那我们能真正交心的朋友又会有多少呢？

由此可知，不要把以诚待人从心灵深处挤走，更得严防伪装自我偷偷潜入你心底。

对于我来说，我认为：与其伪装自我，不若以诚待人。揆诸当下，有许许多多的人都没有能交心之友，尤其是在成年人的世界里，他们大多为了生活奔波，苦于生计，因此他们都或多或少地沾染上了世俗风气。在遇到困难时，能出手相救的也没几个。反之，以诚待人则能给他人送去温暖与快乐，即使有以诚待人却换来伪装自我的人，但这只是少数。作为青少年的我们，身上拥有的，更多的是纯真，因此在青少年交往过程中，以诚待人则以迅猛之势"打败"了伪装自我。所以我认为与其伪装自我，不若以诚待人。

曾子曾言：吾日三省吾身，为人谋而不忠乎？与朋友交而不信乎？传不习乎？先辈们也曾思考自身，作为后辈的我们，更应该传承其美德，更应以诚待人。

（作者：高一 ⑭ 班张舒婷）

【5号文】揭开面具，剖露本心

世界上少不了伪装，有人装善良，有人装丑恶，又有人装真实，抑或是装虚假。而我认为在交往过程中我们不应伪装，应当以真面目示人，以诚待人，这样才会有彼此惺惺相惜的好朋友。

真诚是为人处世的基本准则，与他人交往的必要条件。在与人交往的过程中，真诚方为上上计。两个真正的好友是了解彼此的缺点与脆弱的，在朋友面前可以卸下伪装，露出柔软一面，那个她懂你的小防备，因此在朋友面前所有的伪装也可以尽数卸下，真心换真心，这样才会赢得真正的朋友。

世界上有无数面具，我们在人际交往中需要面具，但剖去外壳，唯有真实。在上流圈子的交往中，不乏装大款的，在他们的面具之下掩藏着自卑胆小的自己。这样的交往让人不禁叹道人心虚伪，所交的也不过是酒肉朋友罢了。谁也无法伪装灵魂，真实才是我们需要的内在感受。

有人认为："哪里有交往，哪里就有伪装。你所看到的只是别人希望你看到的，你所展示的也只是你希望别人看到的，每个人都在生活中扮演不同的人设。"而我却不这么认为，正如陶渊明在当彭泽令时，保有一身清正傲骨，道："吾不能为五斗米折腰，拳拳事乡里小人邪！"遂脱下官帽归隐于林。在官场的暗流涌动中，只需保持伪装，或许就能扶摇直上，而陶渊明一身清气、两袖清风，真诚以待，不与世俗为伍。

真实是最好的伪装。对于人设的虚伪，撒一个谎要一千个谎来掩饰，唯有真实，真诚待人才能够用心去交到好朋友。面具仅仅是一时的，我们要撕下面具，用心去做自己。

在快节奏的时代里，希望我们可以真诚相待，脱下华丽的外壳，以真示人，以诚待人，拥抱平凡的自己，迎接真正的朋友。

（作者：高一⑩班冼思慧）

任务4：阅读2—5号文，标出行文标志句，分析这几篇标杆文立意与结构的相似之处。

【6号文】伪装促友好，真诚亦重要

每个人都无法成为一座孤岛，我们总要去寻找能产生共鸣的美好。那找到了朋友后，我们该如何与其相处呢？就此，我认为适度的伪装是促进长久友谊的良药，但真诚待人才是绝招。

适度伪装，但别迷失自己。

要以真心换真心，在"朋友"这个关系里，我们与对方总是由远及近，刚开始不能卸下所有伪装，若是遇上了不以真诚待你的朋友，你的倾诉被他到处嘲笑，着实伤人。在确定了对方亦是真心待你之后，就要伪装有度了，我们不能要求对方完全迎合自己，为自己而改变，所以我们也要付出一些，做出适当的改变。友情亦是"双向奔赴"，世上没有最合适的朋友，只有会让步些许的我们。但应伪装有度，不能过于委屈自己，更不能完全不做自己。

真诚待人，展现本真。

　　真诚就是必杀技，在好朋友面前的你不用时时伪装，因为他们是你自己选择的家人。对朋友可以展露你的快乐与难过，可以分享你的生活琐事，也要做到给予关心。真朋友间的付出是双向的，俞伯牙遇一生知己钟子期，高山流水觅知音，可惜子期过世伯牙绝弦，伯牙以最真诚的方式对待了朋友，留下此一段佳话。

　　以真心换来的朋友将成为每个人的毕生所惜。相遇了便是缘分，可能是因为爱好相同，亦有可能是因为性格相仿，才让我们成了知心的朋友。但若不是真诚，谁愿留在你身边？

　　<u>别以面具，对待真诚。</u>

　　"我会戴起面具，以展现我所希望展现的一面，光鲜亮丽，但我总要摘下的，在知己面前。"这句话告诉我们，别一直伪装。在交往过程中，我们必定有一些要擦肩而过的陌生人，我们都想在交往中展现最好的一面，但若时时戴着面具无法对任何人摘下，我们便会感到孤独。若是遇到可以交心的朋友，他能接受你的每个人设，可以陪你哭，也可以安慰你，了解面具后的你，那个真诚的你。看过了你的每一面，却仍愿将你视作好友，那又何必还戴着面具？

　　我们不用心力交瘁地去扮演别人，只需在朋友面前做自己。

　　万事都要有度，别戴着面具去对真诚待你的人，也别以真心去对待笑里藏刀的人。学会在真诚中适度伪装，终会收获值得的好友。

（作者：高一 ⑯ 班叶栩彤）

【7 号文】交往"伪装"，真诚待人

　　在我们与人的交往中，总有人傻傻付出了真心，却没有得到回报，因此认为哪里有交往，哪里就有伪装，不能轻易交付真心；但也有人认为交往过程中应当真诚待人，这样别人才会信任你，与你交好。<u>而我认为应在必要的时候适当伪装，但也会用真诚待人。</u>

　　有这样一则故事：小女孩用自己所拥有的糖果与小男孩所有的石头交换，但小男孩却偷偷藏起了最喜欢的石头，把剩下的给了小女孩。那天晚上，小女孩睡得很香，但小男孩却在想小女孩是否像自己一样藏起了最美味的糖果。为什么小男孩会怀疑？又为什么小女孩会如此信任？我想是因为小女孩觉得自己交付了真心，所以感到很安稳；而小男孩认为人与人之间多少都会伪装，不会有谁交出真心。

　　这则故事告诉我们，小男孩因将自己伪装起来，而对身边的人都变得小心翼翼，小女孩因真心待人，而内心变得坦荡。但是，如果只像小女孩一样，将真心全部付出

可以吗？我认为这也是不行的。我们既要保留小男孩的伪装，也要交出小女孩的真心。

伪装能减少不必要的伤害。在我们自以为真诚待人的时候，别人却把你当成笑柄，不断践踏着你的真心。亦如国与国的交往，当一个国家想与他国友好合作，但他国却因利益利用你，这将会造成极大的损失。

但是，伪装本质上是不好的，它会使人与人的交往变得小心翼翼，因此伪装要把握好度。当你经常将自己伪装起来，你以为在保护自己，但却伤害了别人，久而久之，将不会再有人愿意去信任你，与你交好。

而相反的是，真诚待人能赢来真正的朋友。这句话说得没错，但又有多少人敢于付出真心去对待别人，在这个利益横飞的时代，人人都害怕被利用，但又想交到真正的朋友，这能不能实现呢？其实可以，在这个快节奏时代，有很多人都是一样的，大家可以互换真心以此来换取真正的朋友。

真诚待人一定全部都好吗？它也可能会使你受到伤害。有许多事例，例如闺密之间你很信任她，但是她却因金钱的诱惑，迷失了心窍，出卖了你，这着实是一场不小的打击。

最舒服的交往方式，应是既要真诚待人也要保留伪装。一生中，我们会遇到许许多多的事与坎坷，结交许多的朋友，若你始终以自己包装好的一面或是整颗真心掏出来给你想结交的人，那结果势必是不太理想的，因此在交出真心的同时，也不要忘记保留一点伪装。

真诚待人，交往伪装，是最能结交真心的好朋友的最佳方式。

（高一 ⑯ 班郑斯涵）

【8号文】真诚兼伪装，宜己又宜友

人与人交往，讲究真诚二字，若是长期处于伪装之下，那该有多累呢？但有时候适当的伪装有利于保护我们。

真诚以待，共觅知音。在交友过程中，我们应怀揣一颗真诚的心。也许有人会问何为真诚？于我而言，真诚就是坦言相待，不在背后污蔑别人；真诚就是表里如一，不在背后捅刀子；真诚亦是善于发表自己的看法。

真诚并不意味着毫无保留。随着科技的飞速发展，网络成为我们交友的另一新途径。在网络上，我们能够结识到来自五湖四海的朋友，同时，不法分子也利用这一点来进行违法行为。近日，一名男子在网上结识了一位朋友，在网络上，他们谈天说笑，相见恨晚，因此男子将一些自己的个人信息告诉了网友。但随之而来的，便是这名男子的隐私信息暴露，甚至影响其正常生活，可见真诚并不能等于"暴露"。

因此，适当的伪装变成了保护色。在不熟知朋友的情况下，我们不能毫无防备地让自己毫无隐私可言。这时，伪装应成为我们的保护伞。在交友过程中，我们有时会为了让朋友开心而伪装自己，其实这很正常。如果因为我们的某个坏习惯而让朋友不适，这时伪装便能帮助我们在友好交往的同时，逐渐地完善自己。

过度的"装饰"，就会失去本色。一道上好佳肴，往往是用最简单的烹饪方式，保留了食物本身的味道。友谊亦是如此，过多的伪装、欺骗无疑会使友谊支离破碎，也不能让他人了解到真正的你，从而失去了志同道合的朋友。况且长期的伪装，失去了最初的自己，终使自己也身心疲惫，这又是为何呢？

真诚中夹杂着对于保护自己的善意伪装，在坦诚交友的同时，保护好自己，这难道不是利己又利友吗？

（作者：高一 ⑯ 班欧弈璇）

任务5：阅读6-8号文，标出行文思路句，分析这几篇标杆文立意与结构的相似之处。

任务6：总结本次作文训练的收获。

三、案例三：追求更好，成为更好的自己

本次作文的训练目的是了解高考"关系型"材料作文出题方式，探究高考作文体现的逻辑关系，提高审题能力。

在思维的过程中对事物相关的两面进行辩证的、一分为二的、全面的分析和理解。二元对象之间的关系有多种，有的是因果关系，如"感情的亲疏与对事物的认知""遭遇挫折与放大痛苦"；有的是并列关系，如"相信自己与听取别人的意见""自我认识与他人期望"；有的是选择关系，如"材与非材""明镜与昏镜"。分析材料，分析二元对象，把二元对象隐含的交汇点找准了，审题才能准确，行文才能深刻。

【原题呈现】

阅读下面的材料，根据要求写作。（60分）

一群人之中，总有大家渴望追赶的"最好"榜样；一个人心中，也总有梦想达到的"最好"目标。"最好"能引领我们变得"更好"，但是也容易变成前进的阻力——不少人在难以成为"最好"时，便会放弃变得"更好"的努力。所以，西方有句谚语："不要让'最好'成为'更好'的敌人。"

在成长的道路上，我们应如何协调"更好"与"最好"的关系？请你结合自己的学习和生活经验，写一篇议论文谈谈你的看法。

要求：选准角度，确定立意，明确文体，自拟标题；不要套作，不得抄袭；不得泄露个人信息；不少于 800 字。

【审题立意】

材料作文"审题立意"表

审题立意任务	审题立意细目	落实情况
核心概念及界定	"最好"指向与群体中的他人比较，同时也指向与自己进行比较。"更好"侧重于个体在群体中的成长或个人内心的成长；侧重于个体的进步、提升和上进。	
材料内容及要素	第一层：从"一群人之中"和"一个人心中"两个方面来界定概念"最好"。第二层："最好"能引领"更好"，但"最好"也会阻碍"更好"。第三层：得出结论，"不要让'最好'成为'更好'的敌人"。	
写作对象与身份	当代青年学生。结合自己的学习和生活经验。	
写作任务与要求	主任务：在成长的道路上，我们应如何协调"更好"与"最好"的关系。隐含任务：文体（议论文）；对话意识；"铁三角"（时代、国家、青年）；材料意识（"抱着材料打滚"）。	

作文的材料部分可分三层。第一层，从"一群人之中"和"一个人心中"两个方面来界定概念"最好"，"最好"指向与群体中的他人比较，同时也指向与自己进行比较。第二层，从两方面讨论了"最好"和"更好"的辩证关系，"最好"能引领"更好"，但"最好"也会阻碍"更好"。第三层，得出结论，"不要让'最好'成为'更好'的敌人"。

作文的引导语部分，提出核心问题：在成长的道路上，我们应如何协调"更好"与"最好"的关系？考生需要对"最好"和"更好"两个概念进行界定，重点讨论如何协调两者的关系。同时，"要结合自己的学习和生活经验"，需要由表及里、以点带面，由材料而引申到考生个人学习、生活中来，通过举例说明现实生活中"最好"和"更好"的关系。"写一篇议论文谈谈你的看法"，则明确了本次作文文体为议论文。

要求语中的"选准角度，确定立意"要求考生理解材料含义，选择恰当准确的角度，确定好自己的观点。"不要套作，不得抄袭"即不要把预先准备好的作文材料，生硬地套用；或者在行文中照抄材料或使用试卷上的其他题目的材料作为写作素材，阅卷时会扣除所有抄写部分的字数，按字数不足的标准进行扣分。

【阅卷小结】

审题方面，核心概念界定能力有待提升。本题核心概念为"最好"和"更好"。"最好"指向与群体中的他人比较，同时也指向与自己进行比较，部分同学忽略了"最好"中包含的两方面范畴。"协调二者关系"论述不足。一是把"最好"和"更好"割裂开来，单独论述，没有形成"关系"；二是侧重一面，只单方面讨论"最好"在二者关系中的作用，"关系"单薄；三是生搬硬套，缺乏准确理解材料的能力，比如"最好"是基础、"更好"是途径、"最好与更好相辅相成，互相统一"……生搬硬套，缺乏说服力。四是辩证思维能力有待提升。按照材料层次，第一层，界定概念"最好"的范畴；第二层，从两方面讨论了"最好"和"更好"的辩证关系，"最好"能引领"更好"，但"最好"也会阻碍"更好"；第三层，得出结论，"不要让'最好'成为'更好'的敌人"。考生在写作时，要提炼出这些重要信息点，可以作为分论点，联系现实和生活，从正反、主客观、扬长避短等多方面进行阐述。相当多考卷只是简单地论述二者的关系，缺乏辩证思维，思维深度不够，有待加强。

写作明确要求写议论文，大部分考生都能够完成文体写作任务，但也存在两个问题。一是一部分考生采用记叙文文体；二是"以叙代议"，用自己学习、生活经验中的故事来作为主要素材和事例，用多个段落进行展开叙述。

表达与书写方面，一是素材缺乏，积累太少。部分考生在作文中呈现的素材，很多考卷以个人学习成绩来论述"最好"和"更好"，缺少现实针对性，缺少现实感和时代气息。部分同学在作文中使用袁隆平、屠呦呦、黄旭华、张桂梅、黄文秀、叶嘉莹、苏炳添、谷爱凌、梅西、张艺谋等人物事例，结合实际，关切现实，有时代气息。二是语言空洞，泛泛而谈。部分考生语言平铺直叙，围绕着话题，空谈道理，没有能够提炼出分论点，语言空洞，句式凌乱，缺乏表现力。三是卷面凌乱，书写潦草。相当一部分考生不注意卷面整洁问题，卷面凌乱，书写潦草，字迹模糊，涂改较多，致使作文得分降档。四是字数不够，未能完卷。相当一部分考生（占比不少）未能完成800字写作要求，显示出考生答卷时缺乏时间分配意识，完卷意识淡薄，作文写作能力薄弱。

【互批互评】

任务1：阅读年级印发的标杆文1、标杆文2以及教师点评，分析论证结构，思考两篇文章是如何运用辩证思维"协调二者关系的"？

任务2：比较标杆文1和标杆文2，给两篇标杆文打分，说明评分理由，并指出两文的差异。

【标杆文1】让"最好"成就"更好"

我们总在成为最好的人或想达到最好的目标时被成为更好的人、达到更好的目标而暂停脚步。"更好"成了我们走到"最好"的阻力。

但其实"更好"与"最好"是相辅相成，相彰而益的，我们可以通过协调它们去改变自己。

首先，最好是更好的基础。短的一个时期内，我们可以定一个"最好"的目标，让自己成为"最好"的人。这时，我们便可以给自己定下一个"更好"的目标让自己成为更好的人，如此一来，协调了"最好"与"更好"的矛盾也证明了最好是更好的一个基本和基础。

现阶段的最好并不代表一个星期后、一个月后或者半年一年后的最好，所以我们要继续前行，走向更好的更好，而不是停留在此刻的最好，让"更好"成为"最好"的目标，不能仅仅地安于现状。

其次，可以把更好作为最好的挑战，让更好与最好站在自己的对立面。成功攻下最好进而攻下更好，协调它们之间的关系，也协调我们与它们的关系。把它们当成游戏中的一些对立角色，它们是统一战线，我们则要去打倒赢得它们，赢得"最好"与"更好"。由此也协调了它们的关系，让我们得到了提高与提升。

最后，我们可以多去追随那些更好的人，但前提是要让自己成为最好目标的那个人。

在人生的成长道路上，我们也会有身边的人促使我们成为更好最好的人。比如父母，比如老师，比如朋友，他们是我们向前走的督促者和见证者。

我们不能停止成为最好或更好的人，也不能停于最好的这个阶段和把更好作为是更好的阻力和障碍。

成长的道路上我们不可避免遇到更好与最好的一些打扰我们的因素，但坚持就一定可以让我们从平平无奇、普普通通的人中蜕变成最好与更好的人。

【点评】考场得分47分，三类上。本文能够基本完成任务，围绕如何协调"更好"与"最好"之间关系的话题展开论述。但论证不够充分，思维较单一，未能准确界定概念，未能从多个角度辩证思考二者的关系。此外，针对现实，泛泛而谈，自身的学习和生活经历涉及较少，欠缺深刻性。

【标杆文 2】瞄准"最好"，攀向"更好"

一群人之中，总有人为我们心目中"最好"的榜样；一个人心中，也总有梦想达到的"最好"目标。"最好"能引领我们变得"更好"，但是也容易变成前进的阻力。因此我认为，"最好"只是一个努力的方向，而"更好"才是我们需要脚踏实地的行动准则。

选取一个"最好"的目标，有利于我们不断改进自己，提升自己。人们常说，"榜样的力量"，选取一个"榜样"作为"最好"，并持续地向榜样学习，能使我们逐步靠近榜样。譬如钟南山先生，疫情当头心系祖国，为了广大人民辛勤付出；若我们选取他为榜样，则可学习他不屈不挠的爱国精神。或者，如果我们心中有梦想达到的"最好"目标，持之以恒地向目标努力，也一样能帮助我们成就更好的自己，向目标迈进。

然而，选取"最好"的目标，也有可能会阻碍我们的进步——不少人在努力后发现难以成为最好时，便会放弃成为更好的努力。我们要避免这种情况，不要让最好反而成了我们的绊脚石。"最好"只是一个努力的方向与目标，而"更好"才是我们需要脚踏实地行动的准则。

成为"更好"，是变成"最好"的必经之路。想一步登天，一下子成为"最好"是不实际的。所以当我们发现"最好"难以实现时，不应灰心放弃，而是应当耐心地不断提高自己，不断成为"更好"的自己。凡事都有过程，一步步变成"更好"是成为"最好"之途上不可或缺的环节。因此，我们不应在难以成为"最好"时就放弃变得"更好"，而是应咬牙坚持下来。生活中，我也常选取身边优秀的同学作为榜样，并向他们的优点靠近。想一下子就达到他们的优点绝非一件易事，只有我一点点向他们学习，不断地成为"更好"的自己，日积月累之下才可能获得他们的优点，甚至是超过他们的优点。

所以我们在瞄准"最好"的同时，也应当付诸行动，攀向"更好"。不要因"最好"太难达到就放弃努力，因为努力地攀向"更好"才是达到"最好"，甚至是"比最好更好"的唯一途径。不要让"最好"成为"更好"的敌人，而是应该让"最好"引导我们变成"更好"，变为更加优秀的自己。

【点评】考场得分 49 分，二类下。本文观点鲜明，能根据材料较好地把握、准确理解"更好""最好"两个概念，能观照到两个概念的辨证关系，论证了"最好"对"更好"的引领，也涉及了"最好"可能也会阻碍"更好"，段落层次较为清晰。第二段有相对恰当的事例进行论证，也能有意识结合自身经历经验论证。但文章深刻性不足，没有分析"最好"成为阻碍的原因，没有探寻本质，也没有给出解决方案。

任务3：比较标杆文3和标杆文4，给两篇标杆文打分，说明评分理由，并指出两文的差异。

【标杆文3】让最好成为更好的动力

日常生活中，总有大家口中最好的榜样，而在追逐最好的路上总有不少困难，因此容易放弃变得更好的机会。所以西方有句谚语："不要让'最好'成为'更好'的敌人。"而我同样认为，在人生路上，应让最好成为更好的动力。

让最好成为更好的动力，有助于我们坚定目标，寻找方向。一个人最大的困难便是没有目标，如无头苍蝇在生活中四处碰壁导致心灰意冷，从而放弃更好的机会。学习路漫漫，道阻且长，在有最好的目标的前提下，人便不会轻易失去方向，同时能更有动力和信仰地往更好前进，突破最好的极限。

让最好成为更好的动力，有助于我们奋力向前，豁达面对困难。在中国的发展时代，各项产业技术都落后于世界，但中国并未停下前进的脚步，始终向更好发愤图强。犹记得钱学森、邓稼先等伟人，在面对种种压力和技术落后的困难下，依旧不忘初心，坚守使命地钻研实验，在向着外界发展的道路上，攻克各种难题，以最好为动力，向更好追赶。最终他们顶住了压力，扛下了日日钻研的劳累，成功让世界对中国刮目相看。

让最好成为更好的动力，有助于我们挖掘自我价值，走向更好的自己。小时候我很敬仰自己的美术老师，认为他的画作在我眼中是自己向往的样子。自那以后我便督促自己向心目中的最好前进，一路追赶。在坚持不懈的努力下，成功参加学校举办的画展，实现了一个小小的目标，也得到了老师的赞扬，并渐渐变得更好。时至今日，我做到了许多从前定下的小目标，在向往最好的前提下做了更好的自己。

俗话说得好："青出于蓝而胜于蓝。"在成长道路上，会出现数不清的人们心中认为的最好。而在定下目标后，最好便能成为更好的动力，促使我们勇往直前，冲出最好的定义，实现更好的自己。

最好便如同一层茧，在破茧的途中难免会遇到许许多多的阻力，而要破茧成蝶必然得经过苦难的洗礼，如此才可蜕变成更好的自己。所以，让最好成为更好的动力是通往未来的一个好途径。

【点评】考场得分45分，三类中。文章首段引材料，浅谈"更好"与"最好"之间的关系，提出中心论点"让最好成为更好的动力"，并分三个段落论述其必要性。不足之处在于概念未解释，论述"协调二者关系"时，只侧重一面，没有体现辩证思维，且分论点之间存在一定程度的交叉。虽有关于现实生活的联想，但事例薄弱，表达与思维层次显单一。

【标杆文4】"更好"——走向"最好"的阶梯

无法成为"最好"就能放弃变得"更好"吗？比如西方谚语所说："不要让'最好'成为'更好'的敌人。""勿以善小而不为"，循序渐进的"更进一步"是踏上"最后目标"的阶梯。是一步又一步的坚实的脚印。

"更好"是一份希望。近几年来，"自愿救助流浪猫狗"屡屡翻起热浪。在爱心人士的无偿救助下，受困、无家可归的流浪猫狗被送往定点机构，分散认领养。在舆论中却不乏有"救不完的。""难道真的能保证它们的未来吗？"此类消极声音出现。但经过专业人士的"能救一只是一只。""再艰难也要尝试一下"，为小猫小狗的生命增添了有力的希望，也让更多的人关注并投身于这份传递爱心与希望的队伍里来。也许"最好"太过遥远，但"更好"就在眼前。

"更好"是多一个机会。在贵州山区里有一所女子学校，学校里有一支九十多人的女子足球队，她们没有华丽高端的设施和场地，没有惊人的师资和机遇，她们只有脚下的足球，和两个简陋的球门，教练是一位执教十余年转教体育的语文老师，他曾笑谈："看不太出来吧，我给她们教体育，就是为了多给她们一些选择的机会，让她们多一点概率走出去，看看外面。"女足的孩子们热爱着这项运动，一次难得的锻炼机会里，她们虽有些怯场但尽力放开去踢，在惜败后，球队队长小声对队员们说："没事，我们还能更好。"也许成为"最好"要有98%的天赋，那么便在"更好"的磨炼中付出99%的汗水。

在国际形势愈演愈烈的今日，"天下大同"早已成为古老的愚道。但与一些霸凌主义思想猖獗的国家不同的是，中国积极地构建共建共享的商议原则，呼吁世界各国共同建设人类命运共同体，与世界人民休戚与共，守望相助。无独有偶，在当今环境问题十分严重的情况下，反观对海洋生态极其不负责的国家，中国将"绿色、低碳"作为建设理念，合理控制碳排放量，为世界的环境问题做出了巨大的贡献。也许"至善至美"太过理想，那么就在"善小"的旅程积流成河。

"更好"是走向"最好"的阶梯。

【点评】考场得分41分，四类文。本文只扣住一个概念"更好"，没有对"最好"进行界定，没有协调"更好"与"最好"二者的辩证关系，审题立意不准确，思考角度不全面。属四类文。

任务4：根据审题指引、评分标准、标杆作文，请评价自己的作文，并列出作文升格的策略。

点评维度	本人评价	同学评价	升格办法
标题是否切题			
是否进行思辨			
有无对话意识			
文体是否鲜明			
材料意识强否			
层次布局当否			
论据是否充实			
亮点是否明显			
卷面书写如何			
字数是否达标			

任务5：总结自己本次作文训练的收获。

第四章

活力语文实践活动

　　本章主要探讨活力语文实践活动的课题和具体实践活动、方案和比赛。通过研究活力语文实践活动的课题，我们能够深入了解语文核心素养的内涵和培养方式，为教学实践提供理论支持。同时，通过具体的实践活动、方案和比赛，我们可以将理论知识转化为实际操作，让学生在实践中提升语文能力和综合素质。这些活动旨在激发学生的学习兴趣和动力，培养学生的创新精神和实践能力，为学生的全面发展打下坚实的基础。

　　活力语文实践活动的研究课题涉及多个方面，本章所选择的课题研究，主要包括《戏剧教育在高中语文教学中的现状及提升策略分析》《高中语文学科优秀传统文化与实践活动研究》《高中语文课外阅读课活动实施研究》《学科核心素养视域下高中语文趣味性活动策略研究》等。这些研究课题都是将体现活力语文理念的实践活动进行梳理、探究和深入挖掘，旨在让学生在活动中领悟到语文的真善美和情理趣，提高学生的语文核心素养和综合素质。

　　活力语文具体的实践活动、方案和比赛是实现活力语文教育目标的重要途径。这些活动可以包括课堂内外的各种形式，如阅读比赛、书法比赛、朗诵比赛、演讲比赛、井冈山游学活动等。这些活动不仅可以提高学生的语文应用能力，还可以培养学生的团队协作精神、创新能力和实践能力。组织学生参加各种形式的语文实践活动，就是让学生践行活力语文教学理念，更好地了解社会、了解文化，提高学生的综合素质和社会责任感。

第一节　活力语文实践活动课题研究

　　在这一节中，我们借助工作室的五个市区级课题的申报书、开题报告或评审书，通过分析活力语文活动在教学实践中的研究，进而为今后活力语文奠定基础，打造各种精彩纷呈的语文实践活动。本节深入分析了戏剧教育在高中语文教学中的现状及提升策略，更好地阐释戏剧教育在语文教学中的作用和意义，为实际教学提供有益的参考。同时，通过研究高中语文学科优秀传统文化教育实践和课外阅读课的实施，可以进一步拓展学生的阅读视野和文化素养，培养学生的阅读兴趣和阅读能力。最后，通过研究学科核心素养视域下高中语文趣味性活动策略，可以设计更加生动有趣的活动，让学生在轻松愉快的氛围中提升语文应用能力和综合素质。

一、《戏剧教育在高中语文教学中的现状及提升策略分析》课题申报书

（一）课题背景及拟解决的核心问题

　　1. 课题提出背景。作为小说、散文、诗歌、戏剧中的四大文学体裁之一，戏剧是一种集故事情节、台词、音乐、表演等多种元素于一体的综合艺术。戏剧作品可以阅读、可以表演，这既有助于提升学生的听说读写能力，又有利于提高学生的审美与鉴赏能力。同时，表演课本剧还有助于拓展学习空间，丰富校园文化生活。但是，目前高中语文的戏剧教学状况不容乐观：课本中的戏剧选篇的数量太少、高考命中题量小、教师教学方法传统、学生学习兴趣不高。然而，新课标又要求学生从剧本的语言、形象、情感等多个角度欣赏作品，在获得审美体验的同时，了解剧本写作的一般规律，并尝试续写或改写文学作品等。所以，这一现象应引起我们语文教师的注意。

　　2. 拟解决的核心问题。笔者希望研究目前深圳市西乡中学高中部的语文戏剧教学现状，在研究教参、教学设计和高考戏剧命题的基础上，通过结合大量的问卷调查的分析调研，提出高中语文戏剧教学的提升策略。也希望将戏剧教学从课堂延伸到课外，与培养学生的戏剧兴趣相结合，与听说读写演等活动相结合，切实提高学生戏剧欣赏的审美水平与艺术修养。

　　3. 该问题所属理论范畴。戏剧作为文学性与舞台性相统一的综合艺术，蕴含着培养语文核心素养的丰富资源，其独特的审美功能、育人价值不容忽视。但纵观高中语

文教学实践，戏剧教学的现状不容乐观，存在诸多问题。因此，本课题基于对高中语文戏剧教学现状的调查，以语文核心素养理念为指导，强调学生主体地位，探索在高中语文戏剧教学中提高学生语文核心素养的教学策略，期望为优化高中语文戏剧教学提供参考和帮助。

（二）国内外研究现状述评

戏剧教育理念来源于西方教育体系，法国思想家卢梭、美国教育思想家杜威等人都对戏剧教育理念进行了深入研究。戏剧教育是西方国家重要的教育形式之一。西方国家的孩子从幼儿时期就开始学习戏剧课程。戏剧教育理念进入我国的时间可以追溯到 20 世纪 90 年代，被誉为"中国戏剧教育第一人"的李婴宁以及上海戏剧学院的孙惠柱等人从英美等国引进了戏剧教育相关的理论和方法。

戏剧教育，有狭义与广义之分，狭义的戏剧教育是培养从事戏剧工作的专业性人才的教育，广义的戏剧教育是全民性的，针对青少年儿童以及社会大众，以戏剧为中心，将戏剧的方法与元素应用于教育教学，从而提高人的审美情趣和人文素养，最终实现人的全面发展。笔者在本课题中探讨的是广义的戏剧教育，在教学中采用戏剧的活动形式，也可以称为活动性戏剧教育。

近几年，义务教育课程方案及课程标准正在不断改革，素质教育越来越成为关注的内容，一些新的课程或理念也因此逐渐出现在孩子们的课堂上。2015 年，国务院办公厅发布了《关于全面加强和改进学校美育工作的意见》，要求我国中小学在 3 年内逐步开齐开足美育课程，戏剧作为单列的课程内容被正式提及。2022 年版新课标中，明确提出了需要对"教育戏剧""教育剧场"有初步认识，并且要尝试运用到实践中。"戏剧教育"成为教育热词，可见一斑。

（三）核心概念界定和研究目标

1. 核心概念界定。戏剧教育是从教育与戏剧的交集部分提炼出来的一种教学方法，即将戏剧方法和元素运用于教学或社会文化活动中，让学习对象在戏剧实践和相互交流中达到学习目标，发现新可能，创造新意义，所以，它与单纯学习戏剧知识与表演技能的戏剧教育相区别。这种教学思想起源于法国著名思想家卢梭的"在实践中学习"和"在戏剧实践中学习"两个教育理念，后经欧美各国教育界的采用与试验，它得以成为一种深受喜爱的教学模式。国内的戏剧教育尚不普及，但在新课标语文四大核心素养目标的倡导下，其发展潜力与价值发挥空间不可限量。

2. 研究目标。通过课例研究，总结提出高二语文课文中《玩偶之家》与《茶馆》

两个戏剧文本的教学方案及素材。对教学效果进行评价，判断戏剧教学实施的有效性；形成较成熟的戏剧文本教学设计思路，将研究过程和对高中语文教学中戏剧教育情况的调研整理成文章，使教学方案具有可复制性，并提出相应的改进建议。

3. 研究内容。以新教材选择性必修中下两册的《玩偶之家》与《茶馆》为例，进行教学设计、实际教学、教学评价，并在寒假期间，针对高中语文的戏剧教育现状进行调研，具体步骤如下：对于戏剧文本内容进行重组、整合，设计情境教学活动——在班级内实施戏剧活动，开展教学——课后记录学生、教师评价——设计问卷，对于相关的教师和学生涉及戏剧教育的情况进行调研——根据教学情况和调研报告，对于高中语文的戏剧教学的改进提出合理化的建议。

（四）研究思路、技术路线及重要观点

1. 研究思路。戏剧作为文学性与舞台性相统一的综合艺术，蕴含着培养语文核心素养的丰富资源，其独特的审美功能、育人价值不容忽视。但纵观高中语文教学实践，戏剧教学的现状不容乐观，存在诸多问题。因此，本课题基于对高中语文戏剧教学现状的调查，以语文核心素养理念为指导，强调学生主体地位，探索在高中语文戏剧教学中提高学生语文核心素养的教学策略，期望为优化高中语文戏剧教学提供参考和帮助。

主要方式如下：完成《玩偶之家》与《茶馆》两个课本剧的教学设计方案。教学设计、教学 PPT、学案；西乡中学高中部语文教学中的教育戏剧现状教学现状的调研。形成初步调研报告；整理教学活动资料和调研成果，汇总形成论文。

2. 技术路线。第一，通过分析语文核心素养视域下高中戏剧教学的理论依据及价值。阐释语文核心素养与戏剧教学的相关涵义，论述语文核心素养视域下高中戏剧教学的理论依据与价值。第二，研究高中语文戏剧教学现状调查与问题分析。通过整理分析问卷，了解西乡中学高中部语文戏剧教育教学现状，研究出目前高中语文戏剧教学存在的问题，并分析造成现存问题的主要原因。第三，研究语文核心素养视域下高中戏剧教学实施策略。针对高中部语文戏剧教学现存问题，以语文核心素养理念为指导，提出相应的戏剧教学策略，应注重以剧本为载体，巧设关键问题深入揣摩戏剧语言，发掘戏剧的文学价值；注重以诵、辩、观、演等活动为途径，感知戏剧的艺术魅力；注重任务驱动，以"写"促学，提高语用能力，通过整合资源，比较阅读，感知多样文化，提升审美情趣。第四，语文核心素养视域下高中戏剧教学案例设计。运用相关的戏剧教学策略，根据戏剧选文的不同特点，分别设计《玩偶之家》与《茶馆》

两篇戏剧文本的教学案例，努力发掘其培养语文核心素养的最大教学价值点，为高中部语文戏剧教学提供实例参考。最后总结汇总主要研究内容，反思研究之不足，提出今后的研究方向。

3. 重要观点：提供新教材中的《玩偶之家》和《茶馆》两个戏剧文本的整体教学方案，并在高中语文教学戏剧教育的研究中加以补充；对教学效果进行记录和研究，加之进行师生的调研，判断戏剧教育在语文教学实施中的有效性；形成较成熟的戏剧文本整体教学设计思路，使教学方案具有可复制性。

（五）依托理论、研究方法及计划实施

1. 依托理论

卢梭在其著作《爱弥儿》中提出关于儿童教育的两大观点："做中学"与"借戏剧实作来学习"，并在其《政治与艺术：致艾伦伯特有关剧场的信》等著作中进一步论述了戏剧教育思想。卢梭认为：教师要鼓励儿童自然地成长，保护其不受成人世界的影响。而"游戏"是儿童的本能，是其自然本质学习的方式。在假设性游戏活动所营造的安全氛围中，儿童会自在而热诚地投入其中，其内心的意愿与感觉透过角色的方式呈现，为有意识地表现出自我、从中自然地学习生活的技能提供了重要的学习动力。与此同时，在戏剧活动中，演员及演员之间、演员与观众之间通过全体参与的感官互动，完成对知识的界定，以达到获得认知的目的。因此，这一派的学者认为以参与者为学习中心的戏剧扮演是最适合儿童的学习方式。

埃德蒙·霍尔姆斯作为监察专员与"新教育运动"的领导者认为教育的功能在于培养儿童的天性，换而言之是他的灵魂。因此，在其教育的乌托邦观点中这样构想："乌托邦行动"是将每一个班级、每一个主体最为重要的学校生活部分以戏剧化的方式将其有组织地戏剧化。在此种观点引领下，"新教育运动"将戏剧作为一种相互关联的纽带，将以儿童为中心，注重自我表达、做中学，以及以活动与游戏的方式缔结在一起。

格罗斯认为游戏中儿童通过活跃而积极地尝试学习如何成为大人，这是打开了将活动效能作为学习手段的大门。这一理念将"活动的方法"概念引入到20世纪初的课堂，"做中学"成为进步主义教育理念的标语，而这一观点更是被戏剧教师引申为"戏剧就是做"。这一假设被许多教育者与戏剧教师广泛地采纳，并坚信活动与以儿童为中心的教育是不可分割的。美国教育家约翰·杜威倡导进步主义者在教室中的活动应当具有一定的目的性，并强调儿童的环境是其学习中最为重要的因素。他于1896年在芝

加哥大学进行戏剧实验教学并获得了巨大的成效，这一系列的尝试大大地推动了戏剧教育在实践领域的发展。

2. 研究方法

文献法、案例研究法、教学实验法、对比研究法。

3. 研究计划和实施步骤

以新教材选择性必修中下两册的《玩偶之家》与《茶馆》为例，进行教学设计、实际教学、教学评价，并在寒假期间，针对部分学生和语文科组的戏剧教育现状进行调研。

具体步骤如下：对于戏剧文本内容进行重组、整合，设计情境教学活动；在班级内实施戏剧教学活动，开展相关实践；课题主持人参与指导学校相关戏剧活动的排练演出；在戏剧实践课后记录学生、教师评价；设计问卷，对于相关的教师和学生涉及戏剧教育的情况进行调研；根据教学情况和调研报告，对于高中语文中戏剧教学的改进提出合理化的建议。

（六）预期成果、成效

分析语文核心素养视域下高中的戏剧教学的理论依据及价值。阐释语文核心素养与戏剧教学的相关涵义，在研究报告或者论文中论述语文核心素养视域下高中戏剧教学的理论依据与价值。

高中语文戏剧教学现状调查与问题分析。通过整理分析问卷，了解西乡中学高中部语文戏剧教育教学现状，研究出目前高中语文戏剧教学存在的问题，并分析造成现存问题的主要原因。

语文核心素养视域下高中戏剧教学实施策略。针对高中语文戏剧教学现存问题，以语文核心素养理念为指导，提出相应的戏剧教学策略，应注重以剧本为载体，巧设关键问题深入揣摩戏剧语言，发掘戏剧的文学价值；注重以诵、辩、观、演等活动为途径，感知戏剧的艺术魅力；注重任务驱动，以"写"促学，提高语用能力，通过整合资源，比较阅读，感知多样文化，提升审美情趣。

语文核心素养视域下高中戏剧教学案例设计。运用相关的戏剧教学策略，根据戏剧选文的不同特点，分别设计《玩偶之家》与《茶馆》两篇戏剧文本的教学案例，努力发掘其培养语文核心素养的最大教学价值点，为高中语文戏剧教学提供实例参考。最后总结汇总主要研究内容，反思研究之不足，提出今后的研究方向。

二、《教育戏剧在语文教学中的现状及提升策略分析》结题报告

（一）研究背景

戏剧作为高中语文小说、散文、诗歌、戏剧四大文学体裁之一，是一种集故事情节、台词、音乐、表演等多种元素于一体的综合艺术。戏剧作品可以阅读、可以表演，这既有助于提升学生的听说读写能力，又有利于提高学生的审美与鉴赏能力。同时，表演课本剧还有助于拓展学习空间，丰富校园文化生活。教育戏剧是从教育与戏剧的交集部分提炼出来的一种教学方法，即将戏剧方法和元素运用于教学或社会文化活动中，让学习对象在戏剧实践和相互交流中达到学习目标，发现新可能，创造新意义，所以，它与单纯学习戏剧知识与表演技能的教育戏剧相区别。这种教学思想起源于法国著名思想家卢梭的"在实践中学习"和"在戏剧实践中学习"两个教育理念，后经欧美各国教育界的采用与试验，它得以成为一种深受喜爱的教学模式。国内的教育戏剧尚不普及，但在现代素质化教育和语文新课标能力运用的倡导下，其发展潜力与价值发挥空间不可限量。

（二）研究意义

目前的戏剧教学状况不容乐观：戏剧选篇数量太少、高考命题量小、教师教学方法传统、学生学习兴趣不高。然而，新课标又要求学生从剧本的语言、形象、情感等多个角度欣赏作品，在获得审美体验的同时，了解剧本写作的一般规律，并尝试续写或改写文学作品等。所以，这一现象应引起我们的注意。笔者希望鉴于目前西乡中学高中部教育戏剧现状，在研究教参、教案和高考戏剧命题的基础上，结合大量的问卷调查的分析调研，提出高中语文戏剧教学的提升策略。将戏剧教学从课堂延伸到课外，与培养学生的戏剧兴趣相结合，与听说读写演相结合，切实提高学生戏剧欣赏的审美水平与艺术修养。

（三）理论依据

教育戏剧理念进入我国的时间可以追溯到20世纪90年代，被誉为"中国教育戏剧第一人"的李婴宁以及上海戏剧学院的孙惠柱等人从英美等国引进了教育戏剧相关的理论和方法。教育戏剧，有狭义与广义之分，狭义的教育戏剧是培养从事戏剧工作的专业性人才的教育，广义的教育戏剧是全民性的，针对青少年儿童以及社会大众，以戏剧为中心，将戏剧的方法与元素应用于教育教学，从而提高人的审美情趣和人文素养，最终实现人的全面发展。笔者在本课题中探讨的是广义的教育戏剧，在教学中

采用戏剧的活动形式，也可以称为活动性教育戏剧。

（四）研究目标

1. 提供《玩偶之家》与《茶馆》两个戏剧文本的教学方案及素材。

2. 通过对于问卷调查的分析调研，提出西乡中学高中部教育戏剧的提升策略。

3. 形成较成熟的戏剧教学设计思路，并将研究过程和对高中部中教育戏剧情况的调研整理成文章，使教学方案具有可复制性，并提出相应的改进建议。

（五）主要内容

以新教材选择性必修中下两册的《玩偶之家》与《茶馆》为例，进行教学设计、实际教学、教学评价，并在寒假期间，针对语文科组的教育戏剧现状进行调研，具体步骤如下：

1. 对于戏剧文本内容进行重组、整合，设计情境教学活动；

2. 在班级内实施戏剧教育活动，开展戏剧文本的教学；

3. 课后记录学生、教师评价；

4. 设计问卷，对于相关的教师和学生涉及教育戏剧的情况进行调研；

5. 根据教学情况和调研报告，对于高中部和语文科组的教育戏剧的改进提出合理化的建议。

（六）研究方法

文献法、案例研究法、教学实验法、问卷分析法、对比研究法。

（七）研究过程

1. 2022.9.1–2022.10.10 搜集有关高中语文戏剧教学的文献、著作，进行理论学习。

2. 2022.10.10–2022.11.17 收集《玩偶之家》与《茶馆》教学素材。

3. 2022.11.17–2022.11.30 备课组集体讨论，对两个戏剧文本的教学方式进行商讨，确定教学流程、商讨出具体的教学设计方案，完成人：课题组全体成员。

4. 2022.12.1–2023.1.1《玩偶之家》与《茶馆》教学设计初稿撰写、教学 PPT 制作。

5. 2022.12.8–2023.2.10《玩偶之家》与《茶馆》教学设计与活动方案的修改与补充。

6. 2022.10.25–2023.2.28 设计问卷对高中部语文教学中的教育戏剧情况进行调查研究。

7. 2022.11.25–2023.5.10 根据戏剧文本进行的教学活动和效果对教学方案进行修订，完成人：课题组全体成员。

8. 2022.11.10-2023.6 将教学过程和调研结果整理成文章或者是调研报告，总结出语文教材中戏剧文本教学经验。

（八）研究成果

1. 通过与课题组成员交流，主持人搜集资料完成了《玩偶之家》与《茶馆》两个课本戏剧文本的教学方案的设计，并两次在科组备课会上进行了集中发言，将制作完成的教学设计、教学 PPT、学案等相关材料共享给备课组其他老师，听取科组同事的建议进行了修改完善，并在 2023 年 5 月进行《茶馆》的公开课，指导学生进行戏剧活动展示。

2. 参与指导了宝安区高中学生英语风采展示大会中西乡中学高二年级学生参加的英语短剧比赛并获奖，进行了西乡中学高中部语文教学中的教育戏剧现状教学现状的调研，在学生群和语文科组群投放了调查问卷。根据调研问卷的反馈情况，形成了初步的调研报告。

3. 在本学期末整理了本次课题相关的教学活动资料和调研成果，汇总撰写形成了一篇研究论文。

（九）思考展望

1. 因时间和人力的关系，问卷与调查的提炼与整合不够深入，仅在语文科组和高二年级学生进行了调研，没有进行更广泛和深入的调查研究。后面的研究应在更大范围进行深入调查。

2. 因主持人教学水平和个人能力欠缺的关系，在情境教学活动的设计与实施上略显稚嫩，也因高中课程紧张的原因，没有在学校与年级组织大型的戏剧实践活动，仅对于个别参与比赛的学生进行了指导。后续会根据学校安排，与团委、年级协商，在校内组织开展戏剧相关的比赛与实践活动。

3. 论文与实践报告的总结呈现比较浅略，缺乏时间没有进行更深入和细致的研究。后续在深入的调研后，应细化撰写论文，申请更高层次的教研课题，争取把成果进行发表，以期获得更大的社会影响。

三、《高中语文学科优秀传统文化与实践活动研究》申报书

（一）研究背景

弘扬中华优秀传统文化关键在教育，教育重点在广大青少年，《国家中长期教育改革和发展规划纲要（2010-2020 年）》在战略主题里面，特别提到教育要德育为先、能

力为重和全面发展。"德育为先"里面又特别强调弘扬中华优秀文化传统和革命传统。在《教育部 2017 年工作要点》第四部分"始终贯彻立德树人根本任务，着力提高教育质量"的 5 项工作中，有 4 项都提到了传承弘扬中华优秀传统文化的内容。高中阶段是一个人人生观、价值观和文化观形成的关键阶段，在这个时期对学生加强优秀传统文化教育，对增强民族自豪感、培养健全人格、提升人文素养将起到重要的作用。

当前，青少年中华优秀传统文化教育还存在一些薄弱环节和突出问题。如，对青少年中华优秀传统文化教育重要性的认识有待进一步提高，重知识讲授、轻精神内涵阐释的现象还较为普遍，教育内容的系统性、整体性明显不足，教育教学的吸引力、感染力有待进一步增强，课程体系和教材体系有待进一步完善，教学方法和手段有待进一步创新，教师队伍整体素质有待进一步提升，全社会关心支持青少年中华优秀传统文化教育的合力有待进一步形成等等。虽然高中语文教材中已有一些蕴含中华优秀传统文化的古诗文，2017 年的普通高考考试大纲又新增了中华优秀传统文化常识的考查内容，但以上问题同样存在，而这些都是制约传统文化教育真正落实的关键问题。

随着社会的发展和教育改革的深入，语文实践活动在教育领域中的地位越来越重要。传统的语文教学往往注重知识的传授和应试能力的培养，而忽视了学生的实践能力和综合素质的培养。因此，开展语文实践活动是提高学生语文素养和综合素质的重要途径。近年来，教育部、国家语委推动组织的中华经典诵写讲、汉字听写大会、诗词大会等活动掀起了全社会对优秀传统文化关注的热潮，但一方面是中华传统文化复兴的大趋势，一方面是现实的较低水平；回顾历史，从 20 世纪初叶的新文化运动到今天，关于传统文化在中小学教育中占据什么地位、哪些东西属于优秀传统文化等等问题，一直存在争论。教育专家、国学专家乃至社会各界对这个问题已经积累了大量的认识。

理论认识需要总结，需要根据现实情况加以深化，而如何在高中阶段的教育教学中实践落实则正是本课题所特别关注的。

（二）核心概念

1. "传统文化"是文明演化而汇集成的一种反映民族特质和风貌的民族文化，世界各地、各民族都有自己的传统文化。本课题中所说的"传统文化"特指中国的传统文化，是指居住在中国地域内的中华民族及其祖先所创造的、为中华民族世世代代所继承发展的、具有鲜明民族特色的、内涵博大精深的、优良的文化。

2. "中华优秀传统文化"是中华民族语言习惯、文化传统、思想观念、情感认同的集中体现，凝聚着中华民族普遍认同和广泛接受的道德规范、思想品格和价值取向，具有极为丰富的思想内涵。

3. "语文实践活动"是一种以语文为载体，通过实践操作和活动设计，增强学生对语文知识的理解和应用能力，提高其综合素质和语文素养的教育形式。它包括课堂内外的各种实践活动，如阅读、写作、朗诵、演讲、表演等，旨在激发学生的学习兴趣和动力，培养学生的创新精神和实践能力，为学生的全面发展打下坚实的基础。

4. "高中阶段"是青少年大脑发育最迅速的年龄阶段，也是形成人生观、价值观和文化观的关键阶段，高中阶段的优秀传统文化教育就是让高中生通过接触代表人类最高智慧的优秀文化，开发其高度智力、培养其健全人格，为其成人成才奠定坚实基础的一种教育方法。传统文化教育应作为素质教育的重要内容和推进素质教育的一种重要载体，落实到当前高中阶段的教育实践中。

5. "语文"是母语教育课程，祖国语文是学生和国民的精神家园，要通过祖国语言文字的成品和丰富、鲜活的语言文字现象，引导学生随时关注母语的特点，提升他们对母语特点感受的敏锐性，逐步形成他们运用自己母语、维护自己母语、发展自己母语的实践能力，在他们心里注入爱国的情怀，养成一个中国人对自己民族文化的自信。因此，进行中华优秀传统文化的教育是高中语文学科的当然任务。

（三）研究价值

1. 本课题的研究，是在总结和反思我国当前传统文化教育现状的基础上进行的。理论上，将对素质教育背景下高中阶段优秀传统文化教育的课程、教材建设、教学方式方法、活动开展等进行探索和研究，使其具有创新性、可持续性和推广价值。实践上，搭建高校研究所名家、专业研究人员和中小学联系的桥梁；团结全区高中语文教师，交流经验，共同探索传统文化教育的方法和途径；争取与区外相关机构的交流与沟通；进行师资培训，促进参与实验的教师的传统文化素养和科研能力水平的提高；建立高中语文学科优秀传统文化教育活动体系；出版适合高中生阅读的优秀传统文化读本。

2. 本课题的研究价值在于探索语文实践活动的有效方法和策略，为语文教学提供理论支持和实际操作指导。通过研究和实践，可以提高学生的阅读、写作、口语表达等语文应用能力，培养学生的创新精神和实践能力，促进学生的全面发展。同时，本课题的研究还可以为其他学科的实践活动提供借鉴和参考，推动教育改革的深入发展。

3. 本课题研究将以区内高中学校为实验基地，点面结合，资源共享，探索高中语文学科开展传统文化教育的有效途径和长效机制，形成示范成果，为中华优秀传统文化传承发展工程的有效开展提供资源方面的支持。

（四）保障条件

本课题主持人有丰富的教学经验和较强的组织能力，能够把握研究的实际情况，有利于研究成果的推广利用。课题组成员具有较高的科研能力和一定的实践经验，能够承担市级省级公开课，有利于课题成果的推广应用。同时，本课题得到了学校和教育部门的支持和资助，为研究提供了必要的条件和保障。

课题组成员中青年搭配，年富力强且有一定科研能力，都曾公开发表教育教学研究论文，能承担市级省级公开课；同时多位课题组成员为区内学校的中层行政、科组长或备课组长，有利于课题成果的推广应用。

同时，我们将注重开展各种形式的语文实践活动，如朗诵比赛、写作比赛、演讲比赛等，以激发学生的参与热情和学习兴趣。我们还将组织学生参加各种文化活动和社会实践，如参观博物馆、图书馆等文化场所，以及参与社区服务等社会实践活动，以拓宽学生的视野和增强他们的社会责任感。

四、《高中语文课外阅读课活动实施研究》开题报告

（一）课题意义

随着社会的进步和教育改革的深入，课外阅读在高中语文教学中的地位日益凸显。课外阅读不仅可以拓宽学生的视野，提高其阅读理解能力，还能培养学生的审美情趣和人文素养。然而，当前高中语文课外阅读课的实施存在诸多问题，如阅读内容单一、教学方法陈旧、学生参与度低等。这些问题不仅影响了阅读效果，也制约了高中语文教学的改革与发展。因此，本课题旨在通过深入研究高中语文课外阅读课活动实施，为解决这些问题提供有效策略，推动高中语文教学的改革与发展。

（二）课题目标

1.通过对高中语文课外阅读课的现状进行调查分析，找出存在的问题和不足。为了深入了解高中语文课外阅读课的现状，我们将采用问卷调查、访谈、课堂观察等多种方法进行调查分析。我们将从以下几个方面展开调查：（1）阅读内容：调查学生阅读的书籍种类、数量和质量，以及教师推荐的阅读书目等。（2）教学方法：调查教师采用的教学方法、教学策略和教学手段等。（3）学生参与度：调查学生的阅读兴趣、阅读习惯、阅读时间分配等。（4）通过以上调查分析，我们将找出存在的问题和不足，

为后续研究提供依据。

2. 探讨高中语文课外阅读课活动实施的有效策略和方法，提高阅读效果。在调查分析的基础上，我们将探讨高中语文课外阅读课活动实施的有效策略和方法。我们将从以下几个方面展开研究：（1）阅读内容选择。研究适合高中生的阅读书目和阅读材料的选择标准和方法；（2）教学方法设计。研究适合高中生的教学方法和教学策略，提高阅读效果；（3）学生参与方式。研究适合高中生的阅读参与方式和方法，提高学生的阅读兴趣和参与度。通过以上研究，我们将形成一套适合高中生的课外阅读课活动方案，为其他学校提供借鉴和参考。

3. 通过实践研究，形成一套适合高中生的课外阅读课活动方案，为其他学校提供借鉴和参考。在实践研究中，我们将设计并实施一套适合高中生的课外阅读课活动方案。该方案将包括以下几个方面：（1）阅读内容选择。根据学生的年龄、兴趣和阅读能力等因素，选择适合高中生的阅读书目和阅读材料。同时，将结合教材内容和教学大纲的要求，制定阅读计划和阅读目标。（2）教学方法设计。采用多种教学方法和教学策略，如小组讨论、角色扮演、朗读等，以激发学生的学习兴趣和参与度。同时，将注重培养学生的阅读理解能力和审美情趣，提高学生的阅读效果。（3）学生参与方式。采用多种参与方式和方法，如阅读分享会、阅读竞赛、阅读讲座等，以提高学生的阅读兴趣和参与度。同时，将注重培养学生的自主学习能力和合作精神，促进学生的全面发展。

（三）课题内容

1. 调查分析高中语文课外阅读课的现状。为了深入了解高中语文课外阅读课的现状，我们采用了问卷调查、访谈、课堂观察等多种方法进行了调查分析。调查结果显示，当前高中语文课外阅读课存在以下问题：（1）阅读内容单一。许多学生反映，他们的阅读内容主要集中在教材和教辅材料上，缺乏多样化的阅读材料。（2）教学方法陈旧。一些教师仍然采用传统的教学方法，如讲解、背诵等，缺乏创新和趣味性，导致学生缺乏阅读兴趣。（3）学生参与度低。许多学生在课外阅读课上缺乏主动性和积极性，只是被动地接受教师的指导，缺乏自主阅读和思考的能力。

2. 针对调查结果，分析存在的问题和不足。针对以上问题，我们进行了深入的分析和研究。我们认为，这些问题主要源于以下几个方面：教材和教辅材料的选择不够多样化，缺乏适合学生阅读的优质资源。教师的教学方法缺乏创新和趣味性，难以激发学生的学习兴趣和阅读热情。学生的阅读兴趣和阅读习惯没有得到有效的培养，缺乏自主阅读和思考的能力。

3.提出改进措施和建议。针对以上问题，我们提出以下改进措施和建议：加强阅读材料的选择和推荐：学校和教师应该注重选择多样化的阅读材料，包括经典名著、科普知识、人文社科等，以满足不同学生的阅读需求。创新教学方法和手段：教师应该注重采用创新的教学方法和手段，如小组讨论、角色扮演、朗读等，以激发学生的学习兴趣和参与度。加强阅读兴趣和习惯的培养：学校和教师应该注重培养学生的阅读兴趣和阅读习惯，通过开展各种阅读活动和竞赛，激发学生的阅读热情。

4.设计并实施一套适合高中生的课外阅读课活动方案。在以上改进措施的基础上，我们设计并实施了一套适合高中生的课外阅读课活动方案。根据学生的年龄、兴趣和阅读能力等因素，选择适合高中生的阅读书目和阅读材料。同时，将结合教材内容和教学大纲的要求，制定阅读计划和阅读目标。采用多种教学方法和教学策略，如小组讨论、角色扮演、朗读等，以激发学生的学习兴趣和参与度。同时，将注重培养学生的阅读理解能力和审美情趣，提高学生的阅读效果。采用多种参与方式和方法，如阅读分享会、阅读竞赛、阅读讲座等，以提高学生的阅读兴趣和参与度。同时，将注重培养学生的自主学习能力和合作精神，促进学生的全面发展。

（四）课题分工（略）

（五）课题拟开展的课外阅读活动

1.阅读分享会：定期组织学生进行阅读分享，鼓励学生分享自己的阅读体验和感悟。

2.阅读竞赛：举办阅读竞赛活动，激发学生的阅读兴趣和竞争意识。

3.阅读讲座：邀请专家学者进行阅读讲座，提高学生的阅读水平和人文素养。

4.阅读俱乐部：成立阅读俱乐部，定期组织学生进行阅读交流和讨论。

5.阅读实践活动：组织学生参加社会实践活动，如参观博物馆、图书馆等文化场所，增强学生的社会责任感和文化自信。

（六）课题预期成果

1.形成一套适合高中生的课外阅读课活动方案，为其他学校提供借鉴和参考。

2.提高高中生的阅读理解能力和审美情趣，促进其全面发展。

3.推动高中语文教学的改革与发展，提高教学质量和水平。

4.为其他学科的课外阅读活动提供借鉴和参考，促进教育改革的深入发展。

5.提高教师的专业素养和研究能力，促进教师的专业成长和发展。

6.增强学校的文化氛围和影响力，提高学校的整体办学水平和社会声誉。

（七）课题实施计划

第一阶段（1–2 个月）：进行调查分析，了解高中语文课外阅读课的现状和存在的问题。

第二阶段（3–4 个月）：设计并实施一套适合高中生的课外阅读课活动方案，包括阅读内容选择、教学方法设计、学生参与方式等。同时进行实践活动的设计和实施。

第三阶段（5–6 个月）：对实施效果进行评估和总结，形成研究报告。同时进行成果的推广和应用工作。

第四阶段（7–8 个月）：对课题进行总结和反思，提出改进措施和建议。同时进行后续工作的规划和安排。

五、《学科核心素养视域下高中语文趣味性活动策略研究》开题报告

（一）研究背景

1. 是落实《普通高中语文课程标准》的需要。《普通高中语文课程标准(2017 年版)》明确指出，"普通高中语文课程应帮助学生认识自己语文学习的已有基础、发展需求和方向，激发学习兴趣和潜能，在跨文化、跨媒介的语文实践中开阔视野，在更宽广的选择空间发展各自的语文特长和个性。"这是新课标对构建语文课程的阐述。其中，在增强课堂兴趣方面，特别指出教师应该有选择地、创造性地实施课程；把握信息时代新特点，积极利用新技术、新手段，建设开放、多样、有序的语文课程体系。这恰恰是提高课堂趣味性的关键所在。

2. 是高中语文学科核心素养的要求。高中语文学科核心素养主要由"语言建构与运用""思维发展与提升""审美鉴赏与创造""文化传承与理解"四个维度组成。而核心素养视野下高中语文趣味性教学策略研究正是以四个维度为研究基础。"语言建构与运用"要求学生在丰富的语言实践中，能与不同对象进行文明得体的交流。开展核心素养视野下高中语文趣味性教学策略研究，可以使得学生在感兴趣的基础上更加主动地积累、梳理和整合实践经验，了解语言文字特点，形成个体语言经验，为交流奠定基础。"思维发展与提升"要求学生在语文学习过程中，通过语言运用，获得思维的发展以及思维品质的提升。开展核心素养视野下高中语文趣味性教学策略研究，能使学生的思维在语言的趣味性中获得更具有深刻性、敏捷性、灵活性、批判性和独创性的发展。"审美鉴赏与创造"要求学生在语文学习中逐步掌握表现美、创造美的方法。开展核心素养视野下高中语文趣味性教学策略研究，可以打开不同视角，通过不同形式

的审美评价、体验等活动，让学生形成正确的审美意识、健康向上的审美情趣与鉴赏品位。"文化传承与理解"要求学生在语文学习中，继承和弘扬中华优秀文化并提升中国特色社会主义文化自信。开展核心素养视野下高中语文趣味性教学策略研究，可以让学生多角度地理解和借鉴不同民族和地区的文化，拓展文化视野，增强文化自觉，热爱祖国语言文字，热爱中华文化，防止文化上的民族虚无主义。

3. 是当下高中语文课堂教学必须面对的实际问题。由于受到传统教学理念和模式的影响，高中语文课堂依然残留着一些问题。教师的趣味活动意识不足。受到传统教学思想的影响，大多数教师将自己视为教学的主体，没有意识到趣味活动的重要性，忽视了学生在课堂中的主体地位。教师的趣味活动方法不足。趣味活动是一项创新的教学模式，但传统教学却依然是我国语文教学的主要形式。大部分教师采用灌输式教学法开展教学，将学生视为知识的"接收器"，不利于学生思维的发散与创新。高中生必须要面对高考的压力和繁重的学习负担。教师侧重于对学生应试能力的培养，而忽略了对其兴趣的培养。

（二）核心问题

核心素养视域下高中语文趣味性教学策略研究，就是针对当下语文课堂教学存在的实际问题而进行的研究。基于语文核心素养，通过增强学科各个方面的趣味性，激发学生学习的主动性，开发学生思维，进而提升学生的个人语文核心素养。

（三）核心概念

本文主要研究学科核心素养与趣味性教学的相关内容，针对本文涉及的相关概念，已参照前人的有关论述以及相关资料进行整合，做如下界定：

1. 学科核心素养。北京师范大学林崇德教授对"核心素养"一词作出权威的解释，林老师认为"核心素养是指学习者在对应学段的学习过程中，逐步形成并适于学生个体长期发展和综合发展所具备的品质和能力。"学科核心素养是学科育人价值的集中体现，是学生通过学科学习而逐步形成的正确价值观念、必备品格和关键能力。高中语文学科核心素养是学生在积极的语言实践活动中积累与构建起来，并在真实的语言运用情境中表现出来的语言能力及其品质；是学生在语文学习中获得的语言知识与语言能力，思维方法与思维品质，情感、态度与价值观的综合体现。主要包括"语言建构与运用""思维发展与提升""审美鉴赏与创造""文化传承与理解"四个方面。

语言建构与运用：是指学生在丰富的语言实践中，通过主动的积累、梳理和整合，逐步掌握祖国语言文字特点及其运用规律，形成个体语言经验，发展在具体语言情境中正确有效地运用祖国语言文字进行交流沟通的能力。

思维发展与提升：是指学生在语文学习过程中，通过语言运用，获得直觉思维、形象思维、逻辑思维、辩证思维和创造思维的发展，以及深刻性、敏捷性、灵活性、批判性和独创性等思维品质的提升。

审美鉴赏与创造：是指学生在语文学习中，通过审美体验、评价等活动形成正确的审美意识、健康向上的审美情趣与鉴赏品位，并在此过程中逐步掌握表现美、创造美的方法。

文化传承与理解：是指学生在语文学习中，继承和弘扬中华优秀传统文化、革命文化、社会主义先进文化，理解和借鉴不同民族和地区的文化，拓展文化视野，增强文化自觉，提升中国特色社会主义文化自信，热爱祖国语言文字，热爱中华文化，防止文化上的民族虚无主义。

语文学科核心素养的四个方面是一个整体。语言是重要的交际工具，也是重要的思维工具；语言的发展与思维的发展相互依存，相辅相成。语言文字是文化的载体，又是文化的重要组成部分；学习语言文字的过程也是文化获得的过程。语言文字作品是人类重要的审美对象，语文学习也是学生审美能力和审美品质发展的重要途径。语言建构与运用是语文学科核心素养的基础，在语文课程中，学生的思维发展与提升、审美鉴赏与创造、文化传承与理解，都是以语言的建构与运用为基础，并在学生个体言语经验发展过程中得以实现的。

2. 趣味性教学活动。趣味性是指某件事或者物的内容能使人感到愉快，能引起兴趣的特性。趣味性教学活动是指在教学过程中教师运用幽默生动的语言、灵活的教学技巧、直观形象的表演以及富有感染力的激情等来最大限度地增加课堂活力、激发学生的学习兴趣、增强学习效果的一种教学方式，它要求在教学中，教师应该以学生为中心，将本身枯燥、难懂的教学内容变得生动而富有感染力。趣味性教学活动以人的个性心理特征为基础，特别强调寓教于乐，寓教于情，因材施教，分类教育、个性发展和自主教学。趣味性教学不仅是培养人的智能、增长人的知识，更重要的是培养人的情感智能、提高人的想象力、创造力和学习乐趣，把人培养成全面适应社会发展，适应社会心理环境和自我心理作用的幸福人才。

（四）文献综述

1. "核心素养"国内外相关研究述评。

（1）"核心素养"国外研究述评。国外核心素养研究始于20世纪90年代，至今已经形成比较系统完善的内容结构、课程体系、质量保障体系，并已成为推动西方发达国家课程教学改革的支柱性理念。瑞辰和萨尔加尼克认为："核心素养是为了个体获得成功的生活和构建一个良好社会的能力。从价值取向上看，核心素养强调的是个体发展与社会发展所需的素养能力。从具体的培养模式上看，核心素养是一种跨学科、综合性地学习各学科知识。"21 世纪的核心素养不仅需要个人自身的发展，更需要人与人、人与社会的良性互动。1996 年，联合国教科文组织出版《学习：财富蕴藏其中》一书，指出 21 世纪公民必备的四大核心素养：学会求知、学会做事、学会共处、学会生存。2003 年，联合国教科文组织又提出"学会改变"的教育主张，并将其作为终身学习和发展的第五大核心素养。2005 年，联合国教科文组织与"经合组织"合作出版研究成果《发展教育的核心素养》报告，明确核心素养是使个人过上理想的生活和实现社会良好运行所需要的基本素养。2005 年 11 月，欧盟委员会向欧洲会议和欧盟理事会提交 8 项核心素养提案，并于 2006 年 12 月 18 日通过。之后，核心素养方案成为欧盟成员国引领本国终身学习和教育与培训改革的参照体系。"二战"后，美国也持续进行教育改革以提高学生的创新能力。其核心素养研究主要是通过核心课程研究来体现的。日本以"教育立国"著称，其核心素养研究是以能力为目标的教育改革体现的。20 世纪 80 年代，日本中央教育审议会议提出学校贯彻基础和基本教育，尊重学生个性和创造性发展，尊重文化传统，培养学生的"自我教育能力"。2002 年，日本中小学开始实施新的学习指导纲领，标志着以能力为核心的基础教育课程改革全面展开。由上观知，国外对核心素养的研究比较早，相关文献也较为丰富，因此，梳理国外核心素养研究成果，对推进我国核心素养教育研究，建构课程，制定教育质量指标体系，深化课程改革有重要的参照价值。

（2）"核心素养"国内研究述评。2014 年 3 月 30 日，《教育部关于全面深化课程改革落实立德树人根本任务的意见》正式印发，提出"各学段学生发展核心素养体系"，"研究制订中小学各学科学业质量标准"的新任务，为以核心素养为目标深化基础教育课程改革指明了方向。语文学科核心素养的研究是与学科核心素养的研究同步进行的，因为学科核心素养需要落实在具体的学科上，而语文作为主科之一，自然倍受教育工作者的关注。整理分析相关文献可以发现关于语文学科核心素养的研究成果除了内涵以及构成要素之外，还重点包括语文学科核心素养的培育路径的研究。贡如云、冯为民通过厘清"核心素养"与"语文学科核心素养"的关系，提出可以借助高中语文课程自身的优势，注重阅读教学、写作教学、口语交际教学和综合实践活动等来培养学生的语文学科核心素养。李琴认为可以从整体关注教材文本、以语言的建构与运用为基本路径以及注重批判性思维的发展这三方面来促进学生语文学科核心素养的发展。王海明认为语文学科核心素养的培育策略可以采用科学认识理解学科核心素养的内涵、通过各种方式提高学生的语言运用能力、加强训练学生的思维、继承学习民族传统优秀文化这几点措施。杨若男则提出了课堂教学可以通过更新教师的语文教学观、学生的语文学习观来落实语文学科素养。刘忠强、钟绍春等人认为在跨学科教育理念下的语文探究教学有助于提升学生语文学科核心素养。丁郁洁认为高中古诗词的教学过程，是学生语言知识的运用能力、思维想象力、审美鉴赏能力、文化传承理解能力等各方面能力形成和发展的过程，利用古诗词教学可以提升高中生的语文学科核心素养。

通过梳理当前关于语文学科核心素养的培育路径的研究成果，发现其成果颇为丰富，这对体现语文学科核心素养的高中语文趣味性教学具有一定的借鉴意义和启发价值。截至目前，许多教育工作者相继开展了教学实践活动，并将语文学科核心素养逐渐落实到具体的课堂教学中，但其成果远不如语文学科核心素养的培育路径丰富，且在教学实践开展中极少涉及高中语文趣味性教学这一领域。

2."趣味性教学活动"国内外相关研究述评。

以"趣味教学活动"为关键词在中国知网进行检索后发现，截止到2022年6月，中文文献共计2741条，2010年以后，整体的文章发表数量逐渐上升，证明各大学者和教育研究机构也逐渐认识到如今教学的实际问题，由搜索结果可见，当前对趣味活动的研究阶段主要针对的是学前、小学和初中阶段，针对高中阶段的较少；从研究的学科来看，大多数文献集中在对外汉语教育、音乐、体育、美术等学科，针对语文趣味活动的研究和发文数量相对较少，针对高中阶段语文趣味活动的更是少之又少。

（1）"趣味性教学"国外研究述评。著名的捷克大教育家夸美纽斯在他的著作《大教学论》中提到在进行教育活动的时候要与娱乐相结合起来，要让学生在学习活动中快乐地、主动地去学习对于他们有利的事情，在刚开始的时候就提起他们的兴趣，并且在兴趣的指引下学习，从学习中享受幸福感。法国著名的教育家卢梭在他的教育学著作《爱弥儿》中也强调个人的兴趣在教育中的作用，他认为好的教育就是要让学习者爱上自己正在学习的知识。苏联杰出的教育学家克鲁普斯卡雅在《克鲁普斯卡娅教育文选》中从儿童学习的兴趣出发，指出兴趣在儿童活动中的指导作用，强调教学中的活动要以兴趣为前提。教育学家苏霍姆林斯基也将兴趣视为教学中重要的一环，他肯定了学习兴趣在学习过程中的重要地位，对于学生的智力发展和将来的能力提升都有影响。对趣味活动实践指导性的影响较大的是美国教育思想家杜威,其提出了"从做中学"的原则,杜威真正从实践的角度提出了要将趣味活动的理论与实践结合起来,改变传统的讲授式的教学方法,教师真正地去实践趣味活动。

（2）"趣味性教学"国内研究述评。在我国,孔子最先提出了关于趣味活动的内涵,孔子在《论语·雍也》中说道:"知之者不如好之者,好之者不如乐之者",强调了乐于学习的重要性。宋代的思想家教育家朱熹先生在《近思录》里也提出了:"教人未见意趣,必不乐学。"强调了学习中学生兴趣的重要性。同时期北宋理学家程颐先生也强调"乐学"的重要性,顾名思义就是要学生乐于学习,要求教师在教学的时候要挖掘学生的兴趣。清末梁启超先生丰富并发展了趣味活动的概念,首次提出了"趣味教育"的思想。其思想对当今的教育有着非常重要的启示。国学大师、教育家蔡元培提道:"我们的教书,并不是像注入水瓶一样,注满就算了事,最重要的是引起学生读书的兴味。"近代教育家陶行知写道:"学习有了兴味,就肯用全副精神去做事,学与乐不可分。"陶行知先生认为兴趣帮助了人去学习,人一旦有了兴趣,就可以全身心地去投入到学习中去,促进了人的学习。

综上所述,国内外关于趣味活动的研究多集中于理论的研究与总结,为现如今的趣味活动研究从理论本身、理论与实践的结合、课堂运用特点、教师本身、教学对象、课堂氛围等多方面提供借鉴。但针对水平差异而运用恰当的趣味活动的研究并不多见,国外研究更偏向于儿童领域,研究主体范围较窄,对高中教育很少涉及,所以对高中语文趣味活动的研究很有必要。

（五）研究目标

1. 总目标:基于学科核心素养,对高中语文趣味性教学的研究与实践进行探索,通过跨学科理论整合,使该研究具有创新性、可持续性和推广价值。

2. 具体目标:①探索并构建高中语文学科趣味性教学新路径;②为高中语文学科趣味性教学提供可借鉴的经验和案例;③促进参与课题教师科研能力水平的提高。

（六）研究内容

1. 理论研究:通过文献研究法对核心素养进行梳理,以国内外现有相关理论为指导,有针对性地指导趣味活动的开展。结合课程教学论相关理论,从行为、认知、心理等角度对学生和教师进行分类研究,设计问卷,分类调查,最后将所得到的趣味活动策略相关理论进行推广。

2. 实践操作:通过本课题的研究,使教师学会将基于学科核心素养的教学理论知识、个人教学经验、教学策略整合起来去进行有效且有趣的课堂设计与教学实践，促使教师个体教学行为的改变，从而最大限度地提升教育教学质量。努力实现课堂教学生动有趣、严肃活泼，最大限度地提升学生语文核心素养。促进教师基于核心素养的趣味性教学能力和意识，提升教师教学行为的改变，形成适应课改精神的趣味课堂教学模式。

（七）理论依据

1. 维果茨基的"最近发展区理论"。维果茨基认为学生的发展有两种水平：一种是学生的现有水平，指独立活动时所能达到的解决问题的水平；另一种是学生可能的发展水平，也就是通过教学所获得的潜力。两者之间的差异就是最近发展区。教学应着眼于学生的最近发展区，为学生提供带有难度的内容，调动学生的积极性，发挥其潜能，超越其最近发展区而达到下一发展阶段的水平，然后在此基础上进行下一个发展区的发展。

2. 皮亚杰的认知发展理论。皮亚杰把认识的发生和发展归结为两个主要方面，即认识形成的心理结构和认识结构与知识发展过程中新知识形成的机制。他认为每一个智慧活动都含有一定的认知结构，即图式。图式是人类认识事物的基本模式。同化是主体把客体纳入自己的图式中，引起图式的量的变化。皮亚杰的图式理论或其建构主义，从本质上阐释了学生的知识形成过程及其思维发展过程。作为主体的学生，在与外部环境（或者说是教育环境）不断地相互作用过程中，增进了知识和思维的发展。在这种相互作用中，学生构成了矛盾的主要方面，是活动的主体。

3. 建构主义学习理论。知识的获得是通过学习者原有的认知结构，结合一定有意义的材料，在新的环境中以建构的方式来获取，从而使自身的认知结构得到发展。也就是说，在建构主义理论指导下的课堂教学模式是学生在教师的引导下，充分发挥学生的主观能动性，通过自主学习来对所学知识进行分析、加工与重组，从而形成一套完整的知识体系，而不仅仅是教师单向地将知识灌输给学生。

4. 学习动力理论。高尔基说过："在生活中，没有任何东西比人的行为动力更重要更珍奇了。"学习动力是推动学生进行学习活动的驱动力。关注并培养学生的思维能力应当是作业设计中的重要任务。学习动机的期望，阿特金森的期望理论对动机的产生作了较好的说明：动机 = 估计成功的概率 × 成功的诱因价值。学习动机的情感理论：布卢姆说过："凡是包含教育目标的地方，我们总是关注积极的情感，关注引导而不是驱使学生去学习。""我们的动机更多的是由积极的情感引起的。"思维能力培养正是这样一种积极的情感，这种积极情感在学习活动中所起的强大动力作用早已为大量事实所证实。

5. 马斯洛的需要层次理论。马斯洛指出，人的基本需要有五种，按照先后顺序可分为生理的需要、安全的需要、归属和爱的需要、尊重的需要和自我实现的需要。低层次的需要满足了，才会产生高层次的需要。在某种程度上，学生缺乏学习动机可能是由于缺少某种需要而引起，从而阻碍了学生的学习和自我实现。

6. 桑代克的联结－试误说。桑代克是美国著名的行为主义心理学家，基于实验编写了第一本教育心理学著作，完善了学习理论的研究。桑代克利用饿猫在笼子中偶然触发机关吃到鱼的实验，认为人们的学习行为是刺激和反应建立联结的过程，而联结的建立则需要通过多次的错误尝试，逐渐减少错误得到正确的行为，并根据实验提出了三大定律。①准备律：人们在学习内容时需要做好准备，做了准备而进行相关活动则会满意，如果做了准备却没有进行活动则会烦恼；②练习律：人们学会某个行为后，如果经常性地练习，联结就会加强，否则就会降低；③效果律：做出行为如果结果令人满意则会行为增加，令人烦恼行为则会减少。

（八）研究方法

1. 文献研究法。主要通过阅读中国知网 CNKI 等学术数据库对国内外有关研究的权威期刊杂志的论文、硕博论文，对国内各地区基于学科核心素养视域下高中语文趣味性教学策略研究的教学课例及教学成果等文献资料进行筛选、分类和整理，对学科核心素养视域下高中语文趣味性教学策略研究的基本概念和研究状况进行分析和总结，保证资料的权威性和准确性。

2. 课例研究法。结合高中语文课堂的教学情况，设计基于学科核心素养视域下高中语文趣味性教学策略研究的教学设计，结合在实际课堂上的实施情况，分析课例中学生的学习目标设定、学习过程、学习方式和学习程度，得出对后续教学和本课题研究的实际影响，总结经验教训。

3. 问卷调查法。选取具有代表性的高中生，对其进行问卷调查，随机抽样，对调查结果进行统计分析，具体了解高中学生对语文课的学习态度，学生在语文课堂中喜欢的教学方法等。对其调查数据进行统计分析，然后对其统计结果进行概括总结。

4. 访谈法。通过与教学一线教师面对面沟通，及时了解教学信息，掌握不同层次的学生动态。并记录总结他们对高中语文趣味课堂教学的真实想法和教学经验。

（九）研究过程

1. 运用文献研究法将符合"核心素养"与"趣味活动"的前人研究成果进行筛选、分类和整理，明确"核心素养"在语文学科领域的价值导向，明晰"趣味活动"的理论指导，依靠学科核心素养对高中语文趣味活动实践的作用进行阐释。

2. 运用问卷调查法对学生课堂学习趣味性进行调查分析，运用访谈法对本校教师"趣味活动"的课堂使用情况进行详细了解。

3. 依据新课标教材挖掘高中语文学习中的趣味性。

4. 从备课设计、上课实施、课内融合、课后拓展等方面多角度开展趣味活动实践，从内在角色（教师和学生的角色顺序：先师后生、先生后师、师生同步、师生换位、生生组合）、外在环境（软硬件设施、新高考大背景）和学科融合（超语文领域，多学科交叉：语文政治"逻辑学"、语文历史"官职变动"、语文英语"相似语法"、跨学科魔法记忆）三大方向进行趣味性教学策略研究。

5. 组织课题组成员汇编研究报告，整理论文，形成最终研究成果。

（十）人员分工（略）

（十一）预期成果

1. 构建以议题为依托，以方法论为指导的理论学习，以分享感悟为核心，以探索发现为乐趣的课堂教学策略，通过趣味活动最大限度地践行语文核心素养。

2. 开展丰富多彩的"趣味活动"教育实践活动。

3. 撰写教学论文，教学随笔，形成成果集。

第二节　活力语文实践活动实操案例

"榕芽"文学社伴随着历届孩子的成长，是我校语文实践活动的主阵地。每一期作品都是孩子成长的步伐，都是老师们辛勤培育的结晶。在这里，可以看到他们对生活的歌唱，对社会的思考，对成长的感悟和对未来的构想；在这里，我们可以见证热爱文学的种子是如何在学生心中"萌芽""开花"，最终活力四射的。

从 2020 年开始在全校三个年级开展一年一度的"整本书阅读"手抄报比赛，到今年已经是第四届。整本书阅读秉持整体主义的教育理念，能全面促进学生的思维训练和人文素养提升。"建书香校园，展品读芳华"正是语文科组开展该活动的初衷，是践行"经典阅读，思维激活"阅读理念的有效途径。

除了上述传统项目以外，我们还在寒暑假与学生发展中心一起，开展各项主题活动，《年夜饭，还是那个味儿！》让孩子们在感受传统节日的文化氛围同时，触发创作灵感，用诗歌记录自己和家人团聚、共享亲情的美好瞬间，歌咏岁月的安好；《职业初体验，触梦新开始》实践报告的写作让孩子们在对各行各业有了更深入的体会之余，还提升了梳理、归纳、分析、提炼等语言表达能力。两项活动涉及学生面非常广泛，是真正的情景写作锻炼，实操性强，对学生语文核心素养的提升助力巨大。

一、年夜饭，还是那个味儿！

年夜饭，还是那个味儿！
——深圳市西乡中学 2023 年寒假主题教育活动方案

自古以来，我国就有吃年夜饭的习俗。"年夜"，寓意着"月穷岁尽"，更预示着万象更新，迎禧接福。一道道色泽鲜艳、朴实味美的年夜菜，让我们感受到的不仅仅是浓浓的年味、暖暖的亲情，还有那中华民族几千年文化的无形浸润。在这美好的佳节里，通过鼓励学生尝试参与烹制年夜饭活动，让他们树立文化自信的同时，也能巧妙地上一堂生动鲜活的语文课。为此，特制定本方案。

（一）活动主题

传承传统文化，培育劳动情怀

（二）领导小组

组长：蔡景贤

副组长：陈玲、曹晶晶、马彦芳

成员：高一、高二班主任

（三）主办单位

语文科组

（四）承办单位

高一、高二语文备科组、美术科组

（五）活动时间

2023 年 1 月 15 日 –1 月 31 日

（六）活动项目

以下六类参与评比的作品，经班主任收齐初选，报送学校的作品每类不超过 5 个，班主任以"年级＋班级＋类别"命名，压缩成文件包上交学生发展中心，截止日期为 2023 年 2 月 13 日。

1."我的年夜饭"记录单制作评比。学生在家长的引领下，采买、准备、烹饪一家人的年夜饭（或 1—2 道菜），对活动全过程进行全记录，并形成记录单，开学返校时上交给班主任，由班主任初评并(每班 5 篇)上交学生发展中心，由语文组进行复评。

2."我的年夜饭"微视频评比。（1）主题要求：要求视频记录"我的年夜饭"从准备、制作、到品尝的全过程，可加上自己的心得或感悟。视频必须为原创，时长 1 至 2 分钟。（2）格式要求：分辨率不低于 1280×720，容量在 500M 以内，MP4、WMA 格式均可，有字幕更佳，作品以"标题＋年级＋班级＋×××（学生姓名）"命名。视频题头要求：作品名称、年级、班级、学生姓名。此项由学生发展中心组织老师进行评选。

3."我的年夜饭"全家福照片评比。照片要求：照片必须是原创，照片可以是菜品的独照，也可以是整桌年夜饭的合照，或者是制作过程的照片，但是一定得有本人与年夜饭的合影作为佐证，画质必须清晰，背景干净，主题能凸显地域特色和传统文化，有家的味道。此项由美术科组组织美术老师进行评选。

4."我的年夜饭"课件制作评比。以自己制作年夜饭的过程或者记录单为内容，制作成题为"我的年夜饭"的课件。课件页数在 15 页左右，分享时间控制在 3 分钟以内。此项由语文科组组织评选。

5. "我的年夜饭"诗歌创作比赛。"碗筷传承着骄傲的血脉，名叫中华的人才明白，团聚的温暖就交给舌尖来享用……"一首《年夜饭》的歌曲定会拨动每个人的心弦，以"我的年夜饭"为题进行此项，抒写心中的情怀。以写新诗为宜，20行左右。诗歌创作由语文组老师进行评选。

6. "我的年夜饭"班级美篇制作评比。班级安排专人负责收集照片，利用美篇或者其他 APP 小程序，制作成班级的链接，将同学们的活动记录下来，并在学生和家长群分享，此项由学生发展中心组织评选。

（七）奖励方案

每类作品评出一等奖 5 名，二等奖 10 名，三等奖 15 名，颁发奖状和奖品。

（八）成果运用

1. 校内展板展示。

2. 微信推送。

3. 文字成果汇编成册，每班 2 本。

语文科教研组

学生发展中心

2022 年 12 月 11 日

（九）佳作展示

年味满满，幸福满满

2022 级高一（17）班　张湘玉

有人问，幸福是什么？

幸福就是春节归家游子期待的

那一阵阵熟悉的味道，

津津有味，垂涎三尺。

有人问，盛宴是什么？

盛宴就是家人们围坐在圆桌前

品那一道道精美的菜品，

佳肴美馔，满汉全席。

有人问，怎样才能拥有幸福？

那要有渐冷的天，

要有在爆竹声中迎来的假期，

有在乌黑天空中盛开的漫天烟花。

要有寒风中的等候，火车站的拥抱，

有忙碌的大人们，顽皮的孩子们。

那还要有厨房里袅袅升起的白烟，

蒸鱼的水不断在火上沸腾，

元宝似的饺子在油锅中嬉戏，

藕夹在锅里"滋滋"地唱着歌，

鸡蛋碰上番茄的竞争才刚刚开始……

春节的年味在年夜饭中愈渐浓烈，

新一年的幸福在这团圆桌上慢慢展开。

香味渐浓，家人常坐，灯火可亲。

我的年夜饭

2022级高一（2）班　钟睿阳

鞭炮炸碎了一年的厄运

烟花敲开的却是新年的门

烟火的光芒一闪一闪

在黑夜中闪耀了旁楼的墙

也照亮父亲的面颊

那不是皱纹

是一年的奔走

是母亲独特的法术

灶炉升起飘香的炊烟

饭桌上碗筷的碰撞

街上的喧嚣

人间俗世的嘈杂

让时间流逝得安稳

我们如同异乡的食客

热气腾腾中飘出故乡的影子

窗外的热闹

似有似无的锣鼓

妹妹是没有这般的烦恼

饭桌上时而嬉笑，时而安静

大抵想着乡里的伙伴

亦或是家中的猫儿狗儿

何时可归故乡

我伸起脖子去探望

那藏在年夜饭里的答案

"新一年一定会回的"

"年"不过是一个单位

计量着对未来的美好寄望

我的年夜饭

2022 级高一（13）班　刘浩天

华灯初上，灯笼高照，

年味正从日历上的数字变为可感的情味，

渐渐地，

也变成门前的福字，桌上的干果，

和年夜上的一道道佳肴。

时间给予的最好馈赠，

是它总是无声无息地带走，

带走这一路上的风霜，

使我们能在这颠沛流离的一年的最后，

还能以最美好的姿态笑对世界。

忙碌的身影，

轻松的欢笑，

慢慢编织起一餐团圆，

中国人的年夜饭。

吃的是菜

也同时贪婪地享受着这慵懒的氛围，

只需深陷其中，

不用去忧愁是是非非，

这是一种传承于中国人血脉之中的格调，

至少在这一天，这一顿饭中

我们可以放下一切，

感受着这千年的奥秘。

年夜饭
2022级高一（17）班　杨智皓

寒风中飘溢着香腊的味道

积雪掩盖不住孩子的心事

过年了

火红的灯笼染红了一年丰收的喜悦

除夕的鞭炮响彻云霄

触动着新年的琴弦

积雪融化

滴水绵绵

犹如慈母的眼泪

在家门口淌成了严冬的雨线

牵动着游子的心

一年恨长

三百六十五个昼夜

奔波劳作

都细腻地刻画在母亲深深的皱纹上

牵引着游子回家的路

为了陪父母吃上一顿年夜饭

漂泊的游子以年计算着时间的成本

打紧时间的开支

圆父母过年回家团聚的心愿

家人团聚

围坐炉火

篝火映红每个人的脸庞

将一年四季攒下来的心里话

向母亲说了一遍又一遍

过年了

香喷喷的年夜饭

是妈妈不停地唠叨

是爸爸深情地叮嘱

是年画的喜庆

是大红灯笼的暖意

她就像一锅沸腾的鲜汤

融入了多少亲朋好友的情

掺进了多少父母的爱

我的年夜饭

2022 级高一（1）班　汪丽君

我听见家人呼唤

取来腊肉和酒酿

洗净锅碗瓢盆

他们说，摆一桌佳肴

新年伊始

我听见亲友登门

大红灯笼是家的方向

他们拥抱寒暄言笑晏晏

跨越万千山水

终于团聚

我听见碗筷清脆

此时鱼鲜肉香

米饭鸡汤正温热

举杯欢庆

诉说归乡喜悦

我听见烟花乍响

院落中有清风微凉

明晰了，星光点点

只刹那

焰火绚烂

迎新年

2021级高二（14）班　郑芊芊

岁月的歌，

流浪在苍白的纸上，

写出一行行眷恋。

轻展一页旧时光，

新的一年已悄然而至。

细看轻闻，

寻找新年的踪迹。

何谓年味？年味何在？

是昏暗的灯光下老人眼里闪烁的

对游子归家的期盼；

是高高挂起的大红灯笼

点亮黑暗的夜空；

是张贴的对联和窗花

寓意着吉祥如意；

是温馨房屋中飘出的饭菜香味；

是家人团聚时的欢声笑语。

你听——你看——

在国泰民安中看万家灯火，

听烟花爆竹，

听数不尽的美好祝福，

感受着人们洋溢的幸福。

色彩绚烂的烟花绽放在天边。

风吹烟云散尽，

遥望苍穹，

新的一年，我们整装待发。

怀揣梦想与希望，

踏上新的征程。

杯酒阖圆夜

2021级高二（6）班　潘晨希

堑岭连天六重山，白水悠悠九回湾。

潮流纷纷归故里，声势浩浩惊乾坤。

岁末寒风极骄横，残枝瑟瑟不敢吭。

家亲皆至堂屋暖，谈笑满门意气生。

炊米乡忆出庖房，勾魂哝味已饥肠。

闻声齐聚欢言语，拂尘陈酿胜千万。

此夜佳肴承今古，莫辞美禄解春秋。

江上明月常托寄，可怜今夜不见月。

星辰散布缀江天，白云识趣俱不现。

人间难寻阖圆夜，毋使杯酒空欢喜。

江面静寂如妆镜，灯影沉浮如身遇。

无奈世间行路难，唯有迎击明朝惧。

腊月三十亲友来，吴质姮娥不释怀。

安得黜黜释忧愁，莫停杯酒尽余欢。

信手续续拨心弦，亲友良策乃箴言。

烟花齐绽争奇灿，夜半三更一岁添。

朔月隐入江天幕，点点群星光不覆。

佳肴琼酒岁尽夜，杯举阖欢接禧福。

我的年夜饭

2021级高二（6）班　吴亚娜

红筷青碗，桌前人群簇拥，

高谈未来春景，笑望现实风光，

匆匆回家，只为这一晚年夜饭。

红灯挂楼，福字倒贴门口，

家火烈焰熊熊，亲友酣歌和舞，

千里相聚，只为这一晚欢声笑语。

拍着手掌，披着棉袄大衣，

屋前烟火灿烂，黑夜犹被点亮，

百家烟火，只为这一晚星河挂空。

母亲额前已汗水横飞，但她一脸的笑容，

让我明白，团圆是对她辛苦的最好报酬。

年夜饭，人们为他忘却辛劳，

人们为他彻夜欢笑。

年夜饭早已清空，

但桌前的人们仍不肯离去，

或许这就是年夜饭的真正意义。

年夜饭，人们把牵挂寄予他，

人们用思念隐藏于他。

月光升空，夜晚逐渐寂静，

灯火慢慢熄去，

人们已进入梦乡，

开始幻想着下一次年夜相聚。

我的年夜饭

2021级高二（14）班　何柯仪

今晚的夜空格外宁静，
月亮闭上炯炯有神的眼睛。
零散的星星忽明忽暗，
路边的街灯孤独地矗立着，
仿佛在做最后的告别。

翻炒颠勺，下锅起锅。
葱姜蒜椒，盐糖醋辣。
在家中大厨的手中灵活舞动。
鸡肉、鱼肉、红烧肉，
菜粿、甜粿、乒乓粿。
香味四溢，无不令人感到饥饿。

大人忙着下厨，小孩忙着端菜。
来来往往，热热闹闹。
一桌年夜饭，把相隔千里的亲人相聚，
吃到嘴里的不仅是美食，
更是一份叫团圆的温情。

我的年夜饭

2021级高二（14）班　钟婉莹

忙碌又一年的旅人们
收拾起了行李
冒着寒风回到了熟悉的家
为了赶上一场年夜饭

燃几根仙女棒
给黑夜抹上五彩斑斓的色彩

窗外的巨响

跟随火花落地温暖饭桌旁的人心

厨房里飘出的香气

勾起了聚在一团聊天人们的食欲

时不时传出的笑声

或许是碰到许久未见的亲人

谈起的

是一年时间留下的划痕

是分享浇灌经验形成的果实

是兴趣爱好的异同

然后

旅人们已不再饥饿

将那些不快扔进了上一年的时间走廊

跨大步地走向了今年

年夜饭

2021级高二（13）班　翁俊莹

岁序更替，华章日新。

新年爆竹响，万家灯火明。

一份急切的归家情，

一顿安心的团圆饭。

圆月升，

烟火起，

照人间，

一碗温温的汤，

一顿香喷喷的饭菜，

一份真挚的亲情尽言其中。

放烟花，

唠家常，

开开心心迎新年。

年夜饭

2021级高二（13）班　陈柯彤

鸿运灯笼高挂亮明月

难掩归家的喜悦

热气饭菜腾腾上餐桌

嗅得团圆的温暖

爆竹烟花绚烂显璀璨

响彻人间的浪漫

亲朋满座热闹共庆春

道出生活的幸福

万家灯火通明照兔年

你我共举杯

唯愿新年胜旧年

年夜饭

2021级高二（14）班　周因熙

锅气，茶气，人气

在推杯换盏中一片欢喜

屋内天伦之乐

屋外冷风吹拂

我看见

流浪的小猫瑟瑟发抖

趴在三轮车上，取得一丝温暖

小心翼翼地叼起一片牛肉，

走到光照不到的地方狼吞虎咽

有路人经过

它吓得不敢咀嚼

它也想有家吧

我想

没有烟花的深圳

无人问津的角落

这是它的年夜饭

花

2021 级高二（13）班　倪子纯

映天之花

顷刻间

深沉地，绚丽地

绽放

它让捣衣的妇女抬头仰望

它让归来的游子为之一颤

灯火阑珊处

孩童们的脸

红扑扑的

眼睛

光亮亮的

咧开了

嘴角咧得大大的

风轻喃过：

岁岁似今朝

人间烟火

似锦繁花

二、职业初体验，触梦新开始

职业初体验，触梦新开始
——深圳市西乡中学暑期主题活动方案

为深入贯彻落实习近平总书记关于家庭教育"三个注重"的重要指示，进一步帮助学生树立科学的劳动观、职业观和成长观，以"为了每一个学生的终身发展"核心理念为指导，激发学生的职业兴趣，提高学生生涯规划意识，特举办本次活动，具体方案如下：

（一）活动主题

职业初体验，触梦新开始

（二）领导小组

组长：罗惠权

副组长：陈玲、曹晶晶

成员：王蕾、崔睿、喻芬芳及高一、高二语文教师

（三）主办单位

语文科组

（四）承办单位

王蕾校心理名师工作室、崔睿校名班主任工作室、喻芬芳校名班主任工作室、美术科组

（五）活动时间

2022 年 7 月 15 日 – 8 月 31 日

（六）活动项目

1. 开展"职业初体验，触梦新开始"社会实践活动。学生在家长的引领下，到父母所在单位开展职业体验活动，活动时长每天不少于 8 小时，共 40 小时，学生对活动进行记录并完成实践报告。

2. "生涯规划职业体验"实践报告评比。开学返校时上交给班主任，由班主任精选（每班 5 篇）上送年级进行评比，班主任上交统计表（电子版和纸质版）和上送学生实践报告。

3. 职业体验微视频评比。（1）主题要求：围绕职业体验活动，录制视频，可加上自己对职业体验的心得或感悟的分享，也可以录制访谈视频或者职业调查视频。视频必须为原创，限时 5 分钟以内。（2）格式要求：分辨率不低于 1280×720，容量在 500M 以内，MP4、WMA 格式均可，有字幕更佳，作品以"标题 + 年级 + 班级 + ×××（学生姓名）"命名。视频题头要求：作品名称、年级、班级、学生姓名。（3）参评办法：参评视频以班级为单位，将班级统计表及学生作品汇总后，以"年级 + 班级"命名压缩文件包，于 2022 年 8 月 31 日前发送至邮箱 278300915@qq.com，学校将组织老师对

参评的微视频进行评审，选出一二三等奖。

4.优秀班级评比。以实践报告和微视频上交的数量和质量为依据进行评奖，评出一二三等奖。

深圳市西乡中学语文科组
2022 年 7 月 11 日

（七）佳作展示

知行合一　拥抱未来

青春，那是一座耸立的山峰，青春，那是一条奔腾的河流；青春，那里有仗剑"闯天涯"的热血，青春，那里有散发五彩斑斓的梦。2022 年的暑假，我校千余名学生，在梦想的召唤下，经历了一次值得回味的人生旅行——职业体验实践活动。

疫情虽然肆虐，但同学们克服各种困难，进入公司企业、深入工厂车间、融入邻里社区、加入志愿服务，去体察感受，去躬身实践，获得了在课堂无法体会到的人生感悟，学到了在课本里难以学到的社会知识。本次活动共有 893 名学生撰写了实践报告，67 名同学提交了记录实践活动的微视频。经过老师们的认真评定，评选出实践报告和优秀微视频若干，这些实践报告，内容详实，材料丰富；家长评价，用心用情；单位评价，客观真实。这些报告虽然有些地方略显稚嫩，但从这一份份报告里，我们看到了他们行进路上深深的脚印，从这些脚印上，我们可以预见他们的未来，他们的梦。让我们一起来欣赏这些优秀实践报告吧！

深圳市西乡中学"生涯规划职业体验"实践报告

姓名	蒋麒桦	班级	高二（9）班
工作地点	深圳市深汕特别合作区威视数据园	工作时间	2022 年 7 月 31 日
工作强度	中等	行业类型	IT/ 通信
工作流程	1. 熟悉工作环境 2. 了解工作内容及项目情况		
工作照片			
工作感悟	虽然是工地，但与我印象中的工地大相径庭，这里不仅工作和生活环境干净整洁，而且明显感受到工作氛围和谐上进，大家各司其职，为出色完成总体建设目标发奋图强。吃瓜的心态一下子发生 180 度的急转，无形的压力扑面而来。慢慢地我也了解到，项目涉及的专业知识多，管理过程严谨复杂。不过我有信心在项目经理的指导下学好、做好，在短短的时间里，尽可能学到更多的东西，并能协助项目经理对现场进行有效的管理。		

职业体验报告（学生本人填写）

姓名	蒋麒桦		班级	高二（9）班
工作地点	深圳市深汕特别合作区威视数据园		工作时间	2022 年 8 月 1 日
工作强度	中等		行业类型	IT/ 通信
工作流程	1. 参加班前技术、安全、质量等方面的会议培训 2. 施工现场进行安全交底			
工作照片				
工作感悟	安全重于一切，对员工的安全检查是我工作的重中之重。我要认真观察员工休息情况是否良好，班前是否有饮酒、身体不适、情绪波动等安全隐患；仔细检查安全带、安全帽、防护眼镜、防护手套等有无不符合要求的情况；对上一班次员工的工作完成情况、安全生产、隐患处理、未完成的任务等情况进行点评；强调各岗位、各工种的安全注意事项、安全防范措施。我的职责只有一个关键词，那就是"安全"。			

职业体验报告（学生本人填写）

姓名	蒋麒桦		班级	高二（9）班
工作地点	深圳市深汕特别合作区威视数据园		工作时间	2022 年 8 月 2 日
工作强度	中等		行业类型	IT/ 通信
工作流程	①材料进场时间是否符合相关规定；②外包装和产品外观是否符合要求；③清点进场材料件数和重量；④检查品名、型号、规格、颜色及技术参数是否与合同标准相符；⑤检查标识是否清晰，是否便于储放区分；⑥检查出库单、质量合格证、检测证是否齐全、有效。			
工作照片				
工作感悟	质量就是企业的生命，而材料又是确保质量的关键。我今天主要对加气砖和线管进行了进场验收，经过一天的努力工作，我对整个材料验收流程有了初步的了解，增长了知识，切身体会到这份工作的重要，也明白了做任何事都必须认真严谨，一丝不苟，稍有不慎，就会铸成大错。			

职业体验报告（学生本人填写）

姓名	蒋麒桦	班级	高二（9）班
工作地点	深圳市深汕特别合作区威视数据园	工作时间	2022 年 8 月 3 日
工作强度	中等	行业类型	IT/ 通信
工作流程	检查施工工序：机房装修、供配电系统、防雷接地系统、综合管路系统、UPS 系统、环境监控系统、布线系统、空调新风系统。检查安全措施落实。		
工作照片			
工作感悟	一个产品的问世，需要经过多少复杂的工序。这是我以前想都没有想过的事，平日里，我们往往只关注结果，忽略过程。今天的工作让我拓宽了见识：机房装修、供配电系统、防雷接地系统、综合管路系统、UPS 系统、环境监控系统、布线系统、空调新风系统等环环相扣，一发系全身。是呀，没有细节的极致哪来产品的精湛，没有咱们工人精益求精的精神，哪有今日世界中国制造的辉煌。		

职业体验报告（学生本人填写）

姓名	蒋麒桦	班级	高二（9）班
工作地点	深圳市深汕特别合作区威视数据园	工作时间	2022 年 8 月 4 日
工作强度	中等	行业类型	IT/ 通信
工作流程	今天工作主要是协助项目经理和监理单位对电气开关、低压柜进行工艺检查和分部验收，确认是否符合项目要求。强电系统中的管路，要求横平竖直，具体线路要沿着边角的走向；弱电的线路，需要和强电的线路相隔超过三十公分，避免弱电的传输线缆受强电磁场的干扰，致使设备功能受到损害。		
工作照片			
工作感悟	这次的职业体验让我体会到什么是敬业，什么是精益求精，什么是专注；也让我从员工对每个细节的掌握，对每一过程的细致要求，对每件产品质量的严格把控中，真正懂得什么是"工匠精神"，什么是大国制造，我明白了"中国崛起是不可阻挡"这句话的真正内涵。		

职业体验报告（学生本人填写）

姓名	倪玥彤	班级	高二（14）班
工作地点	招商局发展中心	工作时间	8.15-8.19
工作强度	中度	行业类型	铝加工

工作流程	我的职位是办公室助理。 2022.8.15上午，助理崔阿姨带我认识办公室的各位同事，并给我公司的简介、组织架构、各部门职责、产品资料让我研读，要做到非常熟悉，下午抽查我对各部门职责的了解程度。 2022.8.15下午，崔阿姨带我熟悉茶水间设备、打印机、扫描仪的使用，并且把简单的文件让我扫描、复印、归档、整理。对于这些从未接触过的设备，我有一点点发怵，并且看着分配给我的厚厚的需要复印和扫描的资料，有点忧伤。 2022.8.16上午，按部门分发昨天复印好的文件（顿时体会到昨天牢记各部门主要职责的重要性），坐在最后面旁听了经营分析会，但刚开了20分钟，就从兴奋变成了黑人问号脸，这是天书啊？！会上有很多的数据和图表（顿时觉得学好数学太重要了，以后数学课一定要好好听课），听得云里雾里，但旁边没比我大多少的小姐姐、小哥哥却侃侃而谈，对他们有点崇拜，也对自己有了一个清晰的认知。 2022.8.16下午，我的主要工作就是把上午的会议形成会议纪要，刚开始完全是蒙的，觉得无从下手，百度了许久，终于磕磕绊绊完成了。然而和真正的会务人员的纪要进行对比，我被碾压得无地自容。 2022.8.17上午，因临时接到新项目，需要在网上搜集很多资料，整个上午一直盯着电脑按关键字查找，却发现很多内容是分开来看每个字都认识，但连起来却一无所知，当然也无法判断是否有用。我就都复制下来，附上网址，最后汇总给崔阿姨。结果崔阿姨说有一篇不错，虽然知道是个巧合，但还是很开心，很有满足感。 2022.8.17下午，为大家准备下午茶，本以为是很轻松的事，下单就好，但崔阿姨却告诉我要咨询每位的忌口，搞清大家要热的还是凉的，还要各种搭配……先是统计大家的需求，之后还接收大家的陆续修改，到最后把东西发到大家手里，我自己已经累得不想吃了，工作好难…… 2022.8.18上午，今天有公司重要客户来访。为了接待客户，我跟着大家布置会议室，准备大堂的欢迎水牌、会议室的布置、投影仪的准备、会议资料、茶水、笔记本，规划来访的接待路线。然后就是时刻盯着会议的监控，看到会中有人员示意，就要立刻提供会务协助，我从大家的神情上能看出会议的隆重，感觉到一丝丝紧张。会议开始后，又要为后面的宴会安排、参观、伴手礼做准备，本以为轻松的工作，大家却都连午饭都来不及吃。初入职场，竟然就经历了加班！ 2022.8.18下午，看着礼宾小姐姐穿着5cm的高跟鞋一直微笑站着提供茶歇服务，觉得她们真是太不容易了，关键是一个小姐姐才比我大四岁！因为很多人都去参加会议了，办公室里电话声此起彼伏没人接听，我就化身为接线员，挨个接听，并记下来电人姓名及重要事项。这时候庆幸新员工培训时有过这方面的学习！通过今天的参与，感受到了一丝丝职场的"硝烟"，原来在业务面前，大家都是那么的全力以赴。也体会到了"客户就是上帝"，所有完美呈现的背后有那么多默默付出。 2022.8.19上午和崔阿姨跑了税务局、社保局。因为疫情，所有的外出都需要提前预约，并必须在网上先申报。下午把自己的工位整理好，电脑里的资料做了分类和备案，针对这一周的工作给自己进行了小结。

续表

工作照片	 
工作感悟	1. 自己知识的储备不足，在职场中大家提到的很多内容都听不懂，还要悄悄百度。 2. 一些报告中的数据、逻辑及得到的结论，看不懂也不理解，内心是恐慌的。从而也体会到了学习是多么重要，知识是多么关键。 3. 职场的人情往来和同事关系，懂得了要照顾对方的情绪，特别是职场礼仪太重要了。接打电话、上下电梯、就餐礼仪这些都让我受益颇多。

职业体验报告（学生本人填写）

姓名	徐宇阳		班级	高二（14）班
工作地点	深圳市宝安石岩街道料坑惠利工业园楼		工作时间	2022 年 7 月 30 日
工作强度	中等		行业类型	生产制造
工作流程	行政部——负责招聘、人事安排、后勤工作			
工作照片				
工作感悟	除了招聘、人事安排、后勤安排之外，我还要负责人事资料的整理、文档分类存放、办公用品的订购分发、接听电话。工作繁琐，感觉一天都忙忙碌碌，手忙脚乱的，深觉想干好一份工作真是不易。只工作了一天，我就深知努力学习，不断积累知识的重要性。这是以后立足社会的根本。			

职业体验报告（学生本人填写）

姓名	徐宇阳		班级	高二（14）班
工作地点	深圳市宝安石岩街道料坑惠利工业园		工作时间	2022 年 7 月 31 日
工作强度	中等		行业类型	生产制造

续表

工作流程	跟单员：线上接单、跟车间交接；订单出货前的验货和跟踪；订单交期的及时跟进和出货
工作照片	
工作感悟	短暂的体验生活，我有过喜悦和兴奋，同时也有苦恼和忧郁。经历了方知什么叫责任。在实践过程中往往一个不留神就会出现漏单现象，这样不仅直接给厂方带来经济损失，而且会严重影响公司的诚信。经历了此次体验，让我真正懂得了责任的重要，我会努力让它扎根在我的心里。

职业体验报告（学生本人填写）

姓名	徐宇阳	班级	高二（14）班
工作地点	深圳市宝安石岩街道料坑惠利工业园	工作时间	2022 年 8 月 1 日
工作强度	高难度	行业类型	生产制造
工作流程	生产车间：接单、设计、分模块生产、成品送货、打包装		
工作照片			
工作感悟	过去的 8 小时，在高达 40 度的车间里度过了我人生中最艰难的时光。车间与办公室工作环境简直是天壤之别，一整天与噪音、木屑和粉尘相伴，与汗流浃背、体力透支形影不离，无时无刻不想着逃离，终于坚持到下班了，我已瘫软在地。经历如此高强度的工作，一天结束我竟然没有什么显著的战果。可想而知这个车间工人每天能完成那么多的工作，是需要付出多少汗水和努力呀。这段考验和磨砺注定刻入我的骨髓。		

职业体验报告（学生本人填写）

姓名	徐宇阳	班级	高二（14）班
工作地点	国家海洋局深圳环境监测中心站	工作时间	2022 年 8 月 4 日
工作强度	中等	行业类型	服务
工作流程	安管员岗位。做好交接班工作；迎岗、扫码、测体温；做好记录；接收邮件及登记；做好外来人员登记；维持秩序；安全巡查。		

续表

工作照片	
工作感悟	虽然只是进行一天的体验，但从中学到不少关于防火、防盗的安全知识，工作内容不难，但能坚持做到"有责任心、有爱心、有耐心"，同时还要做到"眼勤、嘴勤、手勤、脚勤"，并不是易事。

职业体验报告（学生本人填写）

姓名	徐宇阳		班级	高二（14）班
工作地点	国家海洋局深圳环境监测中心站		工作时间	2022年8月5日
工作强度	中等		行业类型	服务
工作流程	维修技工岗位：巡查各种设施、设备房运作是否正常；做好记录；巡查消防设施、设备是否正常运作；做好记录；接收维修服务；做好记录；接收项目经理及业主临时安排工作。			
工作照片				
工作感悟	维修岗位对责任心的要求极强，所有人必须通过专业培训才能上岗。在实际工作中要求也很多，要做到"有计划、有跟踪、有落实、有记录"，以确保所有设施、设备正常运作，保证业主正常工作和生活。经过一天的了解与体验，我从心里敬佩这些勤劳、有担当的幕后工人，因为他们的辛勤付出才有了我们幸福、安稳的生活。			

实践激扬青春志　奋斗成就未来梦

——职业体验总结报告

高二（14）班　徐宇阳

此次体验是我第一次有这样的机会近距离接触社会，与其说这是一次工作，不如说是一次历练和磨砺。

作为一名高中生，曾经粗浅的社会经历一度让我以为全社会的工作都是简单又轻松的工作。在这次的工作经历之后，我才明白什么叫"万事不要看表面"。比如工厂的跟单员，刚开始以为就是坐在办公室里，守在电脑桌旁，舒适地吹空调轻轻松松就完成了。可当自己真的体验了这份工作复杂的流程：线上接单——核对合同——核对数量——核对客户需求——与车间交接——出货跟踪——品质跟踪，这一路跟下来，每一个环节都耗时几小时，一天下来，肩膀都僵硬了，很多次想一走了之。但是想想亲自带我来的厂长，手把手教我的师傅，我一走了之实在无法面对他们。带着这份信任，我好不容易坚持下来了。

工作的这五天，我每天早上 8 点准时到岗，下午 5 点 30 才下班。每天的工作都是忙忙碌碌，手忙脚乱。在工厂里每天都能看见员工们忙碌的身影，正式的员工无论是工作量还是工作时长都是我的双倍，和他们比起来我不知道幸福多少倍。所以我深刻地领悟做学生在学校读书才是最轻松的事，最幸福的事。

几天的实践体验虽然没有轰轰烈烈的战果，但也算经历了一段不平凡的考验和磨砺。让我在实践活动中认清了自己的兴趣爱好，找到自己前进的方向，发现自己的不足，通过实践活动加深了对自身的认知，未来必定更加自信坚定地投入到学习当中去，用奋斗践行理想，用信念助力成功。

活动小结

丰富的暑期实践，不仅帮助同学们树立了科学的劳动观、职业观和成长观，激发了同学们对未来职业的兴趣，增强了生涯规划意识，同时也体现了我校在新时代秉持"立德树人"的根本宗旨，以职业体验为导向，以学生兴趣为依据的教育教学模式的根本变革。

从这些报告我们可以看到，同学们在暑期的实践活动是切实有效的，通过职业体验，他们或锻炼了身心，增长了才智，懂得了珍惜，学会了感恩；或重新审视自我不足；或继续规划梦想航向。希望在未来的学习生活中，同学们继续立足社会实践，坚持知行合一，把激昂的热情融入实现中国梦的伟大实践中去，放飞青春梦想，拥抱崭新时代，争做奋斗青年！

三、建书香校园，展品读芳华

建书香校园，展品读芳华
——深圳市西乡中学高中部第二届"整本书阅读"手抄报展

"让阅读成为习惯，让书香飘满校园！"此次手抄报展是西乡中学高中部第二届

"整本书阅读"展览。手抄报展览是我校推进书香校园建设的一个剪影，高一学子用自己的阅读和思考，充分展示出阅读的美好和喜悦，在最美好的花季，品读芳华，在手抄报和阅读海报中，挥洒青春的印记，展示阅读的风采！

期待本次"手抄报"展示活动，可以进一步激发西中学子的阅读兴趣，培养他们的阅读习惯，提高审美能力，增强对祖国语言文学的理解，激发民族自豪感和爱国热情，从而培养品德高尚、心智健全、富有书香气息的西中人！

高一语文备课组

2021 年 3 月

文学社杂志《榕芽》2022 年第 2 期征稿启事

本次活动征稿要求：

征文题目自拟，字数不限，文件命名：班级＋姓名＋征文名称。

征文主题栏目有：青春诗会、原创小说、少年风采、亲情友情、与书为伴（读后感）、思辨作文（高考作文）。

内容要求主题鲜明，联系实际，条理清楚，语言通顺，真实原创，严禁抄袭。展现西中学子朝气蓬勃、昂扬向上的精神风貌。

【卷首语】

为自己点灯

《佛经》有云：千灯万盏，不如心灯一盏。

朋友，你可曾在黑暗崎岖的山路中踽踽独行？你可曾在五彩斑斓的世界中迷醉不知归路？你可曾从睡梦中醒来却不知身在何方？人们总问向心底：我是谁？

无言以对的背后是对人生的迷惘：我们又怎能不迷惘呢？人生来一无是处，而世界的路千条万条，我们无助地挣扎，想认识自我，成为世间独一无二的自己，却只是在黑暗中摸索，犹如失明的人想找到光明，他多想这时有一只牵引他的手，为他指明前方的路。而人生总是缺乏引路人的，因为有时，自己的路只能自己走，自己的心灯只能自己点。用"阅读"来为自己点灯，照亮自己的心，认清来的路，找到去的路。

有时喧嚣的不只是世界，还有无措的自己，而我们的呐喊源于自我的无知。德国诗人里尔克说：如果灵魂没有庙宇，就会被雨水淋湿。孤寂的灵魂放肆地奔跑，它想穿越时光的阻隔，遇到相逢恨晚的知己，那是灵魂与灵魂的对话，犹如点亮的心灯，让孤寂如冰凌在霎时间碎裂，不再孤独，不再彷徨，而"阅读"正是那灵魂的庙宇，给予内心一方天地，还给自我一片宁静。

生而为人，多数无法成为最好的自己，东坡先生亦然。苏轼曾寓居惠州嘉祐寺，纵步松风亭下，足力疲乏，望向亭宇处，尚远，不足以达，良久，忽曰："此间有甚么歇不得处？"顷刻如脱钩之鱼，乐在其中。"阅读"正是那随遇而安的闲适，拿一本书，恍如一友人至，方罢。又在花边息。一花一世界，一书一人生，用心"阅读"，点一盏心灯，体味书中的人生，做不到最好的自己又如何？与书为伴，待我重振旗鼓，杀出一方天地。

爱书的西中学子以自己的一片赤诚，在零余的时间，为我们书写了《榕芽》杂志的稿件，他们倾诉的是阅读的感悟，演绎的是属于他们的青春风采，留下的是徜徉在大榕树旁的足迹，愿历尽千帆，归来仍少年。

点亮自己的灯火，做自己的一盏心灯。

（执笔：余彦燕）

【佳作展示·红色血脉】

观百年历史，筑青年之魂

百年峥嵘，中华民族迎来又一辛丑年；回望历史，长辫大褂的清朝人在屈辱的条约上画下了红押，天朝上国刹那沦为半殖民地半封建国家；但是今天，我们仍然是中华民族的脊梁，是中国共产党的追随者、预备役，仍然能在西中的大舞台上铭记历史，缅怀英雄，这场盛大的节目，不只让我回溯华夏发展的艰难困苦、看到中华儿女的不屈精神，顽强品质，更让我有为九州未来而奋斗的信念。

2021年11月30日，深圳市西乡中学举办了党史专题表演活动，七百名非专业表演学生登台，为庆祝中国共产党成立一百周年而演绎中华民族的历史。霓虹灯下，我望着那段历史，心中无限感慨，或许是《松花江上》的八名女战士英勇投江，或许是《跨过鸭绿江》中战士们雄赳赳气昂昂的精神，又或许是《我和我的祖国》那一声"我和我的祖国，一刻也不能分割"，还有众多不屈的历史震撼着我胸腔中那颗炎黄子孙的赤子之心。

过去是不能被湮灭的历史，它代表着中国共产党前行的足迹，当下是正在谱写的新篇章，它代表着新青年的抱负与志向；看完整场表演，在灯火通明之下，在十一月的冬日，我心中存着为中国未来拼搏的火；极目之下，西中操场的五星红旗迎风飘扬，我看见杨靖宇在寒风中伫立，看见李兆麟眼神中的火炬，看见八名女战士胸前攥紧的拳头。我知道，我所站立的这片土地，有无数的英雄挥汗洒血，无数的党员干部挺身而出，他们脊梁上所谓"祖国"二字，是我应撑起的重任与担当，就如节目中"杨靖宇"所说"堂堂男儿，头颅不惜抛掉！鲜血可以喷洒，但忠贞不贰的意志，不能动摇！"

楼台前，笔墨纸砚之下，鲁迅先生写下这么一段文字："愿中国青年都摆脱冷气，只是向上走，不必听自暴自弃者流的话。能做事的做事，能发声的发声。有一分热，发一分光，就如萤火一般，也可以在黑暗里发一点光，不必等候炬火。"此后若是没有炬火，我便是唯一的光。今日的我们，更应成为那束谱写中华民族繁荣富强的光。

霓虹灯灭，夜晚归于平静，冷风吹不散我心中燃烧的火团；我缓缓走向教学楼，踏入班级，提起笔，继续为中华民族昌盛而读书。

（高一②班　黄歆楠）

虽无钢筋混泥身，但育烈骨英雄魂
——观《长津湖》有感

雄赳赳，气昂昂，跨过鸭绿江！

保和平，卫祖国，就是保家乡！

中国好儿女，齐心团结紧，抗美援朝打败美帝野心狼！

鸭绿江边长满青青的草，风一吹就微微地笑。71年前，英雄的烈骨镌刻在方寸之间，深埋于地下。71年后，鲜艳的国旗和着九百六十多万平方公里的土地，都被称为中国。中华儿女亲切并骄傲着：这是我的桑梓，我的归途。它有着一个跌宕起伏却波澜壮阔的过往，也会有一个崭新明亮并灿烂辉煌的未来。它是中国，是中华儿女披荆斩棘的荣光。

从清水滚滚到红光滔滔，金戈铁马终是马革裹尸，一片丹心却仍至死不渝。时间说长也长，几度春夏秋冬，历经万般劫难；时间说短也短，黛青黵色到一抹金阳，原来又是一年的好时光。

这是一个悲壮的民族，这是一个悲壮的故事……

1950年6月，朝鲜内战爆发。美国悍然派兵侵略朝鲜。以美国为主的"联合国军"越过三八线，一直打到中国边境的鸭绿江边；美军飞机入侵中国领空，轰炸扫射中国东北边境城市；美国第七舰队入侵中国台湾海峡，阻止人民解放军解放台湾。美国的侵略活动已经严重威胁到了中国的安全。"打得一拳开，免得百拳来。"中共中央一声令下，以抗美援朝，保家卫国为目的，1950年10月，以彭德怀为司令员的中国人民志愿军奔赴朝鲜前线，同朝鲜人民一起抗击美国侵略者。

长津湖战役是第二次战役中发生在长津湖地区的一场战役。正是北风呼啸，大雪纷飞的时节，飘落的雪花在战士的眼睫上结了霜。遥看敌方，兵甲坦克，厚衣棉裳，端的是精良兵甲，食的是热羹肉汤。奈何正是风雨苍黄，战士北征，食不果腹，供给不足食粮。着的是单薄旧衣，端的多是俘来刀枪。他们是最最平凡的人，会冻得发抖，饿得心慌。他们是最最伟大的人，即便冻得发抖，饿得心慌，却也坚守阵地，听从指挥，立地成桩。

美国根本没料到中国竟会出兵参战。"联合国军"总司令麦克阿瑟扬言要在两周内结束朝鲜战争，回美国过圣诞节。可那坚毅果敢、向死而生的中国人民志愿军啊，他们以肩膀抵御大炮，用双臂托举天空一角。用不屈的信念与哪怕只剩一人也要豁出性命去坚守的勇气，打破了麦克阿瑟回去过圣诞的美梦，让"联合国军"见识到了布鞋薄衣的强大。冰天雪地里，他们有的被冻得失去知觉，生生冻死在了战场。纷纷战火中，他们有的被炸得掏肠肚烂，活活疼死在了他国北疆。

志愿军有的是十八九岁的年纪，稚嫩而坚强。他们扛下一切风雨，先你我一步成长。

中华儿女多奇志呀！ 10 余万中国人民志愿军翻山越岭，昼伏夜行，隐蔽接敌。他们忍受着酷寒、饥饿和疲劳在覆盖着厚厚积雪的山脉和树林中连续行军，以惊人的毅力克服千难万险，悄无声息地抵达了预设战场。1950 年 11 月 27 日至 12 月 24 日，中美两支王牌军在朝鲜长津湖地区展开了一场激战。近 15 万人，在零下 30-40 摄氏度的严寒中苦斗 20 天之后，美军残部在 7 艘航空母舰的掩护下，利用海路逃离战场，这也意味着"联合国军"全部被逐出朝鲜东北部，抗美援朝战争取得了阶段性的胜利。

他们当中的人啊，家中也有七旬老母，稚稚孩童。他们也有抑制不住的思恋与牵挂。大局当前，他们以国事为重，私情为轻。影片中的伍千里泪洒江船，拜别父母；梅生手握女儿照片，却仍义无反顾上了战场。"为了让我们的后辈不再承受这样的苦难！"铿锵的话语在影片中出现了多次，每每听见，却仍是心中巨震。那个时代的人啊，离家还是少年身，归来已是报国躯。烈火焦了土地，忠躯粉身碎骨，他们不托荫于先辈，也不苟全于后人。他们是最最了不起的人。

如今也是青山绿水，鲜花开遍了华夏。泱泱中华已是富国强兵，不惧他国打压。我们铭记历史，在历史的缝隙中回望先辈的不屈，铮铮铁骨护我华夏。抗美援朝精神永垂不朽，他们是最最可爱的人！

（高一 ⑪ 班　曾玺）

《觉醒年代》影评

星海横流，岁月成碑。在人类历史的漫漫长河当中，有那么一些人以思想为指，用血肉之躯写下了"一身转战三千里，一剑曾当百万师"的史诗。

回首百年风云激荡，除去历史教科书上晦涩难解的考点，作为中国人，我们还能从《觉醒年代》的场内外看到些什么？

放眼全剧，从蔡元培三顾茅庐把陈独秀请到北大，将《新青年》带上更高的历史舞台，到北大内部两派师生之间的思想碰撞，同时历史的时间线与其并行。"巴黎和会"的外交失败，五四运动的热情高涨。思想的对立与国家的危亡如命运般交织在一起。无论是鲁迅的铁屋之辩，《呐喊》中的"我虽然自有我的确信，然而说到希望，的确是不能抹杀的，因为希望是在于将来"，还是作为对立派的辜鸿铭教授这些文人与新时代文人间在离别时的惺惺相惜，有似毛泽东出场时雨中趟过泥水而不沾半滴污泥地踏入历史长河；有新时代知识分子在面对丧权辱国的条约时洒下热血的口号横幅；远隔重洋之外的顾公使在凯旋门前的屈辱热泪，是陈家满门忠烈。剧中并未重点刻画个人形象，却是将当时全体爱国志士的共同立场表达得淋漓尽致。这也不枉编剧为了"每一句台词都经得起推敲"而七次易稿，最终才有这建党百年的经典献礼。

即使作为一名普通的观众，隔着屏幕，也能感受到在黄沙漫天的至暗时刻，这些伟人，以血肉之躯不甘做一介蜉蝣，三尺微命也留名一页的爱国之心。而最让人振奋的一幕也必定是陈家两兄弟踏上刑场的一刻，他们一个坚称"革命者只有站着死，绝不下跪"，一个高呼"让我们的子孙后代享受前人披荆斩棘换来的幸福吧！"这群最先觉醒的少年，倒在了至暗长夜过去的前一刻。这样的故事也是当时革命家的缩影，他们用"为有牺牲多壮志，敢教日月换新天"的气魄走在了通往未来的繁华大道上，却倒在了那条繁华大道的尽头。无数牺牲者以己之寿，延国之年。而倘若人人皆怀着这样的精神，民族复兴的担子也不会如此的沉重。

看完全集，不仅是回望那建党前国家复兴群龙无首的无力，目光再放大，自1860年到1949年，这89年，这个象征着民主独立的国家，人们等得实在是太久太久，久到有太多的人已经和大家走散了。

正值建党一百周年之际，《觉醒年代》深深影响一代新青年，我想，是每一个人都应该有"世人皆拒为蜉蝣，命定方寸无规数。且待少年擒龙头，旗风猎猎定征途"的决心与果敢。如若"世人皆如此"，国家复兴又有何难。

（高二 ⑭ 班　洪焕桐）

我为祖国送祝福

华灯初上

游鱼满池

点点星光

辉映赤旗

诉一抹本色

敬一代枭雄

随音律

众人开口

献出信仰

一把豪放

祖国在胸膛。

（高一⑨班　王珊）

【佳作展示·青春之歌】

"青春"小诗会

某种意义上说，人与人的相遇是偶然的，又是必然的。充满挑战的高中生活，和陌生的小伙伴们一起，有感动，有欢笑，有快乐……显然，你趟过来了。这特殊的缘分，让我们彼此相助，度过了青春的年岁。

不妨在这青春的诗歌中，捕捉我们生活翻起的浪花。那正是青春的痕迹。

或许，你会觉得诗句稚嫩，但那正是青春开始的气息；或许，你会感到熟悉的仿写，但那就是青春开始的模样。或许，就在一瞬间，你被一个词语击中了，内心波澜起伏，我想，那也正是青春最美的诗意。

祝福同学们，愿你在此刻，拥有一份美好。

灯光下

背影孤独地站立着，

远去的人群欢笑着。

春风用温暖送走了他们，

把寒冷留在了夜里。

他缓缓地走着，

突然一阵狂风将他掀倒，

重重地，重重地，趴在地上，

他的眼泪润湿了土，惊动了风。

为什么，为什么？

他没有答案，风儿告诉他的只有

寒冷和凄清，

马路上的灯亮了，那样耀眼。

他站了起来，

他不再是弱者，

灯光下，

他正在用一颗勇敢的心奔跑！

（高一②班　杨小川）

青春之歌

让我用一句话告诉你何为青春

痛苦难忍 倍感艰辛

青春是苦痛与磨难

但我也告诉你

这明媚春光和晨露

这春日一声莺啼 是爱是暖

青春是芬芳与希望

是清澈溪流

驶向远方

（高一②班　郑芊芊）

青春

紫陌繁华

风舞着凉秋的羽翼

吹落深秋的最后一片枯叶

年少的悸动，在拂晓雾霭中

幻化一道白色的痕迹

年华屈指下

一段水湄空茫的纵横交错

晶莹的冰霜，翻覆着尘封的记忆

似风铃，聚散匆匆的尘世浮华

在百转丹青里华灯谢幕！

直到手心最后一丝阳光散落

那偷偷藏匿的整夜的金芒

从指尖悄然划过

伴着我们十五六岁酸涩懵懂的青葱时光

飘过四季

梦幻般带来一片暖色系的美好向往

（高一 ⑪ 班　蒋慧敏）

我想

我不大喜欢小雨淅沥

平添几份愁意和萧瑟

我喜欢烈日高阳

让我感到充实

微风不燥

阳光正好

我想迎光漫步

随性地展开双臂

与和煦的微风融为一体

托起沉甸的麦穗

我想做麦田里的守望者

眸间唯有漫天霞云

久仁叠叠麦浪

笑看归家的飞鸟

待夜幕低垂

细听虫儿的低吟浅唱

漫天萤火为我照亮归途

我想身披薄纱

带着麦穗的香

抬头仰望

尽是耀眼星河

为我绽放点点星芒

（高一 ⑪ 班　李浠妍）

【与书为伴·佳作展示】

远离城市喧嚣的淳朴

——读《哦，香雪》有感

哦，香雪！这个标题是多么有震撼力！如此新颖的标题，体现着远离城市喧嚣污浊的山村狂野与质朴，疯狂地吸引我的注意，拨动我的心弦。

初阅，莫名有种读《桃花源记》的快感，同样远离腐生在外的、险恶的、充满尔虞我诈的城市，没有攀比，没有阶级对立，有的只是一片祥和，一片善良淳朴……随着作者清新的笔调，我不知不觉中怡然沉浸在了这片世界之中……

一辆火车的开通打破了这与世隔绝的宁静。任何人都会对外界的未知有所向往，村里人也不例外，个个穿着自己最秀丽的衣裳，不断询问过客山外的故事。

这篇小说虽没有什么激烈的冲突和曲折的故事，只是捕捉了几个小的生活场景，就折射出了当年时代背景。在我们眼中一事无奇的铅笔盒，在香雪眼中却是如此高尚的存在！在班级中，她因为身份低微，家境贫困，也是班上小团体主要冷嘲热讽的对象。可香雪不服输的精神也激起了对铅笔盒的渴望，这是她梦寐以求的东西！"城里人"自以为是的高贵以及爱慕虚荣的内心使他们热爱攀比，以至于嘲讽老实憨厚的"村里人"，这些在过去有所发生，在如今同样有所发生！但他们浑然不知，我们如今发达的社会基础，是由他们这群所谓的"村里人"，一滴血一滴汗垒成的！我们没有任何资格去嘲笑他们的质朴！这是我们应当反思的！

火车给山村带来的不仅仅是先进的技术与光明，同样带来了社会潮流的险恶与黑暗。今日的人们开始向往乡村生活正如政治课上说，人们向往的不是山村中的低级技术与农耕，而是向往乡村人民憨厚淳朴、没有尔虞我诈的生活。

但我百思不得其解的是，当香雪长途跋涉后，与姑娘们相见，她们为何会爆发出欢乐的呐喊？仅仅是为了庆祝、欢迎香雪平安归来吗？若真是如此，或许，像她们这种远离城市喧嚣的淳朴，才是我所向往的世界吧……

（高一 ⑬ 班　黄彦泽）

镜头下的温情
——《金银潭实拍80天》

这是一部关于新冠温情的纪录片。

这是一本洋溢温暖的彩色绘本。

这是一堆散发温暖的小篝火。

见到了，摸不着

"你不是见到我了吗？"

"见是见到了，可是又摸不着，很想抱抱你。"

这是王枫姣的女儿在和她视频时对她说的一句话。

女儿生日当天王枫姣用视频电话的方式给女儿庆生，住院的王枫姣也只能用这样的方式，来庆祝女儿的生日。

女儿是先让亲戚帮忙带的，镜头下，一家三口快乐的笑容占满了手机的视频屏幕。

"我呢，就是希望我们这场疫情可以早点好起来。"

"我们能早点一起能一家团聚。"

稚嫩的小铃铛般童声从屏幕中传来，如暖风游走在风铃耳边，激起心中一阵阵暖流，给温情拍摄添加了稚嫩的一笔。

在疫情当下，家人相思却不相见，屏幕之差，却不得不分离。

医生尽其所能，病人毫无保留

"我可能会救不过来。"

"就是那种感觉，觉得，我把自己交给你们了，后面的所有事情，就是你们来做，就是我完全相信你。"

郑霞，一名援鄂医生，是新冠患者肖军的主治医生，肖军的爸爸先感染了新冠，作为子女的肖军，在陪完爸爸才来的医院，那时她已经感染了。

镜头下，肖军紧握着郑霞的手，配合医生做各种检查。渐渐地，白色医用手套下，因恐惧而颤抖的手，才安稳踏实地放下。

等到郑霞回岗后，还坚持着每天都和肖军视频电话，询问她的情况。

"天天都跟我微信，天天都在问，然后其他医生来了也在问她，说郑霞医生每天都让我汇报我的情况。"

医生尽其所能，病人毫无保留。医生和病人在成为医患关系前谁也不认识谁，相互毫无瓜葛，却在成为医患关系的一刹那：

我愿意将我的信任，自己，全部都交给你。

我愿意不负你所信任，竭尽全力，换你平安。

互助

"我是小区的一个群的群主，然后现在小区的居民们都出不去，然后我就帮小区的居民采购一些肉。"

李超，是个身担多种身份的人，儿子、丈夫、孙子、小区群群主他一一揽下，而作为小区群主的他，在患上新冠好得差不多的时候，帮居民买菜。

坐在医院病床上的他，插着输氧管，厚厚的大手拿着笔，在白纸上写下一列列居民所需物资，认真地帮居民买菜。

行行列列，充满了居民对他的信任，这种人与人之间的互助串联起疫情的大大小小的心火，使之燃得旺盛，使之相互依靠，相互温暖。

而镜头的另一旁，熬慕麟的父亲因抢救无效去世。他的母亲对他说：

"捐献他的遗体，如果能帮到更多人，如果能为这个疾病的研究，做一些事情，是不是考虑一下。"

遗体捐献，是多少医生患者的希望，做出决定，又是家人朋友多大的不舍。同样，李超的父亲也去世了，这是李超的第三个亲人离开，但李超也选择了将父亲遗体捐献，可知，李超是多么艰难地做出这样的决定。

"他的遗体起的作用，起的价值，远远比我们普通的捐献者大得多。"

"如果没有他们，我们后面的战疫可能都是盲打。"

医生短短几句话，透露出了遗体捐献对医学研究起到多么大的作用，这是死者家人唯一能帮医生做的，是逝者的生命价值。

刻意的温暖

整片下来，镜头中很少有出现死者、残骸的画面，反之，更多的是出现医生抢救病人、温情与白衣同在的画面。

这是为什么呢？答案是导演刻意的。

拍摄小组八十天的拍摄，其中肯定有拍到诸多可怕的画面，但是没有大量出现在纪录片中，更多的是想给予观众们生的希望，我们有打胜疫战的信心，充满了正能量。

这种刻意的温暖，让我对抗疫的胜利充满信心，激起我心中的希望之火。

新芽

这部纪录片，不同的机位、不同的角度，记录下了医生、患者、志愿者之间的故事，与死神赛跑，从死神的手里争抢时间，苦、痛、泪，交织成了令人潸然泪下的震撼。

"新枝长出了新芽。"

这句话放在了纪录片的结尾，镜头闪过，初春的露水包裹着新芽，微风拂过，淡绿色的枝条微微颤动，在空气中飞扬着胜利希望的信号。

寒冬已过，春芽已萌，此时的武汉已经是众志成城，共抗疫情，陆陆续续有出院的病人，虽然只有短短的几秒，却寓意着新芽已出，春天不远，抗疫必定会胜利的美好祝愿。

镜头下的温情，在纪录片中闪烁着暖光，亲人之间、医患之间、小区居民之间等，东拼西凑，凑成了一本彩色的有声绘本，从中散发出的温情，积累成一捧小篝火，散发温暖，燃得旺盛，燃得有希望。

（高二⑦班　田璨）

小城悲歌

《呼兰河传》中有这么一句话："满天星光，满屋月光，人生何如，为什么这么悲凉？"看完这本书后，我觉得我眼中的呼兰小城是悲凉的。

在封闭的呼兰小城中，基本不与外界沟通，呼兰小城中的每一个人，都是被禁锢着的。但这是她们的错吗？文中的小团圆媳妇的婆婆，觉得媳妇生病后的一切所作所为，在她自己眼中，都不过是为了媳妇好。但是她所受的教育所受的风俗习惯的影响，在她的认识中，这一切都是那么的理所应当，在一定程度上，她是可恨的，但同时她更可悲。不过是按照以前别人的办法做，但为什么最后结果却是那么凄凉？人常说知错能改，善莫大焉，不明白自己错误的人该如何去改正。也正是这不明白，自己的错误才最为可悲。

鲁迅曾说，中国人有个特点，对发生在他人身上的不幸毫无感觉。这种"看客精神"小城中也存在着。小团圆媳妇之前那一系列的"仪式"，小城中的人们都十分热情地去老胡家观看，他们议论着这些仪式的过程细节，却没有人关心小团圆媳妇的不幸。文中有一段描写小城人们的话"似乎是下回再有打鼓的，连听都不要听了，其实不然，鼓一响，就又是上墙头的上墙头，侧着耳朵听的侧着耳朵听。"人们对于这类事情可不就是看客精神？看客精神能反映出一种麻木，一种人们对不幸的麻木。如果说人与人之间无法共情，人们没有同情心的话，该会是一个怎样冷漠麻木的社会？而生活在这样的社会中，又该有多么的可悲。

文中有另一位女性令我印象深刻——王寡妇。她的独子被淹死了，她自那便疯了。这不禁让我想到鲁迅笔下的祥林嫂，同样的丧子，同样的时而疯癫，同样还是平平静静地活着。她们失去了丈夫，也失去了儿子，在旧时的封建社会的伦理中，她们似乎连活下去的理由都没有了。仿佛她们的人生就应该是相夫教子，为了丈夫儿子鞍前马后，为了丈夫儿子而活，她们连为自己活的权利都没有，好像失去了丈夫儿子，她们就该疯了。而当一个人的人生中，只剩下"活着"的话，那他只是活着了，没有生活，没有期盼。可悲的平静，可悲地活着。

《文化苦旅》中说，订婚前丈夫死了，妻子要嫁过去陪葬，而有的人家会放任女儿逃走，写到"我已断定在大地还在沉睡时，悄悄出现的熹微晨光，与中国历代失踪女子名录有关，但这部名录：是山川之玄，岁月之秘，他无痕无气，无符无字，却该被天帝铭记。"而在呼兰小城中的女人们似乎没有这么幸运，她们无法逃走，她们只能遵循所谓伦理道德，浪费掉自己最美好的年华青春。

我眼中的呼兰小城是悲凉的，更是孤独的。在悲凉的云之下，每个人都是孤独的，他们循规蹈矩，无法突破千年留下来的厚厚的墙。

在呼兰河这座小城里，没有什么轰轰烈烈，多的是平常人家的琐事，而多年以后，当回忆起儿时的种种，萧红用自己细腻平实的笔触描绘着这座小城里的悲欢离合，没有华丽辞藻的渲染，没有痛彻人心的愤慨，有的是喜悦中带着淡淡的哀伤，是悲凉之下隐藏的希望。

（高二 ⑯ 班　朱天奕）

最是动人宝黛情
——《红楼梦》读后感

"悲喜千般同幻渺，古今一梦尽荒唐。"

我合上书，恍若隔世。

耳边似乎放起那凄凄的枉凝眉，"一个是阆苑仙葩，一个是美玉无瑕……"，曲调刚起，那眼边早已盛不住的泪，还是落了下来。

初次接触《红楼梦》是在初中，偶然看见书架上那略微泛黄的书，便情不自禁地翻开。当时虽小，对文章不甚理解，却仍惊叹于书中一处又一处的细致与惊艳。到了高中，细听老师讲解，感悟更加深了，便又翻开书来，细读一番。

那缘起啊，是于警幻仙子处，神瑛侍者一身华服，将那清冽的水，灌于绛珠之草上，续了一段难以言说的梦。

"这个妹妹，我曾是见过的。"

众人皆笑宝玉之痴，唯有黛玉心下一惊，竟也觉宝玉面熟。

初来贾府的黛玉，聪颖，却也敏感。虽为贾府孙女，但终究是外，举手投足都小心翼翼，他人不懂黛玉之谨慎，但宝玉却能为知己，或许是天上便已注定的木石前盟，或许是人间而后的相见恨晚，一本《西厢记》可以让他们讨论数天，一首《题帕三绝》可以互通心意。他们的相伴，莫过于最美的两小无猜了吧。

到了年方二八的时候，那情思，怕是也在慢慢发散开，宝玉与黛玉情投意合，黛玉的《葬花吟》，宝玉听了也觉潸然，甚是感慨，这般知己，怕是世间也除此无他了。

可黛玉终究姓林，又生性敏感易泣，身子病上添病，终是未有好的迹象，在贾母看来，宝钗自然更胜一筹。封建礼教不在乎情投意合，只在乎门当户对，所以宝黛啊，注定不得圆满。

可我也知道啊，是那封建之墙太厚，阻隔了一对佳人；是那礼教之思过深，造就了贾母，王熙凤，薛宝钗等人。曹雪芹之所以塑造宝黛，便是显露了反抗封建社会的思想。难怪鲁迅先生有言"悲凉之雾，遍披华林，呼吸领会之，唯宝玉而已。"只可惜当时醒的人太少太少，又怎敌得过封建礼教呢？

红火的灯笼早已盈满了贾府的天，映照下的，是宝黛二人迷了性的痴笑。当鬟儿义无反顾地把诗稿扔进壁炉，她把情断了，也把念想断了，在宝玉与宝钗非凡热闹的迎亲仪式时，合眼魂归。

"花飞花谢花满天，红消香断有谁怜？"那就这样吧，就这样吧，把往昔情思，皆断了吧。

贾府不可避免地没落，金陵十二钗大多的无一幸免，曹雪芹塑造的红楼梦，无疑是成功的，它揭露了当代的黑暗，警醒了后世，使得一代又一代人，纷纷翻阅，受益匪浅。

庆幸自己是在开放和平的时代，没有封建，没有腐朽。但每当目光掠过书桌上那本泛黄的《红楼梦》，却总觉得遗憾与心酸。

只愿那天上啊，还会有那神瑛侍者，携一壶清冽的泉，灌于绛珠之草上，再续一段动人的，宝黛情。

（高三 ⑭ 班　李滢）

求实创新以做人，励志图强以报国

亲爱的同学们：

大家好！今天我演讲的主题是"求实创新以做人，励志图强以报国"。

在这个"追梦大学"主题畅想会上，想必各位同学对诸多大学校训都有所了解，且被其中一则或数则校训所触动。其中我最欣赏的是吉林大学的校训：求实创新，励志图强。

做人若求成功，则需求实创新。网上热门博主李子柒想必各位都有所耳闻。她因以纯手工的形式向世界展现中华文化的传统工艺而红遍网络。为什么她的视频能如此火爆？我认为其中一条因素便是她的求实创新精神。据她所说，视频中她所展现的每一道工艺都是她认真钻研考究数天乃至数月后方展现出来的、最为完整的工艺。这便是她的求真务实的精神。此外，传统工艺还有许许多多的人掌握着，但唯有她将其拍成视频传至网络。在时代的潮流中抓住机遇，这便是她的创新精神。所以同学们，成为一个求实创新的人，成功或许便不再遥远。

青年若求报国，则需励志图强。我认为一个人若只是做到成功是不足的，还需怀抱远大的报国之梦并为此奋斗。东京奥运会上，十四岁少女全红婵披荆斩棘，最终赢得了跳水冠军的荣誉。她家境贫困，在被教练看中后为了家庭、为了父母，她开始了日复一日枯燥乏味的训练：走上跳台，落水，再次走上跳台，落水……正是她励志图强、为父母争彩、为国家争光的理念支持着她，方有如此成就。同学们，我们正处国家高速发展的时代，需要一代又一代新生力量推动国家前进，那么我们何不励志图强，以国家复兴为己任，报效国家？

先做好自己再励志报国。现如今，国家重任肩负在我们身上，报效国家应成为每一位青年的理想。空有伟大理想却苦于自身才干无法实现，这无疑是十分无奈的。故在我看来，先求实创新做好自己方可励志图强报效国家。"九〇后"青年张伟琪与团队协作共同测量出了珠穆朗玛峰的新高度，二十四岁的周承钰担任嫦娥五号升空指挥员……这些有所成就的青年们无不是有着真才实干方才报效国家的。所以，先求实创新再励志图强，可成才报国两不误。

同学们，以求实创新为基石做好自己，以励志图强约束自己，完善自己的学业，追梦大学吧！

我的演讲完毕，谢谢大家！

（高二①班　肖经勇）

正其身，勇其行

尊敬的老师，亲爱的同学们：

大家好。很荣幸能在"追梦大学"主题畅享会上发表我的看法。在上述罗列校训中，我最欣赏的是吉林大学校训"求实创新，励志图强"和北京航空航天大学校训"德才兼备，知行合一"。

我认为，一个人在求学的道路上，甚至人生的道路上，都要先端正其自身品德，然后在其基础上对自己的目标发奋进取，力争上游实现自我追求及价值，故应"正其身，勇其行"。

那么，何为正其身呢？我认为即是端正自身品行，做到表里如一，知行合一。《大学之道》中就论证过"修身"与"正心"对成功的重要性。一个人要有所作为，必先有所不为，坑蒙拐骗不为，表里不一不为，小人之事不为。只有当我们端正了自我品行，才能成为一个德才兼备的人、知行合一的人。

其次，勇其行在我们生活中又如何体现呢？我认为在追梦这条道路上要勇于探索，勇于创新。我国诺贝尔奖得主之一的屠呦呦女士，在探索如何治疗人类疟疾的事业中，面对从无到有的探索，翻文献查古籍，做实验得结论。屠呦呦女士的一次次实验，都是勇于探索创新的体现。再如，杂交水稻之父——袁隆平先生在首次提出"杂交水稻"这一概念时，有多少反对与质疑的声音。但袁隆平还是坚持进行实验，每天在稻田里实验和观察，最终取得了突破性成果，解决了当时中国的粮食问题。老先生在临终前依旧坚持每天三下试验田，检验实验成果，这难道不是勇于进取的最好体现吗？

作为新时代的青年，也作为正在为了自己梦想奋斗的高二学子，在追梦这条道路上，我们更应该做到"正其身，勇其行"。在追梦这条路上，我们真应该做好自身规划，大到人生目标，小到一日规划。并在其过程中做到德才兼备，知行合一，并不断开拓，不断进取，探索未知领域。

所以让我们做一个"正其心，勇其行"的人吧，并不只沉迷于在自我优势领域"施肥"，还要到自我不熟悉的领域"深耕"。端正自我，探索求知，让我们一起走向明媚的明天。

谢谢大家，我的演讲完毕。

（高二④班　姚萍）

实事求是，方能稳步前行

尊敬的老师，亲爱的同学们：

大家好！我们作为一名高二的学生，应有自己的规划，在今天"追梦大学"的主题会上，我要演讲的题目是："实事求是，方能稳步前行"。

"实事求是"是中国人民大学的校训，这一词最早在《汉书·河间献王刘德传》中就有说过："修古好学，实事求是。"现在我们的课本上说"实践是检验真理的唯一标准。"可见实事求是就要求我们结合实际情况脚踏实地。真实，永远是一切的基础。

实事求是促使我们追求真理。正如爱因斯坦的道歉，由于物理直觉上的偏见和数学运算上的失误，爱因斯坦坚持静态宇宙的概念，后来根据哈勃的发现支持了弗里德曼等人的动态宇宙模型，也改变了爱因斯坦对宇宙的看法。爱因斯坦把坚持静态宇宙模型的失误称为他"一生中最大的错事"，并收回了对弗里德曼等人的批评。这位举世闻名的伟大科学家能勇于承认自己的失误，谦虚地回顾自己已被世人承认和称颂的成就，说明了爱因斯坦实事求是，尊重科学的坦荡胸怀。这也正是爱因斯坦能取得伟大成就的原因。同时也启示着我们，遇到错误就勇于承认，不能逃避，实事求是，才能稳步前进。

实事求是要求我们脚踏实地地去实践。三毛曾言"梦想，可以天花乱坠，理想，是我们一步一个脚印踩出来的坎坷道路"。在三毛看来飘在天上的是梦想，落到实处的是理想。只有一步一个脚印地踏实前行。我们才能靠近理想，否则再美好的理想都只是白日梦和空想。莫奈因为有早年扎实的基本功才能大胆而自如地挥洒色彩，凡·高因为有一丝不苟的画作训练，方能绘出美丽而梦幻的星空，这些都是他们实事求是，一步一个脚印走出来的。"千里之行，始于足下"，再遥远的理想，只要去做了，就会一点一点地靠近自己的目标，最后到达彼岸。

学习与思考相辅相成，认识与实践亦是如此。有了正确的价值观，才能有正确的价值判断和价值选择。我们应将"实事求是"这四字铭记于心，在日常生活中体现它，内化于心，外化于行，一直如此便能稳步前行。

"纵有千古，横有八荒，前途似海，来日方长"。风华正茂的我们，应当做到人大校训"实事求是"所说的那样，脚踏实地地追逐自己的理想，展翅高飞。

我的发言到此结束，谢谢大家！

（高二⑤班　吴雨洁）

在追梦之路上做最好的自己

尊敬的老师，亲爱的同学们：

大家好！很荣幸能在此与大家一起追梦大学，畅想那花开遍地的追梦之路。我演讲的题目是"在追梦之路上做最好的自己"。

在追梦大学的路上，我们要明确自己的人生规划，树立自己的价值追求，这样我们才能在这一条清风徐来，阳光熹微的追梦之路上，做那个阳光向上，最好的自己。

在此，我想向大家谈谈我自己的价值追求和人生规划。在我看来，树立正确的价值追求才能确立合理的人生规划。犹记得济南大学的校训：弘毅、博学、求真、至善。简洁的四个词，八个字，点明了我的价值追求。

"士不可以不弘毅，任重而道远"，袁隆平坚定自己的志向，一生专注于杂交水稻的研究，造福了多少饥饿中的人；"博学而笃志，切问而近思"，北大"韦神"专心钻研数学，广泛学习知识，成为当代的一大天骄；"朝闻道，夕死可矣"，牛顿在家做实验，忘记了客人，忘记了晚餐，一心求真，探索了世界的奥秘；"大学之道，在明明德，在亲民，在止于至善"，人民教师张桂梅，身患疾病，却一心投入教育事业，将多少大山中的女子送入大学，改变命运，做到了"至善"。伟人的事迹激励着我们，也让我们看到了"弘毅、博学、求真、至善"的意义与力量。我们应将其融入我们的人生规划之中。

反观当下，多少人以"佛系"为标签，以"咸鱼"为梦想。倘若中国的青年都这般无精打采，碌碌无为，那中华民族伟大复兴的中国梦又由谁去实现？当代中国的青年，应心怀光明与希望，弘毅、博学、求真、至善，承担起属于我们这个时代的使命。

在此，我呼吁大家将个人理想与国家命运相结合，并附上自己的人生规划：倘若我成为一名医生，必不负使命，不负人民，救死扶伤，医者仁心；倘若我成为一名老师，必无私奉献，燃烧自己，三尺讲台，培养栋梁，成为最好的自己，当代青年最好的模样。

纵有千古，横有八荒，前途似海，山高水长。当下的我们，应弘毅、博学、求真、至善，在追梦之路上建设祖国，做最好的自己。

我的演讲完毕，谢谢大家！

（高二⑦班　左颖）

第五章

活力语文教学评价

  教学评价是指按照一定的教学目标，运用科学可行的标准和方法，对教学活动的过程及其结果进行测量和价值判断的过程。教学评价的内容包括对教学目标指定情况的评价、教学设计中的教学策略是否正确地体现了相应的学习原理和教学原理、所设计的具体教学方案是否得到顺利实施。

  活力语文教学评价更关注学生在语言、思维、文化、审美等方面是否凸显了"活力"，是否能够深入体验语文，实现言意统一，用语言领悟到语文的真善美和情理趣；是否能够实现实效语文，能够联系生活，讲求实效，变课本语文为生活语文；是否以生为本，发展个性，提高学生的审美情趣和人文素养；是否实现生命语文，厚实学生的语文底蕴，提升语文素养，启迪和丰富学生的人生智慧。

  活力语文的教学评价采用多种评价手段，包括观察、讨论、反馈和自我评估等，以全方位地评估学生的学习情况，同时也能够评价教学过程中的教师行为和与学生的互动。活力语文教学评价既可以使教师及时了解学生的学习情况，及时做出反馈和教学调整，也可以使学生通过自我评估、同伴评价等方式对自己的学习进行反思和调整，从而提高学生的自主学习能力和批判性思维的能力。

第一节　活力语文教学评价课题研究

　　活力语文教学评价课题研究是深圳市西乡中学活力语文在教学评价方面所做的课题研究。这些课题研究立足于教学评价现状，依托新课程新课标要求，结合国内外相关理论知识和实践经验，探索符合活力语文要求的教学评价。其内容包括了课堂中教师教学的评价原则和评价标准，也包括了学生课堂中学习情况的评价原则和评价标准，还包括了课堂外作业布置中体现的评价原则和评价标准。

　　活力语文强调促进学生全面发展、教师不断提高和课程不断发展的评价体系，在综合评价的基础上，更关注个体的进步和多方面的发展潜能。活力语文教学评价课题研究强调多元化的评价方法，强调建立多元主体共同参与的评价制度。活力语文通过对教学评价的课题研究，以期探讨出使学生掌握一定的基础知识的同时，能促进教师职业道德和专业水平提高的评价体系；发挥评价促进发展的功能，突出评价的激励和调控的功能，激发学生、教师、学校和课程的内在发展动力，促进其不断进步，实现自身价值。

一、活力语文教学评价研究

（一）言意统一教学观指导下的语文教学评价方法探索

　　我校梁文先老师的课题《言意统一教学观指导下的语文教学评价方法探索》，将言意统一教学观与教学评价方法结合起来，探索活力语文的教学评价方法。

　　1. 研究背景

　　一直以来，我们在课堂教学中以教师传授知识为主，学生只是知识的接受者。以知识为中心的教学使教育容易产生一种严重的功利化倾向：片面强调实用功能，偏重显性的、"立竿见影"的目标，忽视人文精神的培养；过分强调学习的结果，而忽视了对学习的方法与过程的研究。如果说"言"是物质外壳，那么"意"则是精神意蕴，因言及意的过程就是获取知识、陶冶情操、学习方法的过程。这也与新课程标准所追求的"知识与能力""过程与方法""情感态度与价值观"的有机融合是一致的。

　　实施新课程课堂教学评价要求我们要在评价的价值取向上发生转变，这需要从深层次上转变人们以往头脑中根深蒂固的评价取向，这种转变要求在教学观、学生观、教师观、评价观等方面发生变化，这些理念都是彼此影响相互联系的。

在新课程体系下的课堂教学评价，不仅要看教师讲课的技巧、知识的传授、教学的方法、模式，更应注重学生全面的发展，学生自由个性的张扬，师生平等对话，课堂教学气氛和谐民主，学生之间主动合作，学生自主思考，学生在情感、态度和价值观等方面有所发展，培养学生创新精神与实践能力。

2. 研究内容

（1）"言意统一"教学观主张构建课堂教学多元化的评价制度。主体多元是指针对教师或者学生的评价，将自评、他评、师生互评、专家评、学校评等结合起来。教育评价方法有定性评价和定量评价两大类，这在我们实施课堂教学评价时都是不可或缺的。定性评价方法则适合于评价学生的情感、态度、价值观等非智力因素的发展。定量评价方法适合评价学生的认知方面的发展，特别是能够测量对知识的记忆和理解。但课堂教学中有许多难以量化的内容，定性评价的方法较好地弥补了这种不足。言意统一的教学观主张以定性评价为主，把定性评价与定量评价结合起来，以定性评价统筹定量评价。

（2）教师教学活动的评价标准。课堂上，学生的学习是有意义的。初步的意义是他学到了新的知识；再进一步是锻炼了他的能力；再往前发展是在这个过程中有良好的、积极的情感体验，使他产生更进一步学习的强烈要求；再发展一步，在这个过程中他越来越会主动地投入到学习中去。学生的学习活动是有效率的。效率评价主要体在两个方面：一是在范围上而言，一堂课下来，全班学生中有多少学生是学之有效的，包括好的、中间的、困难的不同层次的学生，他们有多少效率；二是效率的高低，有的高一些，有的低一些，但如果没有效率或者只是对少数学生有效率，那么课堂都不能算是比较好的课。学生的学习过程是有生成性的。这节课不完全是预设的，而是在课堂中有教师和学生的真实的、情感的、智慧的、思维的、能力的投入，有互动的过程，气氛要活跃。在这个过程中既有资源的生成，又有过程状态生成，这样的课可称为丰实的课。

学生的学习过程是常态性的。"新基础教育"反对借班上课，为了让大家淡化公开课的概念，强化研讨课的概念。不管谁坐在你的教室里，哪怕是部长，你都要旁若无人，你是为孩子、为学生上课，不是给听课的人上的，要"无他人"，所以我们把这样的课称为平实的课（平平常常、实实在在的课）。这种课是平时都能上的课，而不是很多人帮你准备，然后才能上的课。这种课是有待完善的。课不可能十全十美，十全十美的课作假的可能性很大。只要是真实的就是有缺憾的，有缺憾是真实的一个指标。扎实、充实、丰实、平实、真实，说起来好像很容易，真正做到却很难，但正是在这样一个追求的过程中，我们教师的专业水平才能得到提高，他的心胸也变得博大起来，同时他也才能够真正享受到教学作为一个创造过程的全部欢乐和智慧的体验！

（3）学生学习活动评价原则。"言意统一"教学观的精髓就是把教师的"如何教""怎么教"变成学生的"如何学""怎么学"，把"因言悟意""言随意遣"的方法真正为学生所用。从学生主体看：首先，学生是个不断发展变化的主体，我们不能用一成不变的眼光来看待与评价；其次，学生具有主观能动性，评价的目的是为了提升学生的自主性、自觉性、能动性。

形成性评价是指在教学过程中，为了达到更好的教学效果而在不断调整教学过程中对学生行为及能力的评价。一般是在一个单元、一篇课文或者一个新概念的教学任务初步完成之后进行的。它的主要目的是反思、调节、改善教学过程、完善教学设计，调整教学方法。在评价中，学生的行为表现、学习方法、情感态度等不断得到反馈，以便有效地调控学习过程、提高效率、获得良好的学习效果。

基于这两个方面的考虑，确定以下的评价原则：第一，发展性原则。新课程改革的核心理念是"一切为了学生的发展"，对学生学习中的点滴进步都要给予肯定，鼓励他们不断努力。第二，主体性原则。在学习中，学生既是评价的对象也是评价的主体，要充分调动学生评价的主动性与积极性，使评价成为学生自身发展的内在要求。第三，评价主体多元化原则。要改变由老师单一评价的现状，形成老师、学生、家长共同参与的交互活动。第四，评价内容多元化原则。在评价的过程中，不仅要关注学生知识的获得，能力的增长，还要关注学生学习的过程与方法，更要关注情感态度价值观的养成。第五，评价方式的多样化原则。考试成绩可以作为评价的标准，但不是唯一的标准。要注重定量与定性评价相结合，形成性评价与终结性评价相结合。第六，评价的科学性与可行性原则。评价的过程中，要采用实事求是的态度，采用可靠的方法与程序，从而增加评价的信度与效度。再者，评价的方式方法应简单易行，便于操作。据此，梁老师提出了具体的课堂观察评价法、表现性评价法、成果展示评价法、档案袋评价法、情境性评价法、作业评价法等教学评价方法。

3.研究意义

本课题将言意统一的教学观与教学评价方法相结合，强调学生的主体地位。其

"因言悟意""言随意遣"的方法又增强了教学评价的语文学科特色，为语文教学评价方法开拓了新的道路。

（摘自梁文先区课题结题报告）

（二）古诗文学习评价实践研究

我校梁文先老师的区课题《新高考改革背景下古诗文学习评价实践研究》，探究了古诗文学习中，学生的学习评价方法。

1. 研究背景

梁文先老师认为，要在以"立德树人"为精神指导下进行渗透性的科学考评，体现历史性与时代性的融合。改变过去那些只评价成绩的单一模式，从不同的角度，以不同的方式，通过不同的主体加以评价，既评价学生知识与能力的提升，又评价学生动态的学习过程，更要评价学生情感、态度、价值观养成。以考查促进学习，以评价培养兴趣。

在当下古诗文的教学实践中，还存在很多认识与实践的误区：比如重应试知识学习，轻精神内涵的阐释；重专门的讲解传授，轻环境熏陶教化；重课内成绩的评价，轻课外情感体验。因此，要对学生进行发展的、全面的、综合的评价，就不能只针对认知领域的目标进行评价，还必须关注学生在人格、社会情感方面的发展。通过具体的活动开展、情境描述、问题设计，将内隐的、抽象的语文素养变成可观察、可描述、可测量、可比对的要素。

实施评价要尊重学生的个性差异，不能只通过考试、测验进行简单评价，不能只做静态评价，更不能"唯分数论"。用好评价功能的多元性。关于评价的主体，突出了"教师评价、学生自评与学生互评的相结合"，关于评价的内容，既有对知识与能力的评价，也有过程与方法的评价，更可以间接评价学生的情感、态度与价值观。要注意各种评价方式与手段的辩证统一。

2. 研究内容

（1）改变单一的通过考试评价学生的模式。

强调评价立足于学生的差异性而注重评价的多样性。不求大而同，而求同中异，以定性评价统帅定量评价。

（2）这种教学评价具有双向评价功能。不仅仅评价学生的"学"，诸如：知识的掌握，能力的提升，方法的习得，还能评价学生的语文素养提升、人文发展等。

（3）能有目的、有计划、有步骤地开展丰富多彩的课堂内外的活动，以评价促活

· 251 ·

动，以评价促教学，以评价促发展，对调动学生学习古诗文的积极性，形成辐射带动效应，营造学习传统文化的浓郁氛围，自觉地弘扬与传承民族传统文化，增强文化自信有积极的推动作用。

（4）能对学生内隐的、综合性的语文素养用可观察、可描述、可测量的外显的语言运用行为加以评价。

（5）理论与实践相结合，形成一套规范的、可操作的、系统的评价体系。

通过开展古诗文朗诵大赛、古诗文文段品读征文比赛，以传承祖国优秀文化为主题的"益智增知"活动，"你来比画我来猜"的成语大赛，"我是文化传承小使者"主题演讲比赛，带领学生精读一本古诗文方面的书籍等活动进行学习评价。

3. 研究意义

本课题为古诗文的学习评价方法提供了更多可能性，侧重于开拓古诗文学习对于学生语文素养、人文素养方面的提升意义，以评价方式的多样性引导学生古诗文学习目标的多样性，以期实现古诗文学习在传承中华优秀传统文化等方面的作用。

（摘自梁文先区课题结题报告）

（三）文言文读写课堂教学评价

我校饶声琼老师的课题《核心素养导向的高中文言文读写课堂实践与教学评价》，依托布鲁姆认知教学目标分类与CIPP（决策导向）模式，建构高中文言文读写课堂教学评价模式，以期对课程设计、教学课堂过程及效果都有一个很好的评价过程，能够真实有效地检测到学生是否实现了学科核心素养的提升。

1. 研究背景

我们强调落实语文课程标准中的评价建议，语文课程评价的根本目的在于全面提高学生的语文学科核心素养。教师要注意搜集学生在语文活动实践中产生的各类材料，如测试试卷、读书笔记、文学作品、小组研讨成果、调查报告、体验性表演活动和个人反思日志等。通过这些材料了解学生在任务群学习中表现出的个性品质和精神态度，建立完整的学习档案，全面记录学生核心素养的发展轨迹。

现有的教学评估存在局限性，我们以提供规定答案的标准化测试来评价学生的能力，教师在课堂中必然会花费更多的时间为学生提供与标准化测试相关的材料内容，因此，不可避免地将教育体验窄化为那些有助于取得好的测试分数的活动。

2020 年，中共中央、国务院印发了《深化新时代教育评价改革总体方案》，坚持立德树人，牢记为党育人、为国育才使命，充分发挥教育评价的指挥棒作用，引导确立科学的育人目标，确保教育正确发展方向。

为此，我们需要将课程与学生未来生活的需要匹配起来，把评估素养性学习的成效看成是有效的教育结果。

2. 研究内容

本课题研究的教学评价，主要是针对课程设计和课堂教学效果进行评价，遵循评估－选择－找到方向－制定目标－执行－评估－修正－选择，螺旋上升的模式。

此课题提出的教学评价主要包括的三个方面内容：

（1）课程设计评价：目标分类——记忆与理解；分析与运用；评价与创造。

（2）读写课堂教学过程评价：以生为本、生生互动、读写的内容品质与时间比例，可操作性。

（3）学科核心素养效果评价：学生自主阅读文言文的能力（断句和翻译）；独立分析鉴赏传统文化文本的能力；根据所阅读的文言专题文本，进行思辨和主题写作的能力；用文言文创作的能力。

此课题还研究制定了高中文言读写素养测评标准与体系，提倡建立学生文言读写素养档案。

在平时的课堂教学评价中，如何判断一堂文言读写课堂是否从培养学生核心素养角度出发设计，学生要达到怎样的文言水平，才算体现了所需的文化和语言素养？如何评判学生是否达成学科核心素养，在课堂实践的过程中，研究相应的教学评价体系，密切追踪学生的文言阅读与写作能力素养水平是至关重要的。

针对读写课堂的教学模式建立相应的教学评价体系，设计教学评价量表，从设计、过程和效果三个维度出发，以学生核心素养提升为本，关注教师的教学设计和学生的学习效果，最终评价文言读写课堂的可操作性和可推广性。此课题希望制定出更加平衡的课程、教材和评估体系，使得学生有机会学习、践行和表现出素养发展。

3. 研究意义

本课题构建和落实了核心素养下的高中文言文读写课堂教学评价模式，研究了更具有读写素养的测评标准，让学生在各种活动实践中，提升素养能力，并建立相应的立体式学生档案，为多元评价学生的学习活动提供了切实可行的方案。

（摘自饶声琼区课题结题报告）

二、活力语文作业改革与设计研究

（一）语文作业改革研究

我校卢嘉诚老师的区课题《语文作业的改革研究》探索了如何架构开放而充满活力的语文作业，使学生在作业中获得乐趣，承受挫折，提高能力，发展自己。

1. 研究背景

"创新性语文作业"就广义而言，是指教师针对课程需要，配合学生的程度，指定学生在课内外所从事的具有创造性思维的学习活动。狭义而言，是指教师设计一些问题后，学生运用发散思维进行练习，产生不同答案的作业。它的特点是：在形式上新颖活泼；在感情上能拉近师生的距离；在功能上可使学生学以致用；在数量上、题型上给学生选择的权利；在思想上有助于学生创新意识的培养和发挥。

陶行知先生提出过"生活即教育"的思想。作业内容应突出知识与生活的融合，帮助学生理解作业与实际应用的联系，发现知识的生活意义和价值。让学生从课内走向课外，从书本走向生活，在完成不同类型作业的基础上，获得能力发展，这是我们布置作业的一大目标。提供真实的情景，创设丰富多样的实践活动类作业，让学生在实践活动中提升素养。

2. 研究内容

做好语文家庭作业设计与评价，让改革后的语文作业具有开放性和趣味性。

设计作业的内容开放，学生有权自主选择；完成作业的形式开放，跳出单一的那种白纸黑字的书面作业模式；作业结果和答案的开放，不再是单一的、刻板的形式；评价作业的方法开放，实行多样化的评价。

培养学生良好的阅读习惯，激发学生阅读经典的兴趣，可以布置制作阅读书签、制作手抄报、给诗文配插图等一系列作业。

听与说的作业样例：利用社区资源和家庭资源，给社区或家庭成员做采访，形成采访笔记；开设班级小讲堂，鼓励学生介绍自己感兴趣的内容或者分享在擅长领域的一些小成就。

看与讨论的作业样例：看经典名著或者经典影视作品，也可以成为作业内容之一。同学间形成小组进行特定主题的交流讨论。

跨学科融合作业样例：各学科对学生的能力要求是有贯通性的，打破学科壁垒，通过设计跨学科融合的创新作业，能够让学生在不同情境中感受学科融合的魅力，帮助学生打破学科惯性思维，主动建构自己的知识体系，激发学生的创造潜能，培养学生的发散思维，从而提高学生的整体学习能力和实践创新能力。

3. 研究意义

切实做好语文家庭作业设计与评价的研究，有利于提高教师的理论素养和教学实践经验，使全体教师对新课改视野下语文家庭作业的设计与评价有一个全新的认识；有利于更好地减轻学生的课业负担，丰富学生的课外学习生活，养成他们主动积极地探究新知、搜索处理信息的良好学习习惯；有利于使学生积极主动运用所学知识，解决现实生活中的一些实际问题，形成实际操作技能，并在实际操作中培养团结协作能力和创新精神；有利于培养学生投身社会、关心他人的思想意识，促使他们主动积极地参与社会生活，体验自我对自然、他人和社会的意义，养成良好的道德品质和生活习惯。改传统单一的书面作业为形式多样的兴趣作业，学生会更有激情投入作业完成中。

（二）基于思维能力培养的语文作业设计研究

我校仲光月老师的区课题《基于思维能力培养的语文作业设计研究》旨在研究教学评价中的语文作业设计环节，以期在作业中体现对学生的思维能力的培养和评价。

1. 研究背景

发展学生的思维能力是语文课程的重要任务之一。在语文教学中作业是课堂教学的巩固和延伸，是培养学生思维能力的沃土。教师设计的作业应有利于促进学生思维能力的发展。但不少教师设计的作业通常只注重语言知识的操练，而忽视了培养学生的思维能力。作业设计中的结果除了表明学生完成作业的具体方式外，也能反映出学生不同层次的思维参与情况。

很多学校的教师设计的语文作业中频繁出现的动词有"抄写、背诵、听写、复习、记单词"等；而作业中引导学生运用知识和促进学生思维能力发展的动词，如"写出、描述、分类、说一说、写一写"等却是凤毛麟角。机械地抄写、背诵只是重复有关信息，不利于发展学生的思维能力。评估语文作业的关键是看练习的设计是否活学活用，学生的思维能动性是否被激活，是否有利于培养学生的思维能力，并从中获得对教学的启示。

2. 研究内容

分析目前中学语文教师与学生在思维能力的培养方面对待语文作业的态度，为以后研究语文作业设计与使用提供材料，为寻找科学的、有针对性地培养学生的思维能力和语文作业设计方法提供一个出发点。

从知识积累、能力训练、思维发展和实践应用四个维度提出了语文作业的设计构想，结合具体案例进行分析总结，并将这一构想付诸教学实践进行实验验证。为教师和学生提出了一些使用语文作业设计的建议，希望教师能提高个人的学识修养和专业素养，并转变自己的教学观念，学生能够由被动接受变为主动获取语文知识，并且在做作业的过程中进行合作学习，得到思维能力的提高。

通过理论学习与集体备课、个别指导等方式，实现作业设计环节紧扣教学目标，精心设疑与提问，优化作业设计，在思维能力培养方面促进教师高质量备课与资源共享。通过分析学情与课后反思相结合，力求作业设计基于学生思维能力的现实学情，发挥作业设计的预习、学习、检测、巩固、反馈等功能，促进学生有效学习，提高学生思维能力。通过课堂教学与课堂观察的实践研究，探索出通过优化作业设计来提高课堂教学效率的策略和学生思维能力的培养方法，通过作业设计的有效性促进学生深度思考的技能和技巧，努力生成智慧型思维课堂。

让教师学会把基于思维培养的作业设计理论知识、个人教学经验、学科内容知识整合起来去进行作业设计与教学实践，促使教师个体教学行为的改变，从而最大程度地提升教育教学质量，努力实现课堂教学"活而放"，课堂作业"精而细"，最大程度地拓展学生的思维空间，提升教师基于思维能力培养设计作业的能力和意识，促进教师教学行为的改变，形成适应课改精神的思维课堂教学模式。

形成符合课改精神的思维课堂教学模式，并内化为教师个体的内隐认知与外显行为。本课题围绕四个模块展开：理论培训模块，即借助校内外专家对全体教师进行作业设计和思维课堂方面的理论与技能培训，为后续实践层面的开展奠定基础；教学实践模块，即各教研大组围绕"以基于思维能力培养的作业设计"研训主题开展课堂教学研磨与实践，全体组员参与观课、议课；同伴交流模块，即以学科年级组为主体，突出同伴互助的自主式参与培训，实现同伴之间的相互交流、相互学习；自主研修模块，即以教师个体自主研修的阅读、摘记、撰写等活动为主，由前期的理论培训和中期的教学实践、同伴交流，逐步升华为教师个体的成长。

基于思维能力培养的作业设计不能完全照搬教材中的习题与作业，否则，在学生的学习中便会有教条主义和机械主义现象的产生。因此，我们在设计作业时，应在依据教材内容的基础上，对课本中的作业和习题做适当的处理。

源于教材，高于教材：为了培养学生思维能力，在选择和设计作业时，可精心设计部分源于教材、高于教材的能力型习题和作业。一是培养学生举起手来摘桃子或让学生跳起来摘桃子，二是着意培养学生敢于应对挑战的思维能力。

打破定势，求异思维：在作业设计中，应有意识地从别于例题的角度设计一定的别具特色的习题和作业，指导学生敢于打破模式和定势，培养学生善于从不同的角度思考问题，养成求异思维的习惯。

网上作业动手动脑：随着社会的发展，网络进入了人们的生活中。具有特色的网上作业，更有利于教师与学生的快速沟通与有效指导，从而培养学生勤于思考、善于钻研，全面思考的思维品质。

3. 研究意义

本课题以语文教育学理论、语文心理学理论、语文教材理论和学习理论为基础，进行了理性思考，为设计培养学生思维能力的作业铺垫了坚实的理论基础，其核心是"以学生为本，发展能力，培植素养，创造最大价值"。通过设计理念的变化带动教师和学生教学方式的根本性转变。最后为教师和学生提出了培养学生思维能力的作业设计的建议，希望师生有效利用作业设计，使教学取得更为显著的成绩。以方法论为指导的理论学习，以分享感悟为核心，以探索发现为乐趣的培养学生思维能力的作业设计，通过作业最大限度地培养学生的思维能力。开展丰富多彩的"特色作业"教育实践活动，为学生提供足够的学习资源、足够的自主作业时间，培养学生正确的思维方法。将优质多元的教育资源引入课堂和课外作业，在课内外教学中积累方法，形成"基于思维能力培养的作业设计"模式。

（摘自仲光月区课题结题报告）

第二节　活力语文教学评价实操案例

　　本节主要呈现活力语文教学评价下的经典实操案例，包括新教材大单元教学课例、整本书阅读项目化教学案例、读写结合教学案例。新教材大单元教学设计以单元人文主题为核心，充分挖掘文本价值，依据单元学习目标设定学习任务群，以学习任务引领学生活动，将阅读、表达、评价融为一体，提升学生的学习积极性与课堂参与度。整本书阅读项目化教学案例将经典传统文化读本作为对教材的延伸与补充，以项目设计驱动整本书阅读、审美鉴赏与创造性表达，这一案例的亮点在于，对项目生成的学生成果进行评价、公开展示，打造活力课堂与课程。读写结合教学案例，主要以新教材的课文作为探究对象，设计阅读、梳理任务对学生的学习活动进行评价，进而引导学生挖掘教材的价值，自主探寻写作支架，并最终顺利完成写作任务。

一、新教材大单元教学设计

点燃激情，开启青春新篇章
——统编高中语文必修上册第一单元专题学习设计

【单元解读】

　　本单元属于必修课程"文学阅读与写作"学习任务群，围绕人文主题"青春激扬"组织学习篇目，引导学生在阅读与鉴赏文学作品的基础上进行文学创作。课程标准指出："本任务群旨在引导学生阅读古今中外诗歌、散文、小说、剧本等不同体裁的优秀文学作品，使学生在感受形象、品味语言、体验情感的过程中提升文学欣赏能力，并尝试文学写作，撰写文学评论，借以提高审美鉴赏能力和表达交流能力。"本单元文本文体涉及近现代经典诗词与小说，文本价值丰厚，教学应该重点围绕课标要求，具体落实"文学阅读与写作"任务，单元教学设计既要考虑整体性，也要考虑不同文体的特殊性。

【学情分析】

　　高一学生进入全新的人生阶段，迈开人生最重要的一步，人生价值观、理想信念处于形成阶段，本单元主要任务在于引导学生深入思索青春的价值，欣赏诗文对青春的吟唱，感受昂扬青春激情，进而激发学生树立正确的理想信念，体悟个体青春与时代的关系，书写属于自己的青春之歌。

【学习目标】

1. 语言目标：（1）诵读经典诗文，领悟意象作用，理解诗词抒发感情的手法；（2）概括小说情节，赏析小说通过物象，"以小见大"塑造人物的方法。

2. 思维目标：（1）思考青春的价值，理解诗歌作者别样的青春情怀，赏析小说主人公绽放的青春之美；（2）通过对小说人物、情节、环境、特殊物象作用的分析，理解小说的主题。

3. 价值目标：（1）理解作品中作者传递的青春价值，理解主人公个人情怀与时代的紧密关联；（2）点燃澎湃的青春激情，树立正确的青春价值观，开展青春主题诗歌创作。

【课时安排】

10 课时。

【实施过程】

<h3 style="text-align:center">第一课段　诗歌鉴赏——感受青春激情</h3>

【课时安排】

本课段共 4 课时，学习内容为第 1 课、第 2 课的诗词。

【学习任务】

1. 搜集课文相关信息和背景资料，了解作者成长经历，明确文章写作情境。（课前准备）

2. 朗读与阅读结合，分类梳理选文内容，梳理诗歌意象与主旨。

3. 从语言、构思、意蕴等角度赏析诗歌，完成诗歌赏析札记写作，并在班级评比展示。

（一）学习活动

1. 课前预习准备，搜集背景资料，了解毛泽东革命经历、郭沫若、闻一多等老一辈革命家的伟大革命抱负。

2. 推荐学习资料：学生用书、埃德加·斯诺的《毛泽东自传》《郭沫若小传》闻一多散文与诗歌精选《最后一次演讲》、戴达奎《现代诗歌欣赏与创作》等。

3. 反复诵读，《沁园春·长沙》《立在地球边上放号》《红烛》，完成下面表格：

课文	时代背景	意象/意境特征	构思特点	传递的青春价值
《沁园春·长沙》				
《立在地球边上放号》				
《红烛》				

参考示例：

课文	时代背景	意象/意境特征	构思特点	传递的青春价值
《沁园春·长沙》	1925年，当时革命运动正蓬勃发展。五卅运动和省港大罢工相继爆发，毛泽东直接领导了湖南的农民运动。同时，国共两党的统一战线已经确立，但革命该由哪个阶级领导，成为党内外斗争的焦点。这一年，在长沙停留期间，毛泽东重游橘子洲，写下了这首词。	上阕通过万山、层林、漫江、百舸、鹰、鱼等意象的描绘，描述了作者独立橘子洲头所见到的一幅色彩绚丽的秋景图。下阕则通过百侣、同学少年、浪、飞舟等意象的描绘，再现了往昔的"峥嵘岁月"。	上阕着重写景，下阕着重叙事抒情。	通过对长沙秋景的描绘和对青年时代革命斗争生活的回忆，抒发了昂扬向上的青春激情，表达了雄视天下的凌云壮志。
《立在地球边上放号》	中国的"五四"运动爆发不久，远在日本的作者感受到"五四"运动所产生的伟大的"力波"，写下了这首诗。	站在地球边上的巨人，吹响一声声响彻寰宇的号角，欢呼怒涌的白云、壮丽的北冰洋的情景以及来自空间各个方向的滚滚洪涛，排山倒海般的洪涛既具有巨大的破坏力，又蕴藏着同样巨大的创造力，努力向前，描绘着"力的绘画"，表演着"力的舞蹈"，演奏着"力的音乐"，抒写着"力的诗歌"，激荡着"力的律吕"，意境雄奇壮丽、气势磅礴。	运用象征手法，想象奇特。	通过描写了横跨两大洋的巨人（诗人自己）的呼唤与呐喊，表达了诗人渴望破坏旧世界、创造新世界的热情和决心，描述了"五四"运动所展示的中国未来的光辉灿烂的图景。
《红烛》	这首诗写于1923年，当时诗人闻一多正准备出版自己的第一部诗集，他在回顾自己数年来的理想探索历程和诗作成就时，写下了这首名诗《红烛》，将它作为同名诗集《红烛》的序诗。	红烛这一意象寄寓一种精神，这种精神集中在一个"红"字上面，凸显了红烛的总体形象，将红烛精神归结到一种彻底奉献的人生哲学，也就表明了自己的人生宗旨。	以问答形式展开，运用象征手法，咏物抒情。	赞美红烛的奉献精神，表达青春的困惑与希望，对理想的坚毅追求，既表达了诗人青春的困惑与希望，也表现了诗人献身祖国、甘愿自我牺牲的爱国精神。

4. 自主诵读《峨日朵雪峰之侧》《致云雀》，参考任务 2 表格的维度赏析这两首诗。（示例略）

5. 课本第一、第二课 5 首现代诗词与读本峥嵘岁月、芳华年代两章哪一首或几首诗歌让你读来颇有感触，请写一则札记。

方法指导：札记，是指读书时摘记的要点以及所写的心得。札记内容要记录自己欣赏感悟的内容，要写出自己的感受，篇幅不一定长，一两百字就可以了；也不一定面面俱到，而是要突出重点，要言不烦，可从语言、构思、形象、手法、意蕴、阅读感受等角度入手。

以《沁园春·长沙》为例：先看看这首词用了哪些意象，如寒秋、湘江、山、秋天的红树林、清澈见底的江水、"争流"的船只、天上的飞鹰、水中的游鱼，以及观看风景的人物等，然后把这些意象归类，如有关于季节的，有关于自然景物的，有关于人物的，之后对这些意象进行分析，得出意境特点：总的来说是阔大、雄浑、豪迈，充满理想激情。

这种风格的意象会引发欣赏者相应的情感反应，使欣赏者受到感染，发现祖国山川大地的美丽，激发出为之奉献的豪情壮志。

（二）学习评价

札记评价量表

项目及满分	得分
1. 能围绕诗歌赏析的几个基本维度展开（满分 40 分）	
2. 观点鲜明，重点突出（满分 30 分）	
3. 能结合诗词内容具体分析（满分 30 分）	
总分	

第二课段 小说鉴赏——体会青春形象

【课时安排】

本课段安排 3 课时。

【学习任务】

本课段主要任务是品读小说《百合花》和《哦，香雪》，培养速读小说并概括人物形象的能力，结合小说时代背景把握主题，体味细节描写在小说中的作用。

【学习活动】

（一）快速阅读两篇小说，完成下列表格

比较内容	《百合花》	《哦，香雪》
小说写作背景		
小说叙述视角与作用		
人物形象概括	通讯员：	香雪：
物象在文中的象征含义	撒满白色百合花的被子：	铅笔盒：
小说表现的主题		

提示：小说叙述视角分为有限视角（以"我"的视角或作品中某个人物视角来写，人物对情节所知有限，但情节更真实可感，能留下想象空间）和全知视角（一般以第三人称为主，作者以上帝视角写作，全知全能，便于全方位描述人物和事件）。

参考示例：

比较内容	《百合花》	《哦，香雪》
小说写作背景	解放战争时期 1946 年秋天，总攻前、总攻之夜	改革开放初期，一个位于北方大山深处的偏僻小山村——台儿沟
小说叙述视角与作用	以"我"的有限视角展开，作用：①故事的叙述者，增强故事的真实性；②小说的线索人物，贯穿整个故事；小说由"我"的所见所感展开，推动故事情节的发展；④"我"对小战士、对战场所知有限，文章因此多了一些想象片段，也留给读者更多想象空间。	全知视角：有全景式描写，也有细致入微的刻画，选取台儿沟火车站等典型场景，细致展现火车到来前后台儿沟交通的变化，突出改革开放的时代背景。 有限视角：既有台儿沟人眼睛看外面世界，也有外人眼光看待台儿沟，还有香雪重新审视台儿沟，视角切换自如。
人物形象概括	通讯员：小通讯员是一个有着质朴、憨厚的外表、腼腆、善解人意的性格，热爱生活、舍己救人的品质，有着像百合花一样美好心灵的革命战士。	香雪：香雪是一个美丽清纯、淳朴、自尊、勇敢、执着、渴求进取的山村姑娘。
物象在文中的象征含义	被子上的白色百合花：象征小通讯员和新媳妇高尚纯洁美好的心灵，象征军民之间的纯洁美好的感情，象征战士和战士之间纯洁高尚美好的战友情，象征着人性美、人情美。	铅笔盒：铅笔盒不仅仅是一个实物，它象征着知识和文明。香雪对铅笔盒的执着同样也表现了她的追求和理想。
小说表现的主题	小说撷取了革命战争时期人民斗争生活中的一朵小小的浪花，刻画了有着百合花一样纯洁高尚美好心灵的小通讯员和新媳妇的形象，表现了纯洁深厚的军民之情和战友之情，传达了对青春美和人性美的赞扬。	小说借台儿沟的一角，写出了改革开放后中国从历史的阴影下走出，摆脱封闭、愚昧和落后，走向开放、文明与进步的痛苦与喜悦。

2.细节描写是指抓住生活中的细微而又具体的典型情节，加以生动细致的描绘，是小说最生动最有表现力的手法，常见的细节描写有：肖像细节、语言细节、行动细节、心理活动细节、表情变化细节等，请从两篇小说中各选择一两处典型细节描写，揣摩人物的心理活动，分析其作用。（每段各150字以上，概括细节并分析作用）

（二）学习评价

完成表格任务后展示、互评。

第三课段　写作展示与朗诵——开启青春篇章

【课时安排】

本课段安排3课时。

【学习任务】

1.完成诗歌写作，在班级内评比、修改并展示。

2.诗歌朗诵。

【学习活动】

（一）写作活动

1.写作任务：青春之美，在人的一生中弥足珍贵，请结合本单元所学，写一首有"诗味"的诗，抒写你的青春岁月，给未来留下宝贵的记忆。注意意象的选择、语言的锤炼。

教师导写：

①总结学习心得

《沁园春·长沙》意象灵动活泼，意境丰蕴深邃，炼字精妙;《立在地球边上放号》想象力丰富，感情奔放;《红烛》托物言志，含蕴委婉;《峨日朵雪峰之侧》善用对比与烘托;《致云雀》比喻新奇，想象奇特，节与节之间环环相扣。

②现代诗写作理论指导

艾青三元素说：想象、情感、语言，想象是蓝图，情感是方向，语言是方法。没有想象就没有诗。闻一多三美理论：音乐美：提倡诗歌的韵律、节奏。绘画美：语言要求美丽，富有色彩，讲究诗的视觉形象和直观性。建筑美：是指从诗的整体外形上看，节与节之间要匀称，行与行之间要均齐，以求齐整之。形式技巧指导：平头：原则上每行首字要空两格;分行：原则上每句一行，太长的也可分成两行或三行;分节：像作文的"分段"。依内容、时间、人物、景物、季节等不同因素分节;标点：可加可不加，但具有特殊语气之句子最好加上，如疑问句、惊叹句等;押韵：可押可不押，但押韵较顺口。

③语言艺术指导

运用比喻、拟人、夸张、排比等修辞手法；运用意象对比、烘托；精心锤炼动词、形容词。

2. 组内互评诗歌并提出修改意见，填好下表。

诗歌写作评价表

项目	评价标准	等级（优良中差）
情感	立意新颖，体现对青春的思考，富有青春情怀，结合时代特点，书写青春抱负。	
意象	意象贴切自然，意蕴丰富。	
语言	文字富有张力，诗意盎然。	
节奏音律	章节划分合理、韵律和谐。	
总体评价与修改意见		

各组得分最高的诗歌结合修改意见进行修改并在班级公开展示。

3. 朗诵活动

①任务布置：以小组为单位，从课本第 1、2 课 5 首现代诗词与读本峥嵘岁月、芳华年代两章中选出一首或一组诗歌，集体朗诵，准备好合适的配乐、主持人介绍词。

②组间互评，完成《诗歌朗诵评价表》。

诗歌朗诵评价表

组别	介绍词贴切、角色安排合理。（25分）	语速、语调、顿挫节奏把握得当。（25分）	声情并茂，整体效果好，能表达诗歌内涵。（25分）	仪态端庄、肢体语言表达到位。（25分）
（ ）组				
（ ）组				
（ ）组				
（ ）组				
（ ）组				

（二）学习评价

1. 按要求创作诗歌并参与评价。

2. 积极参与朗诵与评价。

（执笔：刘婷婷）

志存高远明使命，情理兼修谱华章

——统编高中语文必修下册第五单元群文阅读教学设计

【单元解读】

第五单元围绕人文主题"抱负与使命"精选篇目，旨在启发青少年思考个人命运与时代、国家的关系，进而树立正确的理想抱负，并勇于承担时代使命。本单元选编了无产阶级革命家马克思、恩格斯、政治家李斯、民主革命烈士林觉民的作品，四篇文章从文体看分别是演讲稿、悼词、奏疏、书信，均属于实用类文体，所以从任务群角度看可归属于"实用性阅读与交流"，语言积累、梳理与探究任务也必须贯穿整个学习过程。

【学情分析】

学生通过必修下册第五单元说理文的学习，掌握了说理文章常见的说理方式，学习了准确把握作者的观点态度和如何针对性地表达观点，为本单元的学习奠定了基础。

【学习目标】

1. 语言目标：①对重点课文语言进行梳理、探究，积累文言词汇、把握文言活用规律；②通过对四篇文章的梳理、整合，理解文章写作目的，把握不同文体运用的特定的语言表达技巧和策略；③学会在特定的场合，面对特定的对象，运用恰当的语体针对性地表达观点。

2. 思维目标：厘清重点篇目的观点态度、分析说理的思路。

3. 价值目标：完成"谁是最有抱负的人"这一表达任务，梳理总结作者或写作对象的情怀与抱负。

第一课段　阅读与梳理

【课时安排】

本课段共4课时。

【学习任务】

1. 搜集课文相关背景资料，明确文章写作情境。（课前准备）

2. 积累梳理文言词汇、语言现象。（1课时）

3. 梳理文章观点，明确交际目的与表达方式。（2课时）

4. 完成"谁是最有抱负的人"主题札记写作，并在班级评比展示。（1课时）

【学习活动】

1. 课前预习准备，搜集背景资料，了解马克思革命经历、《谏逐客书》的写作背景、黄花岗起义背景、经过与意义。推荐学习资料：学生用书《在纪念马克思诞辰200周年大会上的讲话》（习近平）、《史记·李斯列传》。参照注释，梳理《谏逐客书》文意，整理出重点实词、古今异义、有活用现象的字、特殊句式。

2. 通读 4 篇文章，完成下面表格：

篇目	写作背景或针对事件	立场、观点或行为	写作目的	表达方式或说理方式
《在〈人民报〉创刊纪念会上的演说》	这个时代工业和力量超乎想象，却显露出衰颓。	无产阶级将结束这种时代，带来新气象。	宣告无产阶级必将解放，以激励志同道合的战友。	列举事实归纳演绎
《在马克思墓前的讲话》				
《谏逐客书》				
《与妻书》				

参考示例：

篇目	写作背景或针对事件	立场、观点或行为	写作目的	表达方式或说理方式
《在〈人民报〉创刊纪念会上的演说》	这个时代工业和力量超乎想象，却显露出衰颓。	无产阶级将结束这种时代，带来新气象。	宣告无产阶级必将解放，以激励志同道合的战友。	列举事实，归纳演绎。
《在马克思墓前的讲话》	对人类文明进步做出巨大贡献的伟人辞世。	马克思在科学理论和革命实践方面做出巨大贡献，他将永垂不朽。	表达对逝者的崇敬与深切悼念。	列举事实，抒发情感。
《谏逐客书》	郑国渠事件，秦国下达逐客令。	客卿助秦国崛起，驱逐客卿不利于秦王成就霸业。	向秦王进谏，劝秦王收回逐客令。	事例论证、类比论证、归纳演绎、假设分析。
《与妻书》	参加革命起义活动，英勇就义之前。	爱妻之情升华，做出为天下人谋永福的抉择。	向妻子述说志愿，解释舍情取义的原因，希望妻子理解自己并获得安慰。	叙述与抒情相结合，抒情与说理相结合。

3. 四篇文章涉及 3 个主要人物，请从马克思、李斯、林觉民三人中选定一人，围绕"谁是最有抱负的人"这一主题，写一则 200 字左右札记，小组内交流，评选出优秀作品在班级展示。

方法指导：①扣住任务要求"最有抱负"；②结合几篇文章分析，做到有理有据；③适当运用比较分析法。

【学习评价】

1. 针对第 1 课时设置实词（活用）检测。

2. 第 2、3 课时通过表格完成评价。

3. 第 4 课时通过札记写作与评比完成评价。

札记评价量表

项目及赋分	得分
1. 能围绕"谁是最有抱负的人"并回答这个问题（满分 40 分）	
2. 观点鲜明，条理清晰（满分 30 分）	
3. 能结合文章内容，陈述有理有据，有比较（满分 30 分）	
总分	

　　课段设计说明：本课段活动设计聚焦语言积累、梳理与实用性阅读与交流。活动 1 的设定主要是为学习情境的营造与导入服务的，这些准备活动让学生更容易把握写作目的。活动 2 的设定主要针对特殊单篇设定，完成文言现象积累的任务，属于为解决理解障碍铺垫的基础性学习活动任务。活动 3 的设定旨在帮助同学们把握实用类文章这一大"类"文章写作特点，明确"为什么写""写什么""怎么写"这几个问题。活动 4 的设定旨在引导同学们在深度阅读文章的基础上理解主人公的情怀抱负，另一方面旨在启发学生思考个人抱负与国家、时代的关联，进而提升自己的思想认识。

第二课段　探究与赏析

【课时安排】

　　本课段安排 3 课时。

【学习任务】

　　1. 精读两篇演讲稿，把握结构安排的精妙之处。

　　2. 比较《谏逐客书》和《与妻书》的语言艺术。

　　3. 分析长句子结构，把握句子的深刻含义和复杂情感。

【学习活动】

　　1. 精读两篇演讲稿，用思维导图的形式分别呈现文章的演讲思路并分析这样安排的好处。

　　方法指导：以特殊功能的句段为抓手，如过渡句段、总起句段、总结句段、转折句段，把握各部分间的关系。特殊功能句段示例：这个人的逝世，对于欧美战斗的无产阶级，对于历史科学，都是不可估量的损失。这位巨人逝世以后所形成的空白，不久就会使人感觉到。分析示例：明确本段在文章中的过渡作用，便可知接下来紧承巨人逝世后的"空白"来写马克思的贡献与影响。

　　2.《谏逐客书》和《与妻书》，一篇为奏疏，一篇为家书（遗书），《谏逐客书》犀利而中肯的说理让秦王下令追回李斯并废除逐客令，《与妻书》中作者的取舍矛盾让人为之动容，但对象不同，交际目的不同，所以呈现出的语言形式也不同，试从语言风格、语体、表达方式三个维度比较二者的不同。

参考示例：

篇目	语言风格	语体	表达方式
《谏逐客书》	摆事实，设比喻，说理透彻；结构上既曲折多变，又严谨有序，正面论证与反面假设结合；用排比和对偶句，形成文章雄浑奔放的气势。	政论语体，注重说理严谨	以议论说理为主；正面论证与反面假设结合。
《与妻书》	抒爱妻之情，明救国之理，情理兼具，具有很强的说服力和感染力；对比、映衬、用典等修辞手法，使文章情感含蓄蕴藉。	书面语体，注重情感交流。	融叙事、抒情、说理为一体。

3. 情境小任务：明志是高三毕业面临专业选择的学生，自己对考古专业很感兴趣，想报考该专业，但是爸爸和志愿填报指导机构建议他选更有前景的金融专业，请你为明志给爸爸或志愿指导机构写一则 150 字左右的短信，说服对方理解并支持自己的选择。组内互评，推选优秀代表展示。

方法指导：①根据写作对象确定语体；②说理要有针对性。

评价量表

项目及赋分	得分
1. 内容围绕任务，紧扣专业选择话题（满分 40 分）	
2. 体现权衡与选择，观点鲜明，有理有据（满分 30 分）	
3. 有对象意识，语体恰当，条理清晰（满分 30 分）	
总分	

【学习评价】

1. 课文思维导图呈现、口头表达。

2. 语言赏析口头表达。

3. 语用情境任务写作。

课段设计说明：本课段主要针对阅读与鉴赏能力的提升，积累语言建构与运用规律。相对于上一课段的实用文之大"类"，本课段更侧重于"篇"，对比阅读任务相对独立，选取更小的切入口，目标更集中。活动 1 安排 1 课时，主要解决演讲稿逻辑结构的问题，活动 2、3、4 安排 2 课时，主要引导学生学会鉴赏与运用语言。

（执笔：刘婷婷）

二、整本书阅读项目化学习案例

《我们的诗集——唐诗精编》项目化学习

【项目时长】

约 5 周。

【相关学科】

美术、信息技术。

【参加年级】

高一。

【项目简述】

唐诗是中国古代文学的瑰宝，具有丰富的文化内涵和艺术价值。通过学习与鉴赏唐诗，可以提高学生的文学素养、审美能力和语言表达能力。为了激发学生对唐诗的兴趣，培养学生的文学鉴赏能力和审美情趣，本项目旨在通过精编唐诗集的项目，让学生在实践中学习鉴赏古诗路径，提高学生的语文学科素养与综合实践能力，提高学生的创造性思维能力。

【学习资料】

自己储备的唐诗;《唐诗三百首》;教师提供的学习支架:诗歌鉴赏知识、前言写作要求、诗集名称与目录设计等编辑知识。

【知能素养】

本项目需要调动或储备的主要知识:积累阅读唐诗的经验，学会读懂古诗的路径;了解唐诗的结构特点;归纳并积累唐诗中常见的意象和意象作用;对诗歌的题材有总体的把握，借助题材更好地把握诗歌的情感;熟悉诗歌常见的表达技巧和表达效果。

本项目培养的关键能力:积累阅读经验，提升古诗阅读能力;鉴赏古诗，培养审美鉴赏能力和语言表达能力;驾驭信息，编辑整理，培养学生的设计能力、创新能力和综合实践能力;自主学习与小组合作相结合，提高自主学习能力和团队协作能力;小组自定主题，自编诗集，培养决策能力;诗集目录设计等综合实践活动培养逻辑分类能力与思辨能力。

【任务驱动】

①以小组为单位自编一本唐诗集。②当下，人们在很多场合更适合碎片化阅读，未来，人们越来越注重个性化阅读，想不想组建一个团队，当一次个性化的编辑，编

一本精巧的唐诗集，做一次传播美好的自媒体人？让我们一起开启《我们的诗集——唐诗精编》项目化学习。

【成果展示】

①个人成果：意象梳理思维导图；一张诗歌理解示意图，展示如何读懂一首诗歌；古诗表达技巧知识思维导图；两次唐诗鉴赏微写作；"我心中的最美唐诗"排行榜；最喜欢的诗人排行榜。②团队成果：根据诗歌题材，绘制诗歌类型思维导图；《我们的诗集——唐诗精编》，含诗集名称、封面设计、目录设计、卷首语、诗歌编辑与排版。

评价方式：评价量表由老师和同学共同制定，个人阶段性成果将在班级进行自评或互评，团队成果在两个班级交叉评分。

公开方式：个人与团队阶段性优秀作品将在班级公开展示，团队成果在班级和年级同步展出。两类成果优秀作品同步在语文科组公众号展示，便于在同学群、家长群公开宣传。诗集印刷成册，形成实体成果。

【高阶认知】

创见、决策。

【项目过程】

（一）提出驱动性问题

教师提供多样化的诗集版本与诗集名称，和同学共同鉴赏，激发学生当编辑欲望，提出情境化问题：当下，人们在很多场合更适合碎片化阅读，未来，人们越来越注重个性化阅读，想不想组建一个团队，当一次个性化的编辑，编一本精巧的唐诗集，做一次传播美好的自媒体人？让我们一起开启《我们的诗集——唐诗精编》项目化学习。

（二）头脑风暴

组织小组讨论，思考：成为一名优秀的唐诗编辑需要培养哪些能力？有哪些训练可以提升这些能力？需要哪些知识或工具？

（三）生成子项目

1. 积累唐诗中常见意象，形成意象梳理思维导图；

2. 借助学习资料，学习如何读懂诗歌，并付诸实践：以思维导图的形式解读一首唐诗，展示如何读懂一首诗歌；

3. 学习古诗表达技巧知识，绘制常见表达技巧思维导图；

4. 学习鉴赏诗歌，完成唐诗鉴赏微写作；

5. 了解常见诗歌题材，绘制诗歌类型思维导图；

6. 在"我心中的最美唐诗"排行榜、"最喜欢的诗人"排行榜中形成个人创造性见解；

7. 确定诗集主题，按照主题精选诗歌；

8. 设计目录、封面，撰写卷首语；

9. 完成诗歌编辑与排版。

（四）学习材料与学习支架

1. 诗集《唐诗三百首》

2. 如何读懂诗歌思维导图参考

3. 诗歌常见表达技巧思维导图

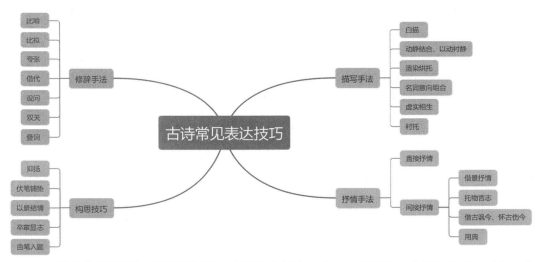

4. 唐诗常见题材：送别抒怀诗、羁旅思乡诗、山水田园诗、爱情闺怨诗、怀古咏史诗、咏物言志诗、边塞征战诗、酬和赠答诗、即景（事）抒怀诗、题画诗。

5. 诗集名称示例。江湖夜雨《愿做长安一片月》、高盛元《昨夜星辰》、郝娟菡《跟着诗词去旅行》、方慧颖《枕上诗书：遇见最美唐诗》、少年怒马《鲜衣怒马少年时·唐宋诗词篇》、大老振《古诗词里的快意人生：瞧，这才是风流！》、六神磊磊《唐诗寒武纪》、温伯陵《唐诗里的人间烟火》、仁君《一杯酒醉尽盛唐：唐诗里的落寞与风流》。

6. 诗集目录示例。（1）蒙曼《唐诗之美》：爱情、友情、乡情、宦情、江山情。（2）郝娟菡《跟着诗词去旅行》：第一章 红尘紫陌，诉不尽光辉岁月；第二章 苍茫古道，镌刻千年风情；第三章 烟波画船，流水洗花颜；第四章 人间芳菲，水如罗带山如屏；第五章 风月江天，浪漫诗卷缱绻；第六章 远山眉黛，流转岁月柔情。（3）方慧颖《枕上诗书：遇见最美唐诗》：第一章 花间明月——情怀；第二章 塞上风云——壮志；第三章 石上清泉——禅心；第四章 西出阳关——友情；第五章 沧海珠泪——爱情。（4）蒙曼《品最美唐诗：人生五味》：第一章 喜；第二章 怒；第三章 哀；第四章 乐；第五章 怨。

7. 前言写作示例。郝娟菡《跟着诗词去旅行》前言、蒙曼《品最美唐诗：人生五味》前言。

（五）项目进度与分工安排

时间	项目	成果	分工	评价
第一周	1. 每天阅读四首诗	1. 积累 2. 思维导图	自主完成	自评
	2. 如何读懂诗歌			自评
	3. 绘制意象梳理思维导图（思维导图1）			组内互评
第二周	1. 每天阅读四首诗	1. 积累 2. 思维导图 3. 文学短评	1. 自主完成 2. 小组合作	自评
	2. 自选一首诗歌，绘制第1张诗歌理解示意图（思维导图2）			组内互评
	3. 绘制表达技巧知识图（思维导图3）			组间互评
	4. 完成2次唐诗鉴赏微写作			师评
第三周	1. 每天阅读四首诗	1. 积累 2. 思维导图 3. 排行榜	1. 自主完成 2. 小组合作	自评
	2. 根据诗歌题材，小组合作绘制诗歌类型思维导图（思维导图4）			组间互评、师评
	3. 唐诗排行榜（任选两类，分别选出你认为的前五并说明理由）			组内互评、师评
	4. 我最喜欢的诗人排行榜（选出你心目中的前五并说明理由）			组内互评、师评
第四周	1. 每天阅读四首诗	1. 积累 2. 诗集主题与诗歌 3. 前言	1. 自主完成 2. 小组合作	自评
	2.《我们的诗集——唐诗精编》诗集主题选定。			师评
	3. 既定主题下的诗歌精选（20–40首）			组间互评
	4. 诗集前言撰写			组间互评，师评
第五周	1. 诗集前言评价与修改	诗集	小组合作	组间互评、师评
	2. 诗歌编辑与排版			师评
	3. 公开成果并记录他人的观点和建议			班级交叉评

（六）评价量表制定与使用

互评类型的成果由师生共同拟定，以前言为例，教师提供 3-5 篇前言供学生阅读，总结前言的必备要素与要求，拟定评价量表，根据量规，小组内成员对前言写作进行交流，并最终形成作品。组间互评参考评价量表评定分数并提出修改意见。

（七）成果公开

阶段性成果在班级展出，项目结束后分别在年级展区展出诗集印刷版，公众号平台展出诗集电子版，电子版可转发到家长群、学生群、语文教研群，开放评论区。

（八）反思与迁移

1. 本次整本书项目化学习收获了什么？（知识、能力等）

2. 完成社会实践和审美鉴赏实践过程中，小组合作遇到什么障碍？如何解决的？下次遇到类似的问题如何处理？本次的诗集是否满意？还有哪些地方可以做得更好？

3. 自编诗集收获了哪些经验？这种经验可以迁移到哪些地方？如果还有机会你想编怎么样的诗集或文集？

项目实践与评价	项目过程
所需资源	用于书写、修改编辑的计算机；网络资源，如诗歌，图片等；诗集《你应该熟读的中国古诗》《唐诗鉴赏》等

本课例在子项目的设计上略显粗糙，环节的安排顺序是否符合学生思维发展规律也有待在项目中检验并完善。子项目难易程度未必完全贴合所有学生的实际水平。此外，评价量表由学生和老师共同制定虽然可以强化学生对量规的理解，但是可行性有待检验，教师要在实践中不断总结反思，优化设计策略与路径，形成更具操作性的课例。

（执笔：刘婷婷）

三、读写结合教学案例

新闻评论与人物通讯写作
——统编高中语文必修上册第二单元写作

【学习目标】

1. 语言目标：①学习新闻评论，理解评论中的社会现实与作者立场、观点的关系，学习联系现实提出观点并层层阐述分析的写法；②从教材篇目中提炼人物通讯写作标准，并在写作任务中实践。

2.思维目标：学会分析报道的角度，梳理新闻评论的文章思路，分析文章是如何辩证展开讨论的，提升逻辑思维能力。

3.价值目标：学习优秀劳动者的事迹，深入分析他们的优秀品质，形成热爱劳动的观念，自觉弘扬传统美德。

【课时安排】

3课时。

【学习过程】

第一课段：新闻评论写作

比较阅读《以工匠精神雕琢时代品质》《致敬"大国工匠"，涵养"工匠精神"》两篇文章，完成下列任务。

任务一：什么是"工匠精神"？

解析：工匠精神包含：炉火纯青的技术，发自肺腑、专心如一的热爱，臻于至善、超今冠古的追求，冰心一片、物我两忘的境界，格物致知、正心诚意的生命哲学，技进乎道、超然达观的人生信念。工匠精神是"从业者为追求产品、服务的高品质而具有的高度责任感、专注甚至痴迷、持之以恒、精益求精、勇于创新等精神"。

任务二：①明确作者观点，分析文章的论证思路，分析新闻评论的角度；②小组内讨论，完善文章的论证思路以及新闻评论角度的分析，完成表格并派代表发言分享。

注：新闻评论选择评论的角度一般是从以下几方面考虑：一是倾向性，依托新闻事实做出价值判断，常常是反映主流社会的声音；二是引导作用，通过对现实中的事实和重要问题做出分析，以表彰先进，针砭时弊，引导群众对现实有正确认识；三是深化作用，尽可能从思想、政策理论的高度来评论问题。

篇名	观点	论证思路	评论角度
《以工匠精神雕琢时代品质》			
《致敬"大国工匠"，涵养"工匠精神"》			

明确：

篇名	观点	论证思路	评论角度
《以工匠精神雕琢时代品质》	用工匠精神雕琢时代品质，让我们的生活变得更加美好。	1 段：指出我们的时代需要工匠精神；2-4 段：寻因溯果，层层深入，从"为什么""怎么办"的角度解析工匠精神的概念和内涵。5 段：倡导发扬工匠精神，以此推动社会进步，雕琢时代品质。	本文评论角度是时代品质需要工匠精神，具有很强的现实针对性。这篇评论发挥着引导作用，引人思考：在科技发达的现代社会，传统社会中的工匠精神还有弘扬的必要吗？弘扬工匠精神需要我们怎么做呢？
《致敬"大国工匠"，涵养"工匠精神"》	致敬"大国工匠"，涵养"工匠精神"	1 段：列举现实事例，指出"中国制造"的成就离不开"大国工匠"。2-3 段：分析什么是工匠精神。（是什么）4 段：工匠精神应成为人生的价值标高，成为人才"质检"的衡量标尺。（为什么）5 段：涵养工匠精神的做法（怎么做）6 段：号召每一位劳动者成为工匠精神的践行者。	本文评论角度是社会的发展离不开大国工匠，离不开工匠精神。号召劳动者践行工匠精神。

任务三：选择两篇文章中你认为精彩的一个段落，尝试分析其精彩之处。分析角度可以是论证思路、论证方法、语言特点等。（目标：感受新闻评论的新闻性与评论性兼具的特点）

【点拨】例如《以工匠精神雕琢时代品质》第二段的论证思路是：解释"匠"的含义——人的职业品质、专业精神有不同——工匠精神对于企业和国家的意义——小结。

任务四：运用本课所学知识，分析第4课三篇人物通讯，基于呈现的事实，可以从什么角度进行新闻评论，完善下表。

课文	评论人物的角度
《喜看稻菽千重浪》	
《心有一团火》	
《"探界者"钟扬》	

明确：

课文	评论人物的角度
《喜看稻菽千重浪》	创造性劳动 / 知识分子应勤于实践、勇于创新、勇于担当
《心有一团火》	劳动岗位的平凡与伟大
《"探界者"钟扬》	科学家生命追求的长度、广度、高度

任务五："最美劳动者"颁奖词撰写。①观看《感动中国》颁奖典礼片段，分析主持人宣读颁奖词时的语音语调、肢体语言等，为颁奖词宣读制定宣读评分标准。②分析《感动中国》部分颁奖词，制定颁奖词的评分标准。③任选本单元一位人物，为他写"最美劳动者"的颁奖词，100字左右。小组讨论修改，推选代表上台宣读。

评价参考示例（满分100分）：

1.宣读标准（满分40分）：

评分标准	自评分	他评分	平均
发音标准（10分）			
抑扬顿挫（10分）			
富有感情（10分）			
大方得体（10分）			
合计（40分）			

2.颁奖词评分标准（满分60分）：

评分标准	生评（1-10分）	师评（1-10分）	两评合计
写出人物个性，典型性（10分）			
运用不同手法，有文采（10分）			
语言简洁生动（10分）			
合计			

第二课段：人物通讯写作

任务一：除了课本中的人物通讯，我们还会接触到很多其他人物的报道，或者同一个人物不同角度的报道，请你从你接触到的人物通讯中，选择三到四篇作品进行比较，小组合作，从下面表格中的五个方面入手，草拟一份优秀人物通讯评选标准。每个小组按照标准评选出一篇优秀人物通讯作品，合作撰写一份推荐书，阐述推荐理由，并与新闻作品一起在全班展示交流。

优秀人物通讯评选标准

评价项目	评选角度	参照作品
写作价值		
报道角度		
选材特点		
结构层次		
语言表达		

任务二：选择一项任务，完成人物通讯写作。

1. 采访你身边优秀的同学、老师或校友，为他写一篇人物通讯，投稿到《大榕树报》。

2. 选一个你敬佩的人物，搜集他的资料，为他写一篇人物通讯，投稿到《大榕树报》。

要求：选择的人物具有时代性、典型性、代表性，角度有写作价值，选材体现人物的典型特征，有生动的细节描写。不少于800字。标题采用正副标题形式。

附录：学习资源

1.《致敬"大国工匠"，涵养"工匠精神"》

2.《感动中国》袁隆平、张秉贵、钟扬颁奖词

3.《"大国工匠2018年度人物"颁奖典礼》人物颁奖词

4. 读本《夏日终曲》:《袁隆平：做一粒健康的种子》《袁隆平身边的年轻人》

5.《优化方案》:《劳动者最美，奋斗者最幸福》《厚培工匠精神土壤》

（执笔：刘婷婷、纪瑾雯）

议论文群文阅读与写作

任务1：比较阅读《劝学》《师说》《反对党八股》《拿来主义》四篇文章，完成下面表格：

课文	论证针对的现象	提出的观点	论证思路	论证语言特点（论证方式、方法等）
《劝学》				
《师说》				
《反对党八股》				
《拿来主义》				

参考示例

课文	论证针对的现象	提出的观点	论证思路	论证语言特点（论证方式、方法等）
《劝学》	无	学不可以已	层进式。第1段提出中心论点；第2、3段论证学习的意义、作用；第4段论证学习的方法。	严谨、客观。论证方法：比喻论证、对比论证。
《师说》	士大夫之族耻于学习，从师之风日下。	学者必有师。无贵无贱，无长无少，道之所存，师之所存也。	第1段提出中心论点，阐述师的作用和择师的标准；第2段批判当时的坏风气；第3段以孔子为例，论证从师的正确态度；第4段交代写作的缘由。	严谨、感情充沛。论证方法：对比论证、举例论证。

课文	论证针对的现象	提出的观点	论证思路	论证语言特点（论证方式、方法等）
《反对党八股》	党内八股文流毒（八大罪状）	必须抛弃党八股，采取生动活泼新鲜有力的马克思列宁主义的文风。	引论部分（提出问题）：第1段指出党八股有八大罪状。本论部分（分析问题）：第2—9段列举党八股八大罪状，论证其危害和纠正的方法。结论部分（中心论点）：第10段，必须抛弃党八股，采取生动活泼新鲜有力的马克思列宁主义的文风。	语言有针对性、生动、风趣。论证方式：边破边立。论证方法：对比论证、引用论证、比喻论证、举例论证等
《拿来主义》	闭关主义、送去主义	我们要运用脑髓，放出眼光，自己来拿。	第1-6段批判闭关主义与送去主义（本质、危害）；第7-10段引出拿来主义，阐明拿来主义应有的态度，践行拿来主义的意义。	语言犀利幽默。论证方式：先破后立。论证方法：比喻论证、对比论证等。

任务2：议论文是针对某个问题或某种现象进行有针对性的分析评论、辩驳析理和逻辑推演的说理文，比如《师说》针对的是一千多年前"耻学于师"的现象进行批评，随着社会的发展变化，我们今天在学习中又遇到了新的问题，如：有人宣扬读书无用论，有人认为考上大学就可以高枕无忧，有人人云亦云，缺乏独立思考与质疑精神等……针对当下学习中出现的问题，请你以《"劝学"新说》为题，写一篇不少于800字的议论文，要求说理有针对性，观点明确，条理清晰。

设计说明：任务1的设置打通4个文本，通过表格形式让学生梳理出4篇文章的共同点与不同点，感受说理文针对现实说理的基本特点，整理出每篇文章的各具特点的论证思路，并体会不同的说理艺术。这种群文阅读模式有助于学生明察规律，获得更高阶的概括性知识。任务2的设置是基于任务1的学习设置的写作任务，让学生将群文阅读中积累的经验灵活运用到写作中去，情境的设定既基于前期的阅读，又对学生学会发现问题进而学习针对性说理予以引导。两个任务融合了单元学习任务，由浅入深的设置符合学生的认知规律。

《"劝学"新说》作文范文

【作文题目】

《劝学》是两千多年前荀子对学习问题的朴素认识，《师说》是一千多年前韩愈对"耻学于师"的批评。随着社会的发展变化，我们今天在学习中又遇到了新的难题。针对当下学习中的某些问题，以《"劝学"新说》为副标题，自拟主标题，写一篇不少于800字的文章。

【学生习作】

顺势而学
——"劝学"新说

君子曰：学不可以已。荀子用《劝学》一文诠释朴素真理。退之在师道赠文励求学风气。学习是贯穿人一生的重要课题，如何学习，不仅要顺应时代发展之势，更需懂得方法，眼界、实践，归纳提取，才能助我们在新时代学习中更上一层楼。

新时代之学，于博学参省中更扩宽眼界。学习日益呈现出多元联系的特点；只学一科或只注重书本学习已经成为阻碍学习的新问题。王国维在学习的三重境界中将"独上高楼，望尽天涯路"作为第一重境界，今人有解，若无开阔的眼界，学习只能是蚯蚓般土中乱拱，而难以似雄鹰般于天地间高翔。毛泽东于湖南师大通读史书，上下五千年的眼界于其胸中激荡，才会有那"问苍茫大地，谁主沉浮"之志，才能领导中国抗日战争等取得一次又一次的胜利；邓小平同志在校时每日读报，了解世界形势，评论学习苏联的社会主义进程，才得出"和平与发展"这一历史论断，改变发展方向，实行改革开放。当今之世，博见之学，方为顺势之学。

新时代之学，于善假于物中加以实践。领域专业性强，理论多已经成为当今学习特点，脱离实际空想、虚无主义已经成为学习问题。历史不断联系发展，当学与实分离，有王阳明"知行合一"思想横空出世，震动了人们对于求学的态度。实践格物，方得至理真知；袁隆平不也是下农田实践，发现实际与书本知识相反，才质疑书本，培育出杂交水稻；电磁学的出现，不也正是赫兹将麦兹斯韦电磁理论加以实验，惊喜发现蓝色电光验证了光与电本质相同？当今之世，结合学习与实践，知行合一，方为顺势之学。

新时代之学，于日积跬步中提取关键。我们处于信息爆炸的时代，知识零散化、信息碎片化已成为特点；如何于繁杂信息中提取有用信息已成为新的问题。古有陶潜言不求甚解，今之理解可谓不求全盘吸收，只取需要之处自乐；爱因斯坦曾说过他的阅读方法：看一本书时只关注一个问题，与问题无关的信息全部略过，这样精取所求的阅读方法，才得以使爱因斯坦对问题有着深刻的见解，哪怕是日常中我们用软件搜索问题，不也是搜关键字然后进行学习吗？当今之世提取信息，方为顺势之学。

说什么学海无涯，进一寸有进一寸的欢喜。胡适如是说。掌握新时代顺势而学的学习方法，是为"劝学新说"。

（指导老师纪瑾雯、钟琳、刘婷婷）